KB203281

올바른 인생의 자세와 진정한 마음가짐에 관한
능인 지광 스님 참선 수행 가르침

禪,
瞑想의 향연

영원은 우리의 본성
수행은 우리의 운명

이 몸에 수명이 다한 뒤 허공에다 활을 쏘듯이
하늘로 날아가는 존재가 있다니 놀랍다.
부처님 말씀이니 거짓일 리 없다.
다만 믿고 아니 믿고는 본인의 자유일 수밖에…

능인 지광 스님 참선 법문 中

머리말

禪은 見性의 길이다.
法身과의 만남이다. 하나 됨이다.

禪은 하나됨이다.

大光明遍照如來(대광명변조여래), 비로자나불과 하나 됨이다. Vairocana(바이로차나) 진법신은 영원한 광명을 무량한 우주에 두루 비추시는 法性光明, 大寂光이신 부처님이요, 우리의 본질이시다. 화엄의 가르침대로 우리 모두는 법신부처님의 아들 딸이다. 부처님이다. 다만 깨닫지 못한 부처님이어서 중생이라 불린다. 그런 때문인지 그 누구든 고향을 그리워하듯 부처님 나라, 광명의 나라를 그리워한다. 그래서 禪의 길을 떠난다.

어두운 밤, 불빛을 향해 날아드는 불나방들을 보라! 어둠 속에 있기에 불빛을 더욱 그리워하는지도 모른다. 언제, 어디서, 어떻게, 어떤 형태로 존재하고 있는 생명체이건 간에 우주 무량한 대천세계의 그 누구든 빛을 향한 몸부림이 없을 수 없다. 빛이 이끄는 것인지, 아니면 내가 자발적으로 향하는 것인지, 아니면 둘 다인지……. 어쨌건 그 누구도 빛과 하나가 되기를 갈망한다. 왜 그럴까? 우리의 본질이 빛이기 때문이다. 비로자나이기 때문이다. 우리는 모두 빛의 아들이요, 빛의 후예들이기에 그렇다. 그래서 禪의 길을 간다. 반론을 펼 사람들이 있을지도 모르겠다. 혹시 어둠 속을 헤매는 '어둠의 자식들' 도 있겠지. 그들도 언젠가 때가 되면 빛을 찾아 나설 것이다. 영원한 광명 '비로자나' 는 우리의 본질이요, 운명이기 때문이다. '영원은 우리의 본성, 수행은 우리의 운명' 이다. 禪의 길을 가는 수행자들의 치열한 삶 역시 그 같은 이유에서다.

사회 모든 부면에서 아니 우주의 무량 존재들이 걷는 길은 하나같이 공통된다. 빛을 향해 영원히 진군해 나아가고 있다는 사실이다. 특히 불교에서 더욱 두드러진다 할까. 아니, 모든 가르침이 다 그러하다. 영원을 향해 나아가기로 길이 정해져서 그럴 것이다. 그 어느 부면의 어떤 생명체들이건 정도의 차이는 있을지언정 禪의 길을 간다. 공통되고 하나인 목적지를 향하고 있는데도 갈등과 싸움이 그치지 않는 이유는 왜일까? 장님이 코끼리 만지고 싸우는 격과 같아서다. 아직 미망에서 헤어나지 못해서다. 그들도 언젠가는 법신의 품안으로 돌아올 것이다.

책 제목을 "선, 명상의 향연", 부제를 '영원은 우리의 본성, 수행은 우리의 운명'이라고 붙였다. 각 종교를 두루 살피면서 그들 각자의 수행법을 일별해 본 이유 역시 '모두가 하나'요, '비로자나의 아들'이란 사실을 상기해 보고 싶어서였다. 도미니크회 수도사였던 조르다노 브루노(1548~1600)가 체험했던 '무한한 차원의 빛의 나라'를 실제 체험해보고 나서 이 같은 생각은 더욱더 굳건해졌다. 브루노는 가톨릭에 의해 화형을 당했지만, 21세기 현대에 태어난 행운으로 화형을 당할 염려는 하지 않아도 되지 않겠나 하는 판단에서였다.

우리는 3차원에 산다. 우리의 3차원적인 존재들이 점차 집중을 거듭해 나아가면 점점 시공이 떨어지며 자유로워진다. 시간과 공간의 제약으로부터 자유로워진다는 얘기다. 점차 고차원으로 나아가면서 전혀 새로운 차원의 세계를 만나게 된다. 부처님의 세계는 무한의 차원이요, 자유자재이다. 우리 눈에 보이지 않는 무량한 차원이 우리와 함께 공존하고 있다는 사실을 분명히 깨닫게 된다. 수많은 幽質界의 세계들이라고 표현할까, 中陰界, 靈界, 天界라고 할까? 초선, 이선, 삼선, 사선, 공처정, 식처정, 무소유처정, 비상비비상처정, 상수멸정(멸진정) 이렇게 표현하는 편이 나을 것 같다. 禪과 명상이 그 길로 안내한다.

이 몸을 빠져 나오면 체험하는 세계들의 장엄함은 言語道斷이요, 心行處滅이란 표현이 들어맞을 것이다. 모든 종교의 수행자들, 특히 각 종교의 신비주의자들이 모두 그 같은 길을 갔다. 물론 그들이 보고 체험했던 見處는 다를 수밖에 없다. 神을 인정하는 차원과 神을 인정하지 않는 차원이 전혀 다를 수밖에 없다. 그러나 분명히 얘기할 수 있는 사실이 하나 있다. 신비주의자들이 보고 체험하고 느꼈던 세계가 얼마간 다르다 하더라도 그들의 궁극적 목적지를 향한 노력은 어디선가 결국 만날 수밖에 없으리란 점이다. 수피들의 얘기를 듣고 그 점을 강하게 느꼈다. 수피의 대사상가 알 할라즈(855~922), "I am the Real."(나는 실재다.) 라고 부르짖었던 그도 십자가 처형을 당했다. 그도 역시 영원을 체험했던 인물이란 생각이 든다.

상대성의 중생세계를 떠나 절대계를 향해 나아가는 선과 명상의 길은 모두 中心을 향해 나아가는 사투의 길, 中道일 수밖에 없다. 그리고 그 길을 걷는 모든 사람들은 그 누구나 중심에 계신 분, 大光明遍照如來 비로자나불의 가피를 힘입지 않을 수 없다. 몸과 마음을 던져 大死一番이면 大佛現成의 길을 걷는 자신의 아들 딸들이 얼마나 예쁠 것인가? 모든 부면의 인재들이 '선과 명상의 향연'에 몸을 던져 자신을 불태우는 이유를 분명히 알 수 있을 것이다.

선의 길, 中道의 길을 따라 어느 편에도 치우치지 않고 窮極의 길을 정성스레 걷다 보면 결국 中心에 도달하고, 中心에 들어선다. 상대계를 넘어 절대계, 즉 부처님 나라, 大光明遍照如來의 나라에 도착될 수밖에 없다. 진실로 그때가 되면 어떠한 상황이 될 것인가? 證智所知非餘境이다. 더 이상 말이 필요 없는 세계다. 모든 경전들이 한결같이 들려주고 있는 얘기들을 떠올려 보시라. 상대세계는 둘 사이의 중심이 하나이지만 '절대의 세계', '하나인 세계'는 '어디나 중심'이다.

그래서 우리들 모두가 大光明遍照如來의 아들이요, 빛의 후예들이며 영원의 아들이라고 말씀드린 것이다. 그곳에 도달하기까지의 세계는 무한대한 차원의 세계, 靈界라 해도 좋고 天界라 해도 좋다. 그 무엇이라 해도 좋다. 우리는 정녕 빛의 후예들이다. 태양의 아들이다. 비로자나의 아들이요, 비로자나 그 자체다. "너 자신을 알라."고 했다.

그 길이 멀다 하면 멀고, 또 '바로 여기 이 자리다' 하면 바로 '여기 이 자리'다. 시간과 공간이 떨어진 세계이어서 그렇다.

많은 고통스런 방황의 날들, 수행자로서 아프고 쓰라리고 어두운 날들을 지나오면서 체험했던 내용들이 여기에 정리돼 있다. 정리하다 보니 원고의 양이 너무 많아 책이 두꺼워져 많은 부분을 뺐다고 한다. 다음에 또 정리해서 잘 만들 것이다. 선의 수행자들, 차크라 수행자들에게 도움이 되었으면 좋겠다. 禪과 요가와의 만남은 흥미로운 깨달음이었다. 요가의 원전들과 탁월한 요기들의 도움을 힘입은 바 크다. 체험을 설명하자니 도리가 없었다. 모두가 체험의 소산이고 몸부림의 산물이란 점만을 분명히 말씀드리고 싶다. 많은 아픔이 있었다.

책을 만드느라 고생한 홍보출판원장 김수정주 그리고 원고 정리하느라 고생한 윤문팀의 최선법행, 김대각행, 백공덕원, 홍명법행, 사진팀장 박구족행, 디자인의 혜산거사 등 그동안 많은 고생을 했다. 나는 별로 한 일이 없다. 모두 그분들의 공이다. 내년부터 매년마다 일통도인회를 통해 계속 책을 낼 생각이다. 출판팀의 계획대로 되기를 기도드린다.

이 책이 나올 때까지 고생하신 많은 분들께 충심으로 감사드린다.

2015년 8월

강남의 아름다운 삼존불산
구룡산 자락에서

능인 지광 합장

2장 하나의 장, 영원의 장

3장 불교와 요가

4장 종교 전통의 명상 수행체계

5장   각 종교 전통의 차이점과 공통점

6장 선의 역사

7장 간화선의 세계

8장 참선 요가 실천의 장

禪,
瞑想의 향연

영원은 우리의 본성
수행은 우리의 운명

1장
참선 요가의 서장

우리 몸속에 들어 있는 활(弓)의 의미

악도의 중유는 머리가 아래로 발이 위로 향한 채로 악도로 들어가고 하늘 무리의 중유는 발을 아래로 머리를 위로 향해 마치 허공에다 활을 쏘듯이 쏜 살같이 하늘 세계로 간다. 지옥 중유도 그러하다. 다른 세계의 중유는 모두가 옆으로 다니는데 새가 허공을 날듯이 태어날 곳을 향해 찾아간다. 이는 인간에서 죽은 이를 기준하여 말한 것이거니와 지옥에서 죽어 지옥에 태어날 경우는 머리가 아래로 발이 위로 향할 필요가 없다. 그 밖의 세계의 중유들도 이에 준하여 알 수 있다. 『비바사론』[1]

한자에 몸 궁(躬) 자가 있다. 몸 궁 자는 몸 신(身) 자 옆에 활 궁(弓) 자를 붙인다. 그저 몸 신 옆에 활 궁을 붙였거니 하고 무심하게 넘기면 그만일 일이다. 그러나 글자 하나하나가 성자즉실상(聲字卽實相)이라 대우주의 도리를 형용하는 터에 왜 몸 신 옆에 활 궁을 붙였을까 오랜 세월 생각했다.

그런데 『비바사론』을 보다가 활을 쏘듯이 허공으로 날아가는 존재로 우리가 몸을 등진 후 생겨나는 중유(中有)가 있다는 사실을 알게 되면서 더욱더 궁금해졌다. 중유는 잘 알려져 있듯이 사유설(四有說) 가운데 등장한다. 태어나는 순간을 생유(生有), 일생을 본유(本有), 죽음의 순간을 사유(死有), 그리고 죽은 다음 다시 태어날 때까지의 상태를 중유(中有) 또는 중음신(中陰身)[2]이라 부르기도 한다.

이 몸의 수명이 다한 뒤 허공에다 활을 쏘듯이 하늘로 날아가는 존재가 있다니 놀랍다. 부처님 말씀이니 거짓일 리 없다. 다만 믿고 아니 믿고는 본인의 자유일 수밖에……. 그런데 참으로 놀라운 사실은 머리를 깎고 수행 중에 실제 우리 몸에 활이 있고 활을 쏘듯이 하늘을 날아가는 존재가 있다는 사실을 깨닫고는 문자가 주는 지혜에 아연실색할 수밖에 없었다.

우선 우리 몸에 활은 있는가? 분명히 있다. 활은 무엇으로 만드는가? 지금은 양궁이라 하여 특수한 재질로 만든다는 얘기를 들었지만 과거에는 하나같이 대나무로 활과 화살을 만들었다. 자연계에 마디가 있으면서 하늘 높이 자라는 식물에는 대표적으로 대나무가 있다. 매듭이 지어져 있기에 잘 부러지지도 않는다. 물론 너무 과도하게 당기면 부러질 수도 있다.

그러나 들판이나 숲 속에 하늘 높은 줄 모르고 자라 오르는 대나무는 그 자라 오르는 위용만 보아도 시원하고 씩씩하다. 대나무의 원천적인 힘은 어디에서 나올까? 올라가면서 계속 매듭지어지는 마디 부분에 있다고 한다. 그 매듭 부분에 의해 힘을 받아 하늘을 향해 씩씩하게 힘차게 자라 오르는 것이다.

그러면 우리 몸에 매듭지어진 부분은 과연 어디에 있는가? 벌써 짐작이 가시는 분들이 계실 테다. 그렇다. 바로 척추다. 척추는 33마디로 되어 있다. 하필이면 왜 33마디일까. 불가에서는 33마디를 33천을 상징하는 것으로 받아들여지고 있다. 하늘에도 33천이 있고 보신각종을 33번 치는 것이라든지 독립선언을 한 33인 등이 모두 33이란 숫자를 사용하고 있는 것을 보면 묘한 일치감은 물론 알 수 없는 느낌을 갖게 한다. 이 33마디의 척추를 뒤로 젖히면 완연한 활(弓) 모양이다. 척추전문의들의 얘기에 따르면 척추가 바나나 모양, 즉 활 모양이 될 때 가장 건강에 좋다고 한다.

참선 요가의 순서와 방법

이 글을 읽으시는 분들께 우선 먼저 꼭 당부 드리고 싶은 말씀이 있다. 하루 어느 때건 시간이 날 때마다 허리를 쭉 펴고 고개를 젖혀 30도 정도, 더 내려가실 수 있으면 60도까지 허리를 젖혀 보시라. 그리고는 허리를 뒤로 젖힌 상태에서 셀 수 있을 만큼 숫자를 세어 보시라. 50번, 100번 참을 수 있을 만큼 참으면서 약 300번 정도 세어 보라. 물론 힘이 들 것이다. 그러나 침을 맞지 않고 특별히 운동을 아니 해도 온몸의 경혈과 경락 그리고 인도 요가용어로 마르마(Marma)[3] 내지는 차크라(Chakra)[4]가 활짝 열려가면서 온몸의 기(氣)가 팍팍 돌기 시작한다. 약 10분, 20분, 30분 정도 계속하면 땀이 흐르며 참으로 놀라운 효과를 보게 될 것을 확언하는 바이다.

30도, 60도, 90도, 즉 척추가 다리와 90도 정도가 될 때까지 수련하면 참으로 놀라운 체험을 하게 될 것이다. 굴신(屈伸)이 깊어지면 이완(弛緩)도 잘 되는데 무릎을 곧바로 세우고 제쳤던 허리를 서서히 들어 커다란 심호흡을 한 후 단전으로부터 숨을 마음껏 토해낸다. 몸을 서서히 굽혀 손바닥을 땅바닥에 닿도록 허리를 굽힌다. 이때 허리를 제쳐 참았던 숫자만큼 헤아린 후 서서히 다시 일어나서 깊게 숨을 토해낸다.

대단히 간단한 수련이다. 척추만 가지고 굴신과 이완, 뒤로 제쳤다 300까지 세고, 처음에는 할 수 있는 만큼만 헤아린다. 다시 서서히 일어선 뒤 커다랗게 숨을 뿜어낸 뒤 기마 자세로 말을 타듯 무릎을 굽혔다 폈다 해도 좋다. 그런 연후에 다시 허리를 굽혀 손바닥을 땅에 대는 것이다. 무릎을 세우고 일어선 뒤 다시 기마 자세로 말 타듯 몸을 턴다. 해 보면 그 효과를 그리 길지 않은 시간 내에 터득할 것이다.

우리 몸에 있는 활 그리고 화살을 마음껏 허공을 향해 쏘아 올린다는 마음가짐으로 해야 한다. 이 같은 수련을 1단계 30도 허리를 젖히고 300을 셀 수 있을 때까지 참고, 2단계 60도 젖히고 300을 셀 수 있을 때까지 참고, 3단계 90도 젖혀 300을 셀 수 있을 때까지 참는 것이다. 참을 수 있을 때까지 참고 올라오길 반복하는 것이다. 짧으면 3개월 길게는 6개월 정도 걸린다. 물론 굴신과 이완을 꼭 반복해야 한다. 그런데 이와 같은 수련을 하면서 좌선, 참선을 힘들이지 않고 ① 약 30분 ② 1시간 ③ 1시간 반 ④ 2시간 ⑤ 2시간 반 ⑥ 3시간까지 앉아 정진할 수 있는 상황까지 꾸준히 가는 것이다. 그러려면 천천히 6개월 정도 잡으면 된다. 진실로 이렇게 해 보고 난 뒤 자신의 몸과 마음 가운데 어떠한 변화가 있는지 점검해 보고 꼭 연락해주기 바란다. 그리고 그 중간중간마다 궁금한 점이 있으면 일통수도인회 지도사들이 친절하게 답해드릴 것이다.

갖가지로 몸과 마음을 해치는 스트레스 등 여러 부정적 요인들이 넘실대고 있는 이 시대, 이와 같은 수련법을 익혀 놓으면 참으로 말로는 도저히 표현할 수 없는 체험을 하게 될 것을 분명히 확신할 수 있다. 이미 체험을 하신 분들이 많다.

궁(窮), 끝 간 데까지 가보자는 의미

좀 더 깊이 생각해 보자. 몸 궁(躬) 자는 과연 어디에 많이 쓰이고 있는가? 구멍 혈(穴) 자다. 우주에 각양각색의 길, 구멍이 있다 해서 구멍 혈 자에 만들 공 자를 붙여 공(空)이란 글자를 만들었다. 혈 자는 기혈(氣穴), 경혈(經穴)하면서 특히 동양의학에서 많이 쓰인다. 공이란 글자는 허공(虛空), 공기(空氣) 등등으로 쓰인다. 너무도 잘 아시지 않는가? 색즉시공 공즉시색(色卽是空 空卽是色)의 갖가지 해석이 있지만 대략 만유가 다 허공으로 이루어져 있고 만유는 모두 허공으로 돌아간다는 의미라 하겠다.

그래서 구멍 혈 자 밑에 만들 공 자를 붙였다. 허공에 만상을 만들 수 있는 에너지가 각양각색의 길 따라, 구멍 따라, 차원 따라 무한하다는 뜻이다. 공기를 보면 이해할 수 있지 않은가? 공기의 어떤 부분은 전기(電氣)다. 전기가 없는 세상, 생각해 보았는가? 전기는 공기의 다른 모습이다. 또 공기는 만유를 살리는 위대한 힘의 원천이다. 호흡을 하는 것도 공기다. 만유는 공기에 의지해 산다.

불가에서는 허공(虛空)을 부처님의 몸과 마음이라 부른다. 『화엄경』에는 "허공을 몸으로 하시는 부처님." 이렇게 얘기한다. 허공은 문자 그대로 부처님이요, 만유의 어머니시다. 허공에 갖가지로 길이 있다는 글자가 구멍 혈(穴) 자다. 여기서 몸 궁(躬) 자에다 혈 자를 씌워보자. 궁(窮) 자다. '무궁화(無窮花) 꽃이 피었습니다.' 라고 할 때 쓰인다. '다할 궁' 이라 하기도 한다. 주로 붙여 쓰이는 글자는 궁극(窮極), 궁구(窮究), 궁리(窮理) 등등 모두가 끝 간 데까지 간다는 글자다. 허공의 다함을 상징하는 글자에 활과 화살이 들어 있다. 무량무변한 허공에 한없는 구멍(길)이 열려 있음을 뜻한다면 과연 어떤 의미일까? 중유, 중음신은 힘차게 몸을 빠져나와 쏜살같이 무변허공, 무궁무진한 허공을 무서운 속도로 날아간다는 것이다.

우리의 몸과 마음 가운데 그 같은 차원이 존재한다. 이해가 되는가? 하나만 더 생각해 보자. 구멍 혈(穴) 자에 활 궁(弓) 자를 붙이면 뭐가 될까? 하늘 궁(穹) 자다. 천공이란 뜻이다. 하늘 궁 자에는 왜 또 활이 들어가 있는지 확실히 꼬집어 대답할 수는 없지만 몸 궁 자와 하늘 궁 자, 뭔가 일맥상통하는 점이 느껴지지 않는가? 인간을 소우주, 대우주의 복사판이라고도 한다.

에마누엘 스웨덴보리(Emanuel Swedenborg)[5]의 『영계(靈界)견문기』에 보면, 사바세계 인간들의 글자는 하늘나라 사람들이 내려와 만들었으며 하늘나라에는 우주의 진리를 담은 글자들이 쓰인다고 했다. 보살들이 중생제도를 위해 이 땅에 내려와 이 땅 중생들을 위해 하늘의 이치를 담은 선물을 주고 갔다는 것이다. 세종대왕은 참으로 보살이셨다. 각 나라마다 글자를 만들고 창제한 사람들은 한결같이 위대한 성인이었다고 한다. 서양의 알파벳 역시 하늘나라의 글자를 닮았다고 했고, 불교에 등장하는 진언들 역시 부처님께서의 깨달음의 소산이라 하여 해석이 불가능하다고 했다. 시대신주 시대명주 시무상주 시무등등주(是大神呪 是大明呪 是無上呪 是無等等呪) 등의 '진언', '다라니'가 그것인데 인도의 요가의 고전『샹키야』에는 자기들의 글자가 하늘나라의 글자를 본떴다고도 하고 신들의 글자라 하기도 하였다. 하기야 그리스 신화에는 아주 먼 옛날 이 땅의 인간들은 신(神)들과 함께 살기도 했었다는데 지금도 미국에 가려면 아니 세계인들과 교류하려면 영어를 배워야 하는 것처럼 외계인들, 신들과 교류하려면 하늘나라의 말과 글자를 배워야 했을 것이다. 불경에는 태곳적부터 인간이 팔만 살씩 살았던 때가 있었고 그때에는 하늘나라 인간들과 같이 놀았다고 했다.

이미 언급한 대로 성자즉실상(聲字卽實相)이다. 부처님 말씀에도 소리와 문자는 실상을 대변하고 실상과 같다고 했다. 탁월한 지혜와 사상, 자비를 바탕으로 만들어진 것이 말과 글 아니겠는가. 한자는 하나하나 파고 들어가면 참으로 무궁무진한 의미가 그 안에 담겨 있음을 깨닫게 되는데 그때마다 감탄사가 절로 나온다. 탁월한 지혜에 감동을 받을 때가 한두 번이 아니다. 몸속에 들어 있는 활이기에 몸 신(身)과 활 궁(弓)을 나란히 썼고, 하늘 혈(穴)을 품고 있는 궁(穹)이 있기에 궁을 아래에 붙였다. 나름대로 상상해 보라. 우리 몸에 활이 있고 화살이 있다. 이제 눈을 돌려 서양으로 가보자.

아스클레피오스의 지팡이

아스클레피오스의 지팡이에 똬리를 튼 뱀은 무엇을 상징할까? 아스클레피오스의 지팡이라고 들어본 적 있는가. 사전을 찾아보면 아스클레피오스(Asclepius)는 'The god of healing and medicine'(치유와 의약의 신)이라고 나온다. 아스클레피오스는 아폴론의 아들이었다. 의술을 배워 죽은 사람도 살려내고 치유에 능했다.

제우스가 인간이 그를 통해 불사(不死)의 능력을 얻을까 두려워해서 번개를 쳐 그를 죽였다고 그리스 신화는 얘기한다. 아버지 아폴론은 너무도 안타까워 제우스에게 청해 그를 하늘의 별로 오르게 해 뱀주인자리(Ophiuchus)를 만들어 주었다고 한다. 그래서 뱀은 회생과 약초를 발견하는 힘이 있다고 믿어지고 아스클레피오스와 관계 깊은 신성한 동물로 여겨졌다. 그를 위해 수탉이 제물로 바쳐졌는데 그리스인들의 병고 액난이 극심해 아스클레피오스의 숭배가 크게 성행했다고 한다. 그 중심지가 에피다우로스로 그곳에 거대한 아스클레피오스 신전이 세워져 당시 그리스는 물론 주변국들에서 수많은 병자들이 몰려들었다고 전해진다.

그에 대한 숭배는 유럽 전역에 퍼지고 특히 B.C. 293년 무서운 전염병이 로마에 퍼져나가자 아스클레피오스 신전이 로마에도 세워지는 등 크나큰 숭배의 대상이었다고 한다. 지금도 그리스의 코스 섬과 터키의 크니도스를 중심으로 아스클레피오스의 자손 (Asclepiades)이라 칭하는 의술자들이 살고 있어 비전(秘傳)을 전하고 있다고 한다. 일종의 정신수련, 정신요법이 주된 비방(秘方)이라고 한다.

아스클레피오스에 대해서는 그리스 신화에도 여러 전승이 있는데 아폴론이 코로니스란 여인을 사랑했으나 다른 남자와 눈이 맞았다는 까마귀의 거짓된 말을 믿고 진노하여 그 여인을 죽였다는 것이다. 뒤늦게 후회하게 된 아폴론이 까마귀에게 화풀이를 해 몸의 색을 하얀색에서 검은색으로 바꾸어 버리고 재빨리 죽어가는 코로니스의 배에서 아들을 꺼냈다고 한다. 그가 바로 아스클레피오스였다는 것이다. 아폴론은 그를 현자 켄타우로스 케이론에게 맡겨 양육하게 하였다. 케이론에게 의술을 배운 아스클레피오스는 뛰어난 의사가 되어 죽은 사람을 살려내기도 하는 등의 놀라운 능력을 펼치자 제우스의 노여움을 사 죽었다고 한다.

살아생전 아스클레피오스는 결혼하여 2명의 아들과 5명의 딸을 두었는데 이 딸들의 이름 역시 모두 병의 치료 약, 의술에 관계된 명칭으로 그리스 신화에 등장한다. 모두 치료의 여신으로 간주된다. 아스클레피오스의 죽음에 대해서도 여러 가지 전승이 있다. 먼저 언급한 대로 그가 죽은 사람을 치료하여 살려내면서 황금을 받았기 때문에 제우스의 노여움을 사서 죽었다 하기도 하고 그가 자꾸 죽은 사람을 살려내어 저승에 죽은 사람이 더 이상 오지 못하게 되자 이를 못마땅하게 여긴 지하세계의 신(神) 하데스가 제우스에게 하소연해 하데스의 뜻을 받아들인 제우스가 벼락을 던져 죽여 버렸다고도 전한다.

그런데 아들인 아스클레피오스가 죽자 화가 난 아폴론은 제우스에게 자신의 아들 아스클레피오스를 살해하도록 벼락을 만들어준 퀴클롭스를 죽였는데 이 때문에 아폴론은 테살리아의 왕 아르메토스에게 가서 1년간 속죄의 뜻으로 양치기로 살았다고도 한다. 제우스는 훗날 아폴론의 청으로 아스클레피오스를 하늘로 올려 별자리로 만들어 주었는데 바로 그 별자리가 이미 언급한 대로 뱀주인자리라고 한다.

여기서 아스클레피오스에 대해 길게 이야기한 이유는 그가 가졌던 지팡이에 뱀 한 마리가 똬리를 틀면서 기어오르는 모습이 등장하는 이유 때문이다. 아스클레피오스의 지팡이에 똬리를 틀며 올라가는 뱀의 형상이 지금도 모든 병원, 약국 등에 쓰이고 있다는 사실이다. 이것이 아스클레피오스의 지팡이로 알려져 지금도 영험의 상징으로 간주되고 있다.

의학의 신 아스클레피오스에 대한 얘기는 또 소크라테스에게로 이어져 그의 죽음을 둘러싼 얘기에도 나온다. 사형이 집행되던 날 마지막 날을 지켜보기 위해 친구와 제자들이 사형집행장에 찾아왔다. 마지막 소크라테스를 보내는 자리에서 친구와 제자들과 더불어 영혼불멸에 대한 토론이 벌어졌다. 목소리가 격해지고 거칠어지자 간수가 와서 몸과 마음이 격해지면 독약 사발을 한 사발이 아니라 두 사발 세 사발 들이켜야 한다고 말하면서 소리를 좀 낮추라고 말했다. 토론을 끝내자 소크라테스는 독약 사발을 받아들고 꿀꺽꿀꺽 마셨다. 소크라테스는 한 사발을 마신 후 약 기운이 온몸에 돌자 빙긋이 웃으며 친구 크리톤에게 숨이 넘어가면서도 농담을 잊지 않았다. "여보게 크리톤! 약 기운이 금방 몸에 도는군. 그대, 아스클레피오스 신전에 가서 고맙다고 닭 한 마리 올려놓게나. 닭 한 마리 빚졌다고 말이야." 라는 얘기로 아스클레피오스 신은 더욱 유명해졌다. 아스클레피오스 신은 요즘음 우리가 기도 올리는 약사여래불과 같이 그리스인들에게는 대단한 숭배의 대상으로 하루만 정성들여 기도를 올리더라도 만병이 통치된다는 경외의 대상이다.

그러면 왜 아스클레피오스의 지팡이에 뱀이 똬리를 틀고 기어오르는가 하는 점이 궁금해진다. 구약의 아담과 이브의 얘기에도 뱀이 등장하고 인도철학의 고전, 요가의 고전에도 한결같이 뱀에 대한 얘기가 등장한다. 우리들에게 역시 지금도 뱀에 대한 여러 속설이 무수하게 전해져 내려오고 있음을 알고 계시리라. 그런데 왜 참선 수행을 위한 글에 아스클레피오스의 지팡이에 등장하는 뱀을 언급해야만 하는가. 그리스의 아스클레피오스 신화, 인도의 고대 신화, 그리고 요가, 등을 보면 인간의 신체에 대한 철저한 영적 통찰을 바탕으로 했음을 깨닫게 해주는 내용이 우리 몸에 존재함을 분명히 파악할 수 있기 때문이다. 아스클레피오스 지팡이의 의문을 풀 수 있는 실마리가 우리 몸 가운데 있다는 사실이다.

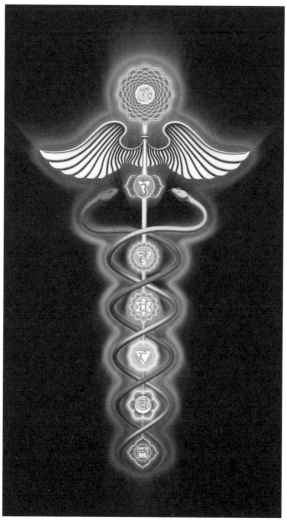

척추는 수미산[6]이다

앞서 언급한 대로 계속 척추의 굴신, 이완의 수련을 6개월쯤 계속하고 화두 참구의 집중 수련을 거듭하면 몸과 마음의 심원한 변화가 유도되면서 척추를 타고 뱀이 똬리를 틀듯이 척추를 따라 오르는 강한 소용돌이 모양의 에너지의 흐름을 확실히 체험할 수 있기 때문이다. 이른바 미저골(尾抵骨)[7], 요가에서는 쿤달리니[8]라 부른다. 쿤달리니에는 뒤에도 언급하겠지만 우리 몸의 가장 중요한 에너지가 깃들어 있다고 한다. 강한 차크라 수련과 지속적인 참선 수행을 거듭하다 보면 척추의 길, 차크라가 열린다. 아사나(좌법)을 바탕으로 활구 참선을 계속하다 보면 몸과 마음 가운데 심원한 변화를 유도하고 체험할 수 있다. 이른바 업식의 변화로 인한 몸과 마음의 해탈의 체험을 스스로가 느낄 수 있는 것이다.

원리는 이렇다. 척추는 이미 언급한 대로 하늘을 향해 에너지, 기(氣)의 화살을 쏘는 장소다. 이 몸의 중심이요, 대들보인 척추를 불가에서 말하는 수미산이라 한다면 좌우에 요가 용어로 이다 나디(Ida Nadi)와 핑갈라 나디(Pingala Nadi)라는 두 개의 기(氣 Prana) 통로가 있다. 축을 중심으로 좌우대칭으로 존재한다고 이해하면 된다. 우리 몸은 모두가 상대성이 있어 이른바 음양으로 이루어져 있다. 두 뇌도 좌반구 우반구, 눈도 두 개, 콧구멍도 두 개, 귀도 둘, 폐도 좌우 양쪽, 심장도 좌심방 우심방, 좌우심실 등 모두가 상대성이다. 상대성의 세계는 축이 있고 중심이 있을 수밖에 없다. 축은 바로 척추다.

태풍이 적도 부근에서 조그맣게 시작해 북쪽으로 불어오면서 크게 발달하듯이 축이 있기에 계속 돌면서 발달해 올라온다. 태양계는 중심이 태양이고 은하계 우주도 욕계, 색계, 무색계, 삼계의 중심이 있다. 이른바 블랙홀이다. 우리 몸이 소우주라 끊임없이 수행을 하면 쿤달리니에 잠재해 있던 우주 에너지가 활동을 개시할 상황이 도래한다. 그때가 되면 차츰 스크루 모양으로 중심인 척추를 따라 뱀이 똬리를 틀듯이 강한 기운이 소용돌이 모양으로 돌면서 머리 상층부 이른바 두정엽, 백회혈이라는 부분, 요가에서는 사하스라라(Sahasrara)[9] 차크라라는 부분으로 상승하게 된다. 그 같은 상황이 되면 온몸 전체에 막혔던 혈(穴)자리들이 모두 다 열리면서 온몸이 우주를 향해서 뻥 뚫리는 것과 같은 강한 느낌을 받게 된다. 활을 쏘듯이 강한 에너지가 우주를 향해 날아가는 듯한 충격적인 체험을 하게 되는 것이다.

척추를 따라 늑골(갈비뼈)이 양쪽으로 12개씩 나와 있어 오장육부를 보호한다. 간, 심, 비, 폐, 신, 오장육부가 모두 척추와 갈비에 연결돼 있다. 잘 알려진 대로 척추는 온몸의 대들보라 활 모양이 되었을 때 온몸에 퍼져있는 신경망에 힘이 들어가고 기(氣)가 돌게 되어 있다. 소갈비에 살이 붙어 있어 사람들이 즐겨 먹는데 소갈비 살을 생각해 보라. 소의 갈비뼈에 강한 막이 붙어 있는데 골막이다. 강한 골막에 살이 붙어 있고 그 살을 저며 불에 굽거나 쪄서 먹는다. 그 살들에 척추와 늑골로부터 나온 신경이 퍼져 있고 그 퍼져 있는 신경이 갈비와 척추에 매달려 있는 오장육부와 모두 연결되어 있는 것이다. 그 신경과 경락 등에 기가 흘러 우리 몸이 가동되는데 많고 많은 사람이 그 같은 기의 흐름 통로인 경혈, 경락, 차크라, 마르마 등의 혈(穴)들이 여러 가지 원인으로 막혀 있어 각양각색의 질병과 스트레스에 노출되는 것이다. 결국 제 명을 못 채우고 죽어가고 있는 것이다. 현대인들은 과거 세대와 전혀 다른 형태의 스트레스에 침탈돼 각양각색의 병발증에 시달리고 있는 것이다. 차크라 요가와 참선은 온몸의 기(氣)를 열어 우주와 일체화 시키고 무한창조의 화신이 되게 하고 생사해탈의 길을 열어준다.

우리의 몸속에 들어 있는 활과 화살, 그리고 아스클레피오스의 지팡이를 타고 오르는 뱀의 상관관계를 제대로 이해하고 있는 사람은 과연 누구일까? 부처님이시다. 부처님밖에 아니 계시다. 부처님께서 수행을 통해 깨달으신 우리 몸의 우주적 체계, 그리고 그것을 차크라와 아사나 수행을 통해 열어 버리면 몸과 마음이 부처님 나라에 닿는다. 필히 꼭 해 보시라. 몸을 활처럼 만들어 30도, 60도, 90도로 계속 젖혀보라. 무리하지 마라. 처음에는 지도사들에게 배우면 좋다. 그리고 몇십 분이 되건 자주 좌선하라. 시간을 이겨보라. 중심을 향해 나아가는 길, 중도(中道)의 길을 걸으면 분명히 부처님 나라에 든다. 계속 공부해 나아가고 수행해 나아가 주시면 참으로 감사하겠다.

참선 명상은 두뇌세포 분자배열을
일관성 있게 만든다

천재, 수재들의 두뇌세포 분자배열과 범부들의 두뇌세포 분자배열에 차이가 있다는 보도가 난 적이 있었다. 천재, 수재들의 두뇌세포 분자배열이 영구자석의 분자배열과 유사하다는 것이다. 달라이 라마(Dalai Lama)의 제자들과 실험을 진행한 컬럼비아 대학의 연구진은 오랜 수행을 거듭한 수행승들의 두뇌세포의 분자배열이 비교적 일관성이 높더라는 사실을 밝혀내기도 했었다. 연구결과는 금속 분자 배열을 연구하는 분자공학자들의 얘기와 맞물려 한층 신빙성을 더해준다. 금속분자에 전기를 통하면 금속분자들이 흡사 연병장의 대오에 맞춰 늘어선 군인들처럼 질서와 일관성을 갖는데, 전기를 빼면 다시 오합지졸처럼 지리멸렬한 평상시의 상태로 돌아간다는 것이다. 기중기의 원리를 들어 보면 좀 더 이해가 빠를 것 같다. 기중기는 전자석을 이용한다. 전기를 통하면 자기 몸보다 수십 배 되는 물건들은 척척 들어올린다. 그런데 전기를 빼면 깃털 하나도 들어올리지 못한다. 전자석의 경우는 전기를 통해야만 힘을 받는데 영구자석의 경우는 다르다. 분자배열에 일관성이 있어 항상 강한 힘을 바탕으로 물체를 끌어당긴다.

미국 아이비리그 대학의 탁월한 천재들의 두뇌세포의 분자배열이 영구자석을 닮았다는 얘기는 시사하는 바가 크다. 달라이 라마의 제자들 가운데 탁월한 수행자들의 두뇌세포의 분자배열이 일관성을 갖고 질서 정연하다는 얘기는 얼마나 정확한 연구결과인지는 알 수 없으나 수긍이 간다. 그러나 그들의 두뇌세포 분자배열이 수행을 마치고 나면 과연 어떤 상태로 변화하는지에 대해서는 언급이 없다. 그러나 분명한 사실은 영구자석과 전자석 그리고 천재와 수행자들과 범부중생 이렇게 놓고 볼 때 어떠한 연관성이 느껴진다는 점이다.

무예를 하는 사람들은 고도의 정신통일을 도모한다. 이른바 기합(氣合)이라고 불리는 우렁찬 목소리를 들을라치면 집중력이 약한 사람들도 집중하게 만든다. 예전의 선사들이 벽력같은 '방'과 '할'을 치던 상황과 무언가 유사한 점을 느끼게 한다.

예전에 청산(淸山) 거사란 사람이 차력(借力)이란 이름으로 강한 기합을 걸어 이로 밧줄을 물고 자동차를 끌어당기고 하던 상황을 TV에서 목격한 적이 있었다. 중국과 일본에도 그 같은 기(氣)를 다루는 기공사(氣功師)가 있어 사람들을 놀라게 하곤 했다. 강한 정신통일장의 상태에서 범부를 뛰어넘는 힘을 발휘하려면 고도의 수련이 필요할 수밖에 없다. 온몸의 세포들이 하나의 일관성을 지닌 상태가 될 때 강한 힘을 발휘할 수 있으리란 사실은 미루어 짐작하기 어렵지 않다.

천재들의 두뇌세포 분자배열의 일관성이 그들의 정신집중력의 탁월성이나 학업 등에 커다란 영향을 줄 수 있으리란 것 역시 의심의 여지가 없다. 우리 몸의 무수한 세포들, 두뇌의 수백억 세포 분자배열의 일관성은 그들이 어떤 형태로든 엄청난 수행을 감당했으리란 점을 짐작케 한다. 정신통일이라거나 정신집중은 결코 쉬운 일이 아니지 않은가? 우리가 수행에 몰입할 경우 지구의 뇌파라고 불리는 알파(α)파에 맞춰진다고 하는 점만 보아도 알 수 있다.

지구의 공진주파수는 1952년 독일 물리학자 W.O. 슈만 (Schumann)에 의해 발견되어 '슈만 리조넌스'라 불리운다. 지구 상공 100km에는 전리층이 있어 지상과 대전 상태가 돼 있는 양질의 공동공진기로 일종의 배터리와 같다고나 할까! 우리 몸은 물론 모든 생명체도 자기와 전기를 느낀다. 사실 두뇌의 송과체는 자기에 반응하는 기관이라 알려져 있고, 멜라토닌 등의 호르몬은 자기와 전기에 반응하는 것으로 알려지고 있다. 동면을 하는 생물들의 몸에 멜라토닌의 함량이 높은 것을 두고 학자들은 먹지도 않은 상태로 몇 달도 버틸 수 있는 이유를 멜라토닌이 어떤 역할을 하는 것이 아닌가 추측한다. 본래 만상은 기(氣)로부터 온 것이기에 그 같은 추측도 결코 틀린 내용이 아닐 것이다. 우리의 몸과 마음이 알파파의 상태가 되면 마음이 안정되고 기억력이 향상되며 집중력이 증대되고 직관, 영감이 크게 강화된다는 보고서가 많이 나와 있다.

전기공학자들이나 과학자들의 꿈 가운데 하나는 강한 영구자석을 만드는 것이다. 왜냐하면 강한 모터의 크기와 강도가 영구자석의 자력강도에 의해 좌우되기 때문이다. 그런데 두뇌세포 조직이 영구자석의 조직과 유사하다는 것이 전자현미경으로의 분석결과 드러났으니 학자들의 관심이 클 수밖에 없다. 두뇌세포가 영구자석과 유사한 조직을 가지고 있다는 사실은 우리의 두뇌가 끊임없이 전기와 자기를 발생시키는 시스템이라는 사실을 웅변해주고 있기 때문이다. 부처님께서도, 예수님께서도 보통 인간을 뛰어넘는 진실로 초인간적인 수행을 통해 그 같은 성자의 길, 무량한 능력의 존재로 승화되실 수 있으셨으니까…….

학자들이 집중적으로 두뇌세포를 연구한 결과 IQ가 낮은 상태의 사람들은 시냅스의 축색말단부 정보전달물질 이른바 신경전달물질

(Neuro-transmitter) 방출부와 상대편 수상 돌기의 수용체와는 서로 지그재그식으로 배열되어 있는 데 반해, IQ가 높은 사람들은 A세포와 B세포가 평형 상태로 전달속도에 있어 현격한 차이를 보인다고 밝혔다. 참선을 할 때 특히 무념무상의 상태가 될 때 뇌로부터 알파파가 왕성하게 방출이 되며 지구의 알파파 역시 쉽게 두개골을 통과하여 뇌세포에 도달한다는 것이다.

갈고 닦는 대로 받는다
밝아져라, 긍정적이 되라

금생에 탁월한 업적을 낸 천재들은 한결같이 과거생에 많이 닦은 사람들이거나, 저 먼 다른 별에서 온 사람이거나, 부처님이나 예수님처럼 하늘나라의 특명을 받고 온 사람들일 것이라는 추측이 가능하다.

최근 들어 참선과 명상의 붐이 일면서 전 세계적으로 그에 대한 연구가 가히 폭발적이다. 잘 알려져 있듯이 수재, 천재들에 대한 포지트론(양성자) 측정 결과 그들은 어떤 환경에 처한다 하더라도 교감신경을 이상 작동시키지 않고 일할 수 있는 요령을 체득하고 있음이 밝혀졌다.

보통 학생들, 평범한 학생들은 일할 때나 공부할 때에 교감신경이 이상 긴장 상태가 된다. 그 결과 아드레날린이 과다 분비돼 혈관이 수축되고 혈류가 제대로 흐르지 못하여 뇌세포 활동영역이 좁게 한정되므로 이해력과 기억력이 감퇴된다는 사실이 밝혀졌다. 우리는 한가지 일에 긴장하고 있을 때 다른 것은 보이지 않고 들리지 않는다. 교감신경 이상 작동 때문이다. 한가지 일에 집중되면 이처럼 다른 일은 느끼지 못하는 것이 상식인데 참선 중에는 정신이 집중이 되어 있는데도 불구하고 감각능력이 대단히 예민해진다. 직관(直觀), 창조력 같은 지혜와 영감이 잘 떠오른다. 하나가 전체요, 전체가 하나라는 『화엄경』의 가르침대로 마음이 우주공간으로 확산이 되는 현상과 같은 양상을 보인다. 원자가 물질 속을 사방팔방 퍼져나가려면 열 에너지가 필요한데 우리의 마음이 확산되려면 집중 에너지, 통일 에너지가 필요하다.

전기기구의 온 오프(on-off) 시스템은 사람의 경우에도 마찬가지이다. 교감신경이 일시적으로 강하게 작동하면 뇌세포의 혈행을 방해해서 뇌세포가 활동하지 못하게 만들어 버린다. 이처럼 어느 한가지 일에 몰두할 때 반사적으로 교감신경이 작동해 다른 영역의 뇌세포 스위치를 오프시켜 버리고 마는 것이다.

그런데 참선의 경우 화두를 들고 호흡의 수를 따르는 데만 전념하고 다른 잡념이 들어갈 여지가 없는 상태, 즉 무념무상이 될 때는 교감신경의 흥분을 억제하고 부교감신경이 활성화돼 풍부한 ATP(아데노3인산)가 활성화되면서 뇌의 세포들이 탁월한 컴퓨터 이상의 능력을 발휘하게 된다는 것이다. 실제로 계속 참선을 해나가면 컴퓨터 이상의 능력은 둘째 치더라도 마음이 점차 가라앉고 의식이 점차 심층으로 들어감에 따라 자기도 모르는 사이에 부처님의 가피를 느끼게되고, 스트레스가 말끔히 해소되는 동시에 감사한 마음이 솟아오름을 느끼게 된다. 스트레스는 참으로 뇌의 건강에 문제가 되는데 스트레스가 과도해지면, 스탠포드 대학의 정신과 연구진의 말대로 아드레날린이 과다분비되고, 부신피질 코티졸의 분비를 촉진해 결국 뇌세포가 파괴되는 대단히 부정적인 결과가 초래된다는 것이다. 스트레스는 뇌세포 파괴의 주범이다.

우리는 흔히 '많이 웃어라', '즐거운 마음을 가져라'라는 말을 하고 희망과 낙관적 감정 속에 살도록 많은 얘기들을 나눈다. 실제로 웃음 치료만으로 암을 고쳤다는 얘기들도 들린다. 이런 일들이 벌어지는 이유는 그 같은 감정이 되면 긍정적인 호르몬, 즉 베타(β) 엔돌핀을 위시하여 여러 가지 종류의 신경재생 호르몬이 생산되어 우리들의 뇌세포 파괴를 방지하고 건강을 증진시키기 때문이다.

그런데 참선의 경우 우뇌를 강화시키고 뇌세포 파괴속도를 지연시키면서 노화를 방지하고 건강 장수를 도모하게 한다. 인간은 원래 우뇌가 발달하도록 태어났으나 물질문명의 발달에 따라 분석 계산에만 몰두한 나머지 좌뇌가 점점 발달되면서 우뇌의 발달이 제지되고, 우뇌세포의 소멸속도를 촉진시켜 온 것이다. 우뇌의 기능을 약화시키면 뇌의 기능이 전체적으로 약화된다.

참선은 우뇌기능을 강화시킨다. 좌뇌는 분석적 기능, 언어 표현작용을 담당하는데 반해 우뇌는 사랑, 기쁨, 음악, 미술, 이미지기능, 직관, 영감, 직감 등을 담당하고 있어 뇌세포 재생 호르몬이자, 신경재생 호르몬인 베타 엔돌핀의 생성을 증진시키면서 노화를 방지한다. 또한 베타 엔돌핀은 암세포 파괴의 가장 강력한 무기로 알려져 있으며 T형 임파구를 강화시키기에 참선은 다각도로 우리의 몸과 마음의 건강에 크게 이바지하는 측면이 있다.

참선과 뇌파 그리고 우주

특히 최근 들어 참선 중의 뇌파변화에 대한 연구가 두드러져 참선의 뇌과학적 특징이 속속 밝혀지고 있다. 눈을 뜨고 참선하는 도중에는 알파파가 현저히 나타나며 특히 숙달된 선승들에게서는 쎄타(θ)파가 나타난다. 쎄타파는 깊은 수면 중에 나타나는데 선승들의 경우졸고 있지도 않은데 그 같은 깊은 파장이 나타난다. 참선 도중에는해본 사람들은 알지만 외부로부터의 자극에 대단히 민감하게 반응하게 되며 특히 깨어 있을 때보다 훨씬 더 강한 측면이 있다.

참선을 끊임없이 수련하면 몸과 마음 가운데 부처님의 기운이 흘러들어 여러 가지 긍정적 효과가 나타남을 몸과 마음으로 체험할 수 있다. 특히 차크라, 아사나의 체험은 심오한 몸과 마음의 변화를 직접 체험할 수 있다. 참선 중 형성되는 알파파 상태, 즉 지구의 뇌파, 즉 공진파와 하나 된 상태가 되면 널리 알려진 대로 마음의 안정이나 스트레스 해소는 물론 고혈압, 심혈관질환 등 갖가지 질병에 효과가 있으며기억력, 집중력, 직관, 영감 등의 향상에 큰 도움을 받을 수 있다.

참선이 심신(心身)의 탁월한 효과를 가져 오는 이유는 여러 가지가 있다. 생리적으로 보면 대체로 마음의 동요는 몸의 동요와 혼란으로 이어진다. 참선 중에는 신체의 동요가 적기에 호흡수가 감소되고, 그 결과 기초대사의 70~80% 정도만으로도 신체가 가동되는 등 최소 에너지가 소비되어 특히 두뇌의 휴식에 커다란 효과가 있는 것이다. 참선을 통해 자연 복원력이 강화되어서 체내 에너지를 적절히 배분조정하며 마음의 동요가 가라앉고 모든 기관이 조화롭게 움직일 수 있게 된다.

우리의 삶은 그가 어떤 생각을 하고 있는가 하는 생각의 질이 그의 성공의 바로미터이다. 바르고 탁월한 생각의 출현은 부처님, 하나님을 향한 신심과 그를 바탕으로 한 투철한 기도생활, 수행생활 여하에 달려 있다. 그와 같은 수행에 있어 참선 명상이 크나큰 도움을 줄 수 있다는 사실을 경전은 곳곳에서 밝히고 있다. 선정(禪定)이라는 말대로 마음의 안정이 모든 생명의 현상 가운데 가장 중요한 근본이 된다. 선정삼매의 수행으로 마음에 안정이 찾아 오면 크나큰 효과를 거둘 수 있다. 우리는 살아가는 데 있어 우리 능력의 대단히 적은 부분만 활용하고 있다는 것이 모든 전문가들의 얘기이다. 혹자는 인간은 자신의 능력을 10%도 못 쓰고 죽는다고도 한다. 나머지는 쓰지도 못하고 무덤으로 가져간다는 얘기다.

남보다 탁월한 성공과 업적을 이룬 이들은 모두 남보다 효율적인 인생을 살고 있는 사람들이다. 그들의 삶은 대단히 능률적이라고 말한다. 우리의 삶의 능률과 효율을 도모하는 방법으로 참선 수행을 권하는 사람들이 많다. 특히 구글, 마이크로소프트, 애플 등이 모두 참선 명상에 대단한 관심을 가지고 자기 회사 직원들의 능률적, 창의적 생활을 위해 참선 명상을 도입하고 있다. 참선 명상은 원래 부처님과 탁월한 수행승들의 수행법이었으나 이제는 그 효용가치는 물론 삶의 활력소, 특히 갖가지 스트레스 해소, 건강 등에 많은 탁효를 드러내고 있다. 특히 일통수도인회에서는 일찍이 이 같은 시대의 요청에 발맞춰 참선과 명상의 수행과 전파에 모든 노력을 다하고 있다.

우리가 참선과 명상을 하면서 꼭 알아야만 할 것은 참선 수행이 왜 인류에게 유의미한가 하는 점이다. 그 근본도리와 이치를 알아야만 좀 더 깊은 신심을 갖고 앞으로 나아갈 수 있을 것이다. 우리가 참선 수행을 통해 강한 효과를 입증할 수 있는 이유는 우리의 몸과 마음속에 부처님의 세계, 불성이 함께하고 있기 때문이란 사실을 명심해야 한다.

우리는 본래 '하나'에서 왔고 우리는 부처님의 아들 딸이며 부처님의 지혜와 덕성을 머금고 있는 존재들이라는 점에 대한 확신이 있어야 한다. 우리는 본래 부처님의 아들이며 우주의 아들이다. 우리는 우주와 하나인데 그를 잊고 살기에 무명중생인 것이다. 다행히 이러한 원리를 깨달아 참선 수행을 시작했으니 부처님, 하나님께서 얼마나 감격해 하실까?

수행을 하면 할수록 우리는 부처님 세계의 심부로 들어가고 중심을 향해 들어가며 각양각색의 가피와 가호지묘력을 힘입지만 그에 못지 않게 갖가지 시련과 고통을 극복하고 감내해야만 한다. 선(禪)은 우리를 진정 부처님 나라로 안내한다. 부처님 말씀이 우리를 부처님 나라로 이끌듯 참선은 그 가르침의 실천이다. 우리의 몸과 마음은 우주의 언어를 수용하도록 설계돼 있다. 우리는 그동안 우리의 몸과 마음, 부처님께서 주신 수행의 도구를 너무도 보잘 것 없이 비효율적으로 가동해 왔다. 이제 부처님 가르침 따라 성실하고 정성스럽게 수행해 나아가야만 한다. 그 길 가운데 불보살님의 가피와 신장님들의 옹호가 있을 것이다.

천지동근 만물일체(天地同根 萬物一體)라 하였듯 진정으로 만유는 하나다. 공부를 하면 할수록, 수행을 하면 할수록 그 같은 진리를 더욱 더 크게 깨닫게 된다. 우리가 서로 사랑해야만 하는 이유, 우리가 항상 정진해야만 하는 이유, 우리가 끊임없는 광명의 세계로 나아가야만 하는 이유는 모두가 자신의 수행력, 공덕력, 지혜의 등급에 따라 그가 위치할 자리가 결정되기 때문이다.

부처님께 무엇을 해달라고 하지 마라. 부처님은 당신들의 수행의 정도, 공덕의 정도, 지혜의 정도를 낱낱이 지켜보고 계신다. 부처님께서 그대들에게 무심하다거나 소홀히 하신다고 결코 생각하지도 마라. 그대들의 마음 가운데 계시고, 그대들을 항상 지켜보고 계시는 부처님께서는 "실지실견 실견시인 개득성취무량무변공덕(悉知悉見 悉見是人 皆得成就無量無邊功德) 다 알고 계시고, 다 보고 계시며, 그들 각자 지은 바대로 무량무변한 공덕을 이루게 해주신다."고 말씀하셨다. 열심히 정진하라. 지혜와 복덕은 끝이 없다.

"게으르지 말라. 부지런히 정진하라. 법을 등불로 삼고 네 자신을 등불로 삼고 나아가라."

화두의 의미 구조와 두뇌 생리학

　미국의 프로 야구, 프로 농구의 스타플레이어들이 한결같이 참선과 명상에 몰입하고 있다는 보도가 나온 적이 있다. 아메리칸 리그의 MVP였던 스티브 가비(Steve Garvey)는 물론 농구 황제로 불렸던 마이클 조던(Michael Jordan) 역시 참선에 심취해 있다고 보도된 적이 있다. 특히 유명한 농구 감독 필 잭슨(Phil Jackson)은 유명한 참선 마니아로 "자신의 팀을 13번이나 미 프로 농구의 정상에 올려놓았던 원동력이 참선이었다." 라고 실토했다.

　참선 명상이 세계적인 각광을 받고 있다는 사실은 어제 오늘의 얘기가 아니다. 특히 에리히 프롬(Erich Fromm)은 "선이야말로 고향을 잃은 현대인들이 다시 우주의 중심에 다가설 수 있는 마지막 복음이다." 라고 강조하면서 "현대 세계를 살펴보건대 여타 종교는 그 어느 것도 시대와 장소와 지역성을 탈피하지 못하고 있다. 그러나 세계가 하나로 통일되어 가고 있는 이때 '선' 이야 말로 가장 확실성 있고, 진실한 세계적 종교라 부를 수 있다. 선이야 말로 현대인들에게 고향을 찾게 해주고 동일한 지표와 목적지를 제시해 줄 수 있는 탁월한 길이다." 라고 얘기했다.

그러면 왜 이렇게 참선에 대해 관심이 많을까? 무엇보다 참선에 있어 화두의 의미 구조부터 생각해 보는 것이 순서일 것이다. 많은 사람이 화두라는 말을 입에 올리면서도 화두의 참다운 의미 구조에 대한 이해도가 부족하다. 선의 지도사들은 하나같이 '알 수 없는 의심' 하나를 가지고 정진하라고 가르친다. 잘 알려져 있듯이 참선의 세 가지 요건으로 신심(信心), 분심(墳心), 의심(疑心)을 든다. 의심이 제대로 되지 않는 화두는 사구(死句)로 소용없다고 일갈하고 활구(活句)여야 한다고 강조한다.

여기에서 과거 두뇌 생리학이 전혀 언급되지 않았던 시대에 우리의 선사들은 어떻게 그 같은 이데아(Idea)를 가질 수 있었던 것일까? 옛 선사들의 탁월한 두뇌 생리학에 대한 예지를 읽을 수 있다. 화두의 의미 구조를 파악하려면 우선 현대 두뇌 생리학적인 측면을 파고들어야 한다. 인간의 두뇌에 갖춰진 신경세포들은 줄잡아 수백억 개, 세포 하나하나가 컴퓨터에 필적한다고 보면 된다. 아니 컴퓨터보다 더욱더 정교하며 피드백 시스템이 컴퓨터와는 비교가 안 된다는 얘기다. 두뇌세포 하나하나는 잘 알려진 대로 신경 전달 물질(Neuro-transmitter) 이른바 두뇌 신경세포 연결효소의 분비를 통해 기능이 활성화되고 발휘된다고 한다. 그런데 그 효소 내지는 호르몬의 분비가 가장 왕성한 때가 이른바 골똘한 의문을 일으킬 경우라는 얘기다. 강한 의문이 두뇌 신경세포 활성화의 방아쇠 역할을 한다는 얘기다.

거기다 화두를 통한 집중 상태의 제고로 두뇌세포 활성화가 대단히 강화된다는 것이다.

두뇌 생리학자들의 연구결과에 따르면 인간의 일생에 있어 가장 왕성하고도 본질적인 의문이 제기되는 시기가 4~5세 유아기 안팎으로 그때가 인생을 통틀어 두뇌 발달이 가장 왕성한 시기라는 것이다. 유아기 전후 형성된 두뇌회로가 평생을 간다는 믿기지 않는 얘기를 하고 있는 것이다. 이미 유치원 이전에 평생을 살아갈 모든 두뇌 신경망이 짜인다는 얘기다. 유아 교육의 중요성이 지극히 강조되고 있는 이유가 바로 이 같은 연구결과에 기인한다.

이른바 절대 의문의 시기(Absolute Question Period) AQP라 불리는 유아기에는 그저 끊임없는 질문을 줄줄이 토해낸다는 것이다. "엄마! 왜 하늘이 파랗지?", "왜 사람은 죽지?", "왜 무지개는 일곱 가지 색일까?" 한도 끝도 없는 궁금증을 마구잡이로 토해낸다. 그때 부모는 친절하게 답을 계속하며 의문을 계속 유지시켜야 아이들의 두뇌가 발달한다는 것이다. 이 같은 유아기의 현실을 놓고 볼 때 두뇌 생리학자들의 얘기를 어느 정도 수긍할 수 있을 것 같다. 그런데 이 같은 중요한 시기, 초등학교에 입학이 되면서 아이들은 주입식 교육에 내몰리게 된다. 그 결과 아이들은 교과목을 따라가기 바쁘고 절대 의문의 시기는 문을 닫아 버리는 것이다. 프린스턴의 영재 연구소가 영재 아이들의 교육에 주입식 교육을 철폐한 이유도 그 같은 연구결과 때문이다. 결국, 학교 교육이 인간의 창의성을 차단하고 있는 현실이다. 주입식 교육이 필요한 측면은 있겠으나 유아기 때 한창 두뇌세포가 활성화되는 시점에는 주입식 교육을 지양해야 한다는 주장을 펴는 학자들이 많다. 그러나 전 세계적인 현대 교육이 그와 같은 상황을 제대로 수용하지 않는 게 현실이다.

이 같은 상황으로 인해 나이가 들어 출가한 수행자들 역시 두뇌 회로의 활성화를 위해서는 특단의 조치가 필요할 수밖에 없다. 선사들의 예지와 그들의 경험과 체험을 통한 정신 능력 내지는 탁월한 예지력 등의 양성, 그리고 우주 망망대해, 하나의 세계, 부처님의 세계로 나아가기 위해서는 무언가 획기적인 방법론이 제시돼야 한다는 사실을 깨달으셨던 분들이 고대의 선의 지도사들이었다. 그들은 이미 두뇌 회로가 굳어지고 고식적인 관념으로 꽉 차 있는 상태에서 출가한 수행자들에게 강한 의문을 하나 걸어 주어야만 한다는 판단을 했던 것이다. 그래서 등장한 것이 공안[10]이요, 화두였다. 알 수 없는 의문 하나를 무기로 우주 망망대해에 던져지는 것이다. 돈오돈수 하듯이 화두 하나에 모든 것을 거는 것이다. 수행의 길은 한없는 집중의 길이요, 중심을 향해 나아가는 길이다. 어느 쪽에건 쏠리면 끝난다. 그 같은 엄정한 상황에서 그가 살길은 화두 하나인 것이다. 강한 의문(Strong Question) 그리고 강한 집중(Strong Concentration)의 양자가 다 기능하는 화두야말로 탁월한 옛 선지식들의 깨달음의 소산이었던 것이며 화두란 이 같은 의미 구조 아래서 출발한 것이다. 미국의 탁월한 두뇌 생리학자들은 화두에 대한 연구를 통해 "탁월한 선사들은 이미 상당히 굳어진 두뇌세포망의 상태를 가지고 출가한 승려들을 끊임없는 의문, 알 수 없는 의문의 심연으로 유도함으로써 두뇌 발달과 영감의 새로운 장을 열려 했던 것이 아닌가 생각한다." 고 말하고 있다. 학자들은 인간은 4~5세 안팎 유아기에 폭발적으로 발달한 두뇌의 역량이 주입식 교육과 더불어 더는 발전이 도모되지 못한 채 정지되어 인간들은 모두 자신의 두뇌 역량의 10분의 1도 활용하지 못하고 무덤으로 가져간다고 얘기하고 있다.

화두는 생각 이전의 자리,
법신 광명의 자리로 나아가는 겁이다

의문만을 던져놓은 채 고요히 바라보는 행위가 바로 화두를 드는 행위이다. 즉 나의 의문을 명경지수 위에 낚싯줄 던지듯 던져놓고 무념무상으로 고요히 지켜보는 것이다. 번뇌가 입질을 하든 말든 낚시를 던져놓고 고요히 바라보는 가운데 번뇌를 흘려보내고 원하는 부처님 세계를 드러내는 것이라 생각하면 된다. 이때 번뇌는 멈추지 않는다. 심지어 꿈속에서도 끊임없이 일어난다. 이때도 화두가 선명해야 떠오르는 번뇌를 쫓아낼 수 있다. 번뇌가 모두 퇴치된 경계, 무의 경계에 달하는 것이 화두의 목표인 것이다. 번뇌를 잡겠다는 의도만을 던져 놓은 채 고요히 화두를 바라보면 번뇌는 저절로 사라진다.

참선을 시작하는 사람들은 과연 화두를 어떻게 드는지 궁금해 한다. 조주무자(趙州無字)를 들 때 『몽산법어』[11]에 나오듯이 부처님께서 만유에, 심지어 개에게도 불성이 있다 하셨는데 조주 스님은 "개에게 불성이 있습니까?"라고 물으니 "무."라 하셨다. 왜 '무'라 하셨을까? 한없는 의문을 안고 나아가는 것이기 때문이다. 화두를 들고 나아가다 번뇌가 떠오르면 화두로 걷어내며 계속 나아간다고 생각해야 한다. 그런데 분명히 알아야 할 것이 또 하나 있다. 조주 스님께서 '무(無)'라 하신 한마디 말씀은 생각이 일어나기 전의 소식이라는 점이다. 생각이 없는 곳, 앎이 떨어진 곳에 당처가 있다. 유무(有無)를 떠난 자리인 것이다.

일체의 사량 분별이 끊어진 곳이라야만 비로소 무자(無字) 화두의 참뜻을 깨닫게 된다. 텅 빈 무심(無心)의 경계가 아니면 본래 그 참뜻을 알 수가 없다. 차별 없는 본체가 뚜렷하고 순수하게 나타난 상태를 분명하게 볼 때 화두가 타파되고 우리의 본래 광명을 보게 된다. 모든 존재가 하나로 통해있는 만유의 바탕을 깨닫는 것이 화두를 드는 목적이다. 『선어록』등 각양각색의 역설과 상상을 뛰어넘는 선사들의 대화의 내용들은 하나같이 상주불변하는 실재계를 가르치는 내용들이다. 만유는 하나같이 본래의 모습의 현현이다. 모든 사물과 현상은 실체가 있는 것이 아니라 본래가 원인과 조건에 따라 이렇게 저렇게 나타난 모습이다. 물질은 모두가 에너지의 모임이라 하는데 그 에너지의 실체는 부처님이요, 우주의 무한한 창조력이다. 바로 그 본체인 우주 의식 불성 자리, 법성 자리를 깨달았는가 하는 것이 선문답의 요체이고, 화두는 그곳으로 선 수행자들을 인도하는 출중한 도구이다.

화두를 들고 끊임없이 지켜보기만 하시라. 화두란 이러쿵저러쿵 해석하려 드는 대상이 아니다. 강한 의문 하나 들고 계속 나아가면 된다. 화두에는 군더더기가 전혀 붙어 있지 않다. 우주 만유는 이미 언급한 대로 하나의 바탕 위에 건립된 존재들이다. 이 세상 속의 모든 사물은 단지 우주 의식의 발현 이외의 아무것도 아니다. 화두(話頭)는 문자 그대로 말머리, 즉 말이 나오기 전의 세계인 것이다. 모든 번뇌가 남김없이 사라지면 본체인 불성 광명이 드러나고, 독심이 제거되면 법신과 상응하게 된다. 기도할 때도 마찬가지다. 사람들은 갖가지로 소원을 발하면서 이뤄 달라고 애걸복걸한다. 그러나 참된 기도는 법신의 지혜와 공덕을 자신의 것으로 하는 데 중점을 두어야 한다. 기도는 청정한 본 자리의 본심이 방해받지 않고 드러나게 하는 수행이기 때문이다. 내가 염불하는 것이 아니고 내 마음 가운데 부처가 염불하는 것이다. 무엇을 얻고자 하면 얻을 수 없고 오히려 모든 것을 놓아버릴 때 얻을 수 있다. 만약 어떤 대상을 얻고자 하면 결코 얻을 수 없는 것이 당연한 결과다.

우리의 마음 가운데 넘실대고 있는 부처님의 청정 본원 광명에 내 자신을 맡기는 것, 그것이 화두를 드는 가장 중요한 자세다. 그저 번뇌가 떠오르면 화두를 들어 번뇌를 녹이면서 본래 마음자리로 나아가며 그에 모든 것을 맡기라. 지혜로운 우주의 흐름에 내 몸과 마음을 그대로 맡기면 지고의 부처님 나라에 쉽고 빨리 도달할 수 있다. 우주의 흐름을 거역하면 그 거역한 만큼의 고통이 주어지고 심성을 순화해야만 하는 과정을 겪게 된다. 선(禪)이란 몸과 마음을 맑혀 본 바탕인 법신 광명을 드러나게 하는 것이므로 자신이 우주 그 자체임을 투철히 자각해야 한다. 우주 자체가 된 사람이 진정한 선 수행자(禪 修行者)이기 때문이다. 그가 곧 텅 빈 무심(無心)의 경계로 법신 부처와 하나 된 사람이 될 수 있다. 화두는 끊임없는 번뇌의 청소를 거듭하며 그곳에 나아가는 도구일 뿐이다.

禪,
瞑想의 향연

영원은 우리의 본성
수행은 우리의 운명

2장
하나의 장, 영원의 장

하나는 전체이다
사랑은 하나가 되려는 열망이다

사람들은 수행이란 말을 들으면 고개부터 돌린다. 고리타분하다거나 딱딱하다는 선입관 때문이다. 또 '힘들다'는 느낌을 강렬하게 받는 탓인지도 모른다. 그러나 닦음을 실천하는 수행은 삶의 필수다. 어떻게 보면 우리들의 운명이다. 사람들이 자신의 본질에 대해 생각하기를 힘겨워하고 귀찮아하기에 그 같이 따분한 단어로 들리는 것이다. 탁월한 현자들이 항상 '너 자신을 알라'고 했지만 우리들은 모두 자신을 너무도 모른다. 우리가 각자 자신을 조금이나마 알아간다면 참으로 커다란 보배를 얻게 될 터인데 말이다.

우선 어려운 얘기는 제쳐두고 잘 알려진 얘기부터 들어보자. 지그문트 프로이트(Sigmund Freud)는 우리가 눈을 뜨고 보는 세계, 귀로 듣는 세계는 '빙산의 일각'이란 표현을 썼다. 현재의식의 세계는 문자 그대로 빙산이 물위에 떠있는 부분, 10분의 1 정도밖에 되지 않는다고 말한다. 10분의 9는 물밑에 잠겨 있고 그를 잠재의식(Subconsciousness)이라 불렀다. 물밑에 잠겨 있는 부분, 즉 잠재의식이 눈에 보이는 부분보다 훨씬 더 거대하다는 것이다. 따지고 보면 빙산은 물이 얼어서 형성된 것이고 물 그 자체다. 빙산과 바닷물, 전혀 다르지 않다. 물이 냉각되어서 얼어붙은 것이 빙산이다. 빙산이 녹으면 바닷물, 바다가 된다. 프로이트는 거기까지다.

그런데 바다는 영원히 바다인가? 땅과 바다는 모두 때가 되면 수명이 다해 허공으로 돌아간다. 흔히 빅뱅(Big Bang)[12] 이후 형성된 것이 우주이고 은하계이고 태양계 지구라 부른다. 따지고 보면 모두가 허공에서 나왔다. 하나인 허공을 어떻게 생각하는가? "텅 빈 허공은 한없이 나를 두렵게 만든다."고 읊은 어느 철학자가 있다. 그렇다. 말없이 텅 비어 있는 허공이 왜 우리를 두렵게 만드는가? 허공이 부처님이요, 하나님이기 때문이다.

사람들은 허공이 하나님이요, 부처님이라 하면 거부감을 갖는다. 허공이 부처님이라는 말이 경전마다 등장하니까 불교 신자들은 큰 문제없이 받아들이리라 믿는다. 허공이 하나님이라면 당장에 던져질 질문이 있다. 부처님과 하나님이 같다는 말인가? 기독교에서는 하나님을 어떻게 쓰는지 잘 모르겠다. 그러나 여기서 말하는 하나님이신 허공은 무한으로 펼쳐져 있는 무변허공과 하나일 수밖에 없는 하나님이요, 부처님이다. 그래서 '하나의 님', '하나님(Oneness)'이라 부르는 것이다.

어디 허공이 둘인가? 하나다. 하나는 절대(絶對)다. 둘인 상대의 세계를 넘어 있는 하나이자 전체인 세계다. 하나는 무한이다. 문자 그대로 공(空)이다. 공에서 나온 숫자를 '0'이라 한다. 흔히 '0'은 무한을 머금은 숫자라고 부른다. $0 \times$무한$=0$이요, $0 \times$조도 0이다. 0에다 그 어떤 수를 곱해도 0이 된다. 무한이 된다. 영원이 된다.

수의 세계와 0의 세계, 공(空)의 세계의 절묘한 통합이다. 둘로 갈라진 상대의 세계, 상대의 세계는 본래 하나의 세계, 절대의 세계에서 나왔으므로 항상 하나가 되기를 꿈꾸고 하나를 머금고 있다. 상대의 세계가 하나가 되기를 꿈꾸는 마음, 그를 일러 '사랑'이라 부른다. '자비'라 부른다. 둘은 항상 하나가 되려 하고 항상 대칭 가운데 하나가 될 운명을 머금고 태어난다. 따지고 보면 모든 만유는 음(-)과 양(+)의 사랑, 만남의 결실이다. 깨달음의 성자들이 사랑과 자비, 인(仁)을 얘기하는 것도 바로 이 같은 연유에서다.

우리는 이 땅에 사랑과 자비,
지혜를 닦기 위해 왔다

　하나인 세계, 무한인 세계는 문자 그대로 사랑이요, 자비요, 부처님이다. 하나님이다. '하나의 님'이다. 아마도 타종교에서 하나님이라 부르는 이유도 하나이자 절대, 전지전능한 존재라고 생각해서일 것이다. 그렇다면 진리는 '하나'라는 가르침처럼 올바른 진리를 얘기하는 사람들은 사랑의 이름으로, 자비의 이름으로 하나가 되어야 한다. 입으로 진리를 얘기하고 사랑을 얘기하면서 서로 하나 되기를 꺼린다면 그는 진리의 아들 딸일 수 없다.

　하나는 무한이요, 사랑이다. 자비요, 절대다. 둘로 갈라지면 유한이다. 인간은 사랑을 그리워하며 살지만 무자비(無慈悲)해질 수가 있음을 알고 있다. 둘로 갈라진 세계는 상대의 세계요, 상대의 세계는 나와 남이 있어 공간과 시간으로 나뉘면서 시공간, 물질의 세계로 불리게 된다. 피안(彼岸)[13]으로부터 차안(此岸)[14]으로, 에덴동산으로부터 거친 선악(善惡)의 세계로 추락하는 것이다.

　본래 하나인 세계, 하나님 나라, 부처님 나라에서 갈라져 나온 존재들이기에 다시 고향 찾아 가고픈 마음도 들 것이다. 다만 이 세상에 떨어진 순간부터 세상에 적응하느라 영원을 잊었다. 그들이 중생이요, 인간이다. 인간을 타락한 천사라 부르는 이유도 여기에 있다. 우리 모두는 아버지의 집에서 뛰쳐나온 탕자(蕩子)[15], 궁자(窮子)[16]들이다. 다시 아버지의 집을 그리워하기도 하겠지만 나름대로 현실 속의 시공간을 헤치며 분주히 살아간다. 우리는 스스로를 잘 모르며 살지만 누구든 예외 없이 무한사랑의 품안에 있다. 무한자비의 품안에 있다. 삶이 아무리 고통스러워도 찬연한 태양은 계속 빛나고 있고, 자연은 우리들에게 열심히 땅을 파고 경작하는 한 아름다운 과실들을 주렁주렁 매달아 준다.

그런데도 우리들 모두가 고통스럽다는 말을 항다반사(恒茶飯事)처럼 토하며 살고 있는 이유는 무엇일까? 무명(無明) 때문이라든가, 원죄(原罪) 때문이라는 얘기를 한다. 한 생각의 어리석음으로 이 땅에 던져진 안타까움의 표현들이다. 그리고 우리가 대자연의 법을 훼손한 과보이다. 과연 고통 속의 중생들, 무명 때문에 원죄를 짓고 피눈물을 흘리며 아파하는 중생들이 자신의 고향을 찾아갈 탈출구는 있는가. 우주의 수많은 각양각색 차원의 별들은 하나같이 영혼들이 고향 찾아 가는 길을 공부시키는 해탈의 학교임을 모른다. 지구 역시 중생들이 뭔가를 공부하기 위해 잠시 들른 곳이리라. 얼마나 열심히 공부하는가의 성적표를 들고 우리들은 또 그에 합당한 별을 찾아 떠날 것이다.

우리는 모두 지구라는 학교에서 뭔가를 배우기 위해 잠시 들른 하나님의 아들이요, 딸이요, 부처님의 자녀들이다. 성자들 역시 무량중생은 자신의 아들이라 하였고, 부처님도 "무량한 중생은 모두 나의 외동아들들이다." 하였다. 타종교에서는 '하늘에 계신 아버지'라 하지 않던가. "하늘에 계신 우리 아버지, 아버지의 이름을 거룩하게 하옵시며……." 이렇게 읊조린다. 이슬람교 역시 기독교에서와 마찬가지로 아담에서 시작해 노아, 아브라함, 모세, 다윗, 솔로몬, 요한, 예수, 무하마드가 모두 하나님이 보낸 예언자라 말한다. 수니파와 시아파로 갈라져 치열하게 싸우고 또 기독교나 가톨릭과 처절한 다툼을 벌이기도 하지만 그들의 가르침은 모두 일신교, '하나'로 통한다. 신의 이름만 다르다. 모순이요, 아이러니다. 하지만 모두 하나같이 더 많이 사랑하고 더 많은 연민, 자비심을 베풀며 덜 폭력적인 사람으로 나아가라 가르친다.

우리 모두가 이 땅에 온 것은 결코 우연이 아니다. 지구라는 학교에서 뭔가를 배우기 위해 온 신성한 부처님, 하나님의 아들 딸이다. 자신이 배워야 할 가르침을 스스로 정해 카르마(Karma), 업(業)[17] 따라 자신의 수업시간표를 짜 가지고 온 학생들이다. 이유가 있어서 이 땅에 온 존재들이라는 것이다. 우리는 이 땅에 온 이유와 사명, 책임, 의무가 있다. 그래서 빛에서 왔으며 빛의 일부이며 스스로가 생각하는 것보다 훨씬 지혜로운 존재라고 가르친다.

위대한 성자들은 계획을 짜놓고
이 별에 내려온다

부처님이나 예수님, 무하마드가 이 땅에 온 길을 살펴보면 이해가 빠를 것이다. 널리 알려진 대로 부처는 욕계(欲界)의 도솔천(兜率天)에서 왔다고 했다. 도솔천은 인간세상의 4백 년이 하루인 별이라 한다. 이 같은 경전 애기를 들라치면 '뻥'이든지 아니면 환상같이 듣는 사람들이 많다. 도솔천에 대한 이해를 돕기 위해 이렇게 설명해 보자.

은하계 우주는 직경이 10만 광년, 빛이 10만 년 달려야 한 쪽 끝에서 중심을 통해 그 반대편으로 갈 수 있다. 어마어마한 우주라 할 수 있다. 그러나 전체 우주의 은하들과 비교하자면 소형은하라 한다. 직경이 10만 광년이라니까 반지름은 5만 광년, 이해하기 쉽게 나를 중심으로 5만 명을 늘어 세우는 거다. 5만 명이 손과 손을 잡고 팔을 길게 늘여 세워져 있다 치자. 팔과 팔 사이를 대충 1m라 할 때 5만 명을 세우면 50km, 50,000m가 된다.

은하계 우주는 태풍처럼 소용돌이 모양으로 돌고 있다. 나를 중심으로 5만 명을 돌려본다. 중심의 나는 가볍게 한 발짝을 떼었으나 5만 번째 서 있는 사람은 대단히 빠른 속도로 뛸 수밖에 없다. 지구가

위치한 태양계(Solar System)는 중심으로부터 약 3만 번째에 위치한
다. 그곳의 지구는 하루 24시간 동안 자전하고 365일 만에 태양 주위
를 공전한다. 지구를 놓고 볼 때 지구에서 은하계 중심을 향하면 회
전속도는 대단히 느릴 것이고 지구에서 5만 번째 바깥 외곽의 별들은
회전속도가 대단히 빠를 수밖에 없다.

불교에서는 은하계를 삼계(三界)라 부른다. 삼계로 불리는 욕계
(欲界), 색계(色界), 무색계(無色界) 중 도솔천(兜率天)은 지구가 속
해 있는 욕계의 상층천(上層天)인 사왕천(四王天), 도리천(忉利天),
야마천(夜摩天) 다음이다. 도솔천은 저 먼 하늘나라에 위치하고 있
다. 지구 바로 위 사왕천은 지구의 50년이 하루, 도리천은 백 년, 야
마천은 2백 년, 도솔천은 지구의 4백 년이 하루다. 그 위의 하늘나라
인 화락천(化樂天), 타화자재천(他化自在天) 또 그 위 하늘나라인 색
계, 무색계를 올라가면 도저히 시간과 공간을 헤아릴 수 없다. 참으
로 무량한 하늘나라가 전개되고 있는 것이다. 그들 중 석가모니 부처
님 계시던 도솔천은 미래불인 미륵보살도 지금 부처님 수업중인 별
이다. 지구의 상층천이기에 대단히 수승(殊勝)한 천인(天人)들이 살
고 있다.

그곳에 계시던 석가모니 부처님께서 이 땅에 오시는 과정을 경전
을 통해 살펴보자.

무량한 세월을 갈고 닦아 끊임없이 보살도를 닦아 나중에는 보살 최후의
지위인 십지(十地)에 올라 부처님 후보자인 보처보살(補處菩薩)[19]이 되시어
도솔천에 몸을 받아 나시게 되었다. 도솔천에 4천 년을 계시는 동안 모든 인
간들을 위하여 설법 교화하시어 무량중생들을 제도하시었다.

어느 때 호명보살(護明菩薩)[20]로 계시던 도솔천에서 모든 하늘 아들들에

게 말씀하시었다. "내가 이제 염부제(閻浮提)[21]에 내려가 중생을 제도하리라." 모든 하늘 아들들과 호명보살이 염부제(사바세계)에 하강할 시기가 이르렀음을 알고 다음 다섯 가지 일을 관찰하였다. 첫째, 모든 중생의 근기가 성숙하였는가, 미숙한가? 둘째, 때가 되었는가, 아니 되었는가? 셋째, 모든 나라 중에 어느 나라로 갈 것인가? 넷째, 모든 종족 중에 어느 종족이 가장 존귀한가? 다섯째, 누가 마땅히 부모가 될 것인가?

어떤 이는 유제족 마갈국을 말했으나 그곳의 어머니는 단정하나 아버지가 진실치 못하고, 코살라국은 부모와 종족이 참되지 못하고, 화사국은 남의 지배를 받고, 유야리국은 싸움을 좋아하여 화목치 못하고, 발수국은 풍속과 행동이 허망하고, 다른 나라들은 변두리이니 지극히 존귀하신 부처님께서 태어나실 바가 아니다. 오직 가비라국이 가장 훌륭한 곳이며 나라가 풍요하고 오래전부터 공덕의 씨앗을 심은 곳이며, 정반왕은 종족도 훌륭하고 성품과 행동이 어질고 밝다. 특히 부인 역시 곧고 어질며 몸과 입과 뜻을 잘 간직하여 오백 생 동안 보살의 어머니이셨으니 그의 모태에 의지하심이 좋으리로다. 『불생경 불본행집경』

읽으며 느껴지는 점이 없는가? 설화적 구성이라지만 부처님은 무엇보다 이 세상에 내려올 때 철두철미한 계획을 세우고 투철한 조사를 펼치셨음을 알 수 있다. 사람들은 부처님이 위대한 인물이기에 경전을 통해 그렇게 만들었다고 얘기할지도 모른다. 그럼 기독교도 예수를 신격화하기 위해 동정녀 마리아께 잉태되셨다고 신화적으로 서술하지 않았느냐고 반문한다. 또 혹자는 "어떻게 처녀가 잉태할 수 있느냐." 며, "웃기는 얘기, 날조다." 라고 강변하기도 한다. 자! 한 걸음만 더 나가 본 다음에 얘기를 계속하자.

그대는 태몽의 의미를 아는가,
선몽의 의미를 아는가

오백 생 동안 보살만 낳았던 마야부인은 천지신명께 지극정성으로 기도를 올리었다. 하룻밤, 마야부인은 황금으로 장식된 여섯 어금니가 돋친 흰 코끼리가 하늘에서 내려와 오른쪽 옆구리로 들어가는 꿈을 꾸었다. 정반왕은 거룩한 태자를 낳을 길몽이라는 점쟁이의 말을 듣고 기뻐하였다. 과연 왕비는 임신하였다.

이때 도솔천의 무리들이 생각하기를 "보살님께서 이미 정반왕궁에 의탁하시니 우리들도 인간세상에 내려가 보살님께서 성불하신 뒤 그 법문을 듣고 깨달음을 얻으리라." 하고는 여러 나라의 왕이나 대신, 바라문, 장자, 거사 등의 집에 의탁하였다. 보살이 모태에 든 뒤로 보살과 그 어머니의 재앙을 막기 위해 네 사람의 천사가 마야부인을 수호하였다. 『불본행집경』

그 유명한 흰 코끼리의 태몽(胎夢)이다. 우리가 사는 세상의 여인들 가운데 태몽을 꾼 여인들을 만난 적이 있는가? 그대들의 부인들 또는 남편들 가운데 태몽을 꿨다는 얘기를 들은 적은 없는가? 나는 수많은 사람들로부터 꿈 얘기를 듣는다. 또 수많은 사람들에게서 태몽에 대해

들었다. 부처님 태몽에 대해 얘기를 했으니 예수님의 태몽에 대해 들어보자. 성경에 나오는 얘기다.

예수님이 성모 마리아에게 잉태될 것을 요셉은 이미 알았다. 그녀와 파혼하려 마음먹었으나 꿈에 천사가 나타나 "요셉아, 네 아내 마리아를 데려오기를 무서워 말라. 저에게 잉태된 자는 성령으로 된 것이다. 아들을 낳으리니 이름을 예수라 하라. 이는 그가 자기 백성을 저희 죄에서 구원할 자이심이라." 『성경』

예수도 석가처럼 세상에 크나큰 영향력을 행사할 인물임을 하늘이 알고 꿈속에서 이미 정보를 준 것이다. 마야부인의 흰 코끼리 꿈이나 요셉의 꿈이나 한결같이 탁월한 인물들은 그들이 이 땅에 오기 전 어떤 우주적 계획에 따라 출현했음을 읽을 수 있다.

탁월한 인물들뿐만 아니라 보통의 범부중생들도 태몽을 꾼다. 이 같은 태몽들 역시 무량중생들이 어떤 우주적 끌림을 따라 태어나고 있음을 알 수 있다. 하늘나라에서 오는 탁월한 존재들은 불교식으로 얘기한다면 대단히 수승한 공덕과 지혜를 닦은 존재로 하늘에 몸을 받아 낳아 살다가 우주적 계획에 따라 지구의 중생들을 제도하기 위해 이 땅에 원을 세워 온다고 했다. 이른바 원생(願生)이다.

그러나 보통 범부들은 자신이 지은 업 따라(業生) 자신의 별과 나라와 종족, 부모를 찾아간다. 사람들이 아들 딸을 낳을 때 어떤 아들 딸이 들어오는 줄 아는가. 뱃속에 들어오는 대로 '내 아들', '내 딸'이라 부른다. 이 같이 중생들이 태어남의 법을 '인연법(因緣法)', '인과법(因果法)'이라 부른다. 『삼세인과경(三世因果經)』[22]이 그를 낱낱이 밝혀 놓고 있다. 모두가 자신이 지은 바 공덕과 지혜의 업 따라 모든 게 결정되는 것이다. 그렇기에 자신의 업을 정화하고 신구의(身口意)[23], 삼업(三業)을 갈고 닦는 것이야말로 자신의 운명을 결정짓는 일이 되는 것이다. 그래서 수행이 정말로 중요하고 또 중요한 것이다.

수행은 왜 중요한가

　수행(修行)이 왜 중요한가 하는 문제는 말해 봐야 잔소리지만 사람들은 수행이란 단어를 듣기만 해도 알레르기 반응을 보인다. 태몽만이 아니다. 내친김에 한마디 더 하자. 선몽(先夢)에 대해서 들어본 적이 있는가. 혹시 선몽을 받아 본 적은 없는가? 많은 신도들이 있는 가운데 "태몽을 꾸어 본 사람, 선몽을 받아 본 사람, 손들어 보세요." 하면 대부분의 사람들이 손을 든다. 또 어떤 사람들은 "스님, 제 꿈은 꼭꼭 맞아요." 한다. 도무지 태몽은 무엇이고 또 미래를 먼저 만나는 선몽은 도대체 무엇인가. 프로이트도 선몽(Precognition Dream)에 대해서 "참으로 이상도 하다. 사람들은 무슨 이유로 해서 미래를 미리 보게 되는 것일까?" 라고 대단히 궁금하게 여겼다.

　꿈이란 도대체 무엇이란 말일까. 태몽, 선몽이 있는가 하면 개꿈도 있다. 꿈에 대해서 얘기하자면 한도 끝도 없다. 분명한 사실은 우리가 스스로의 정체성을 제대로 파악하고 있지 못해서 이 같은 안타까움이 계속되고 있다는 사실이다. 왜 탁월한 현자들은 '너 자신을 알라' 고 하셨을까. 왜 탁월한 현자들은 "내가 너무도 잘 알고 있는 사실은 내가 너무도 모르고 있다는 사실." 이라고 토로했을까.

부처님은 우리 모두를 자신의 '외동아들' 이라 했다. 부처님의 외동아들이라 하신 이유는 "깨닫고 보니 모든 중생들이 모두 다 나와 같은 지혜와 덕상을 갖추고 있구나. 안타깝게도 망상과 인연에 집착되어 스스로를 체득하지 못하고 있구나. 만일 이 망상과 집착만 여읜다면 바로 부처님의 경계를 깨닫게 되는 것을." 35세 납월파일 (음력 12월8일 성도재일) 깨달음 가운데서 감격에 겨워하신 말씀이다. 수행이 중요한 이유다.

부처님은 몸과 마음을 던지는 용맹정진(勇猛精進) 끝에 성불(成佛)하셨다. 성불하시면 어떻게 되는 것일까? 부처가 되고, 하나님이 되고, 신이 된다면 무엇이 달라지는 것일까? 자신이 누구인지 확실히 알게 된다. 그분들은 자신의 정체성을 분명히 깨달으신 분들이다. 그리고 무엇을 어떻게 해야 할지를 명백히 아는 존재가 된다. 무(無)이면서 무한(無限)임을 깨달은 존재다!

자비와 사랑은 우리의 운명이요,
궁극이다

부처가 되고 신(神)이 되면 무량중생들의 어버이가 된다. 범부(凡夫)들은 이해할 수 없는 초과학적 영역이다. 깨달음의 지혜가 몸과 마음 모두를 바꾸는 것이다. 강렬한 깨달음의 체험, 영적, 정신적 체험을 하게 되면 사랑과 자비의 감정이 솟구쳐 오르게 되는 것이다. 부처는 자신의 영혼이 불멸함을 이해하고 깨달은 것만으로도 모든 중생들의 몸과 마음의 고통을 치유하고 녹였다. 수행이 얼마나 중요한 것인가 하는 점은 얘기해야 잔소리다. 수행을 통해야만 찬연한 세계로 나아간다는 사실을 아는 사람들은 얼마나 될까?

우주는 부처님 가르침대로 영혼의 학교다. 우리는 지구학교에 와서 열심히 공부하고 열심히 수행해서 지구의 공부를 마스터해야 한다. 그래야 그 다음 수업이 우리들을 기다리고 있을 것이다. 성불하는 그날까지 무량한 대천세계(大千世界)를 끊임없이 돌고 돌며 계속 환생(還生)해야 한다. 우리들 모두 자신의 이 같은 정체성과 삶의 목적을 분명히 이해하는 것이 중요하다. 그 같은 깨달음 가운데 지금까지와는 다른 삶을 살게 되고 자신을 바꾸고 세상을 바꾸는 일도 가능하게 된다. 끝없는 수행을 통해 강렬한 영적, 정신적 체험을 하게 되면 정녕 사랑과 자비의 감정이 솟구쳐 오름을 느낄 것이다.

　사랑은 영원하며 무한이다. 모두를 하나로 만드는 위대한 힘이다. 모든 것을 초월한다. 사랑과 자비는 모든 것의 근원이며 모든 존재에 스며들어 있는 영원의 에너지다. 성스러운 지혜와 정신을 내포하고 있는 강렬하고 위대한 에너지다. 시공을 초월하며 우리의 모두이며 전체이며 우주의 모두이다. 사랑은 모두를 하나로 만들며 우리 모두가 성취해야할 지고의 목표다. 우리 모두가 사랑이 되는 길, 그 길이 곧 정진이요, 수행이다. 사랑은 우리의 본질이고, 우주의 본성이며 우리가 곧 사랑이다. 우리는 수행을 통해 부처님의 사랑 자비를 가꾸고 키우고 깨우쳐 자신에 대한 사랑이 충만하고 타인에 대한 사랑이 흘러넘쳐야 한다. 부처님의, 하나님의 사랑을 간절하게 느끼고 체험하게 되면 그를 형용하거나 설명할 수 없더라도 모든 고통이 사라진다. '사랑은 정녕 위대한 묘약, 법약' 이라 불리는 이유다. 사랑의 힘은 그 어느 힘보다 비할 바 없이 강력하다. 어떤 의약이나 영약보다 탁월한 치유 에너지로 우리의 몸, 정신 그리고 영혼을 순식간에 변화시킬 수 있다. 수행을 끊임없이 펼치는 일은 바로 이 같은 사랑의 실체를 깨닫고 이해하기 위해서다. 사랑의 화신이 되면 삶은 한없이 확장된다. 영원의 세계인 부처님 나라, 하나님 나라로부터 우리 내면에 평화, 행복과 기쁨이 흘러든다.

　사랑이 모든 것을 아우르기에 우리의 영혼은 사랑의 에너지에 자연스레 끌리게 되어 있다. 우리는 모두 하나의 목적지를 향해 나가고 있다. 『법화경』의 가르침대로 우주의 무량중생들은 하나같이 사랑의 길, 성불의 길을 향해 나아가고 있다. 우리 모두는 사랑의 화신으로서의 길을 모두 함께 향해 나가고 있는 것이다. 수행을 통해 부처님과 우주의 사랑을 실제 체험하고 나면 우주에 대한 이해, 자신에 대한 파악이 명료해지고 깨달음을 바탕으로 직관의 경지, 초월지의 경지에 이른다.

자비와 사랑은 부처님이요, 광명(光明)이다. 광명의 빛은 모두를 살리는 근원이다. 우주는 상적광토(常寂光土), 즉 영원한 광명의 나라, 불신충만어법계(佛身充滿於法界), 즉 부처님께서 충만하신 법계다. 우리는 부처되는 그날까지 끊임없이 광명의 길, 깨달음의 길을 나아가야 한다. 그 길이 바로 수행의 길이다. 우리는 육신의 수명은 끝나는 존재지만 마음, 법신은 절대이기에, 영원이기에 불생불멸(不生不滅)이다. 우리는 죽지 않는다. 죽어도 죽지 않는다. 끊임없는 수행으로 의식수준은 고차원으로 승화된다. 자비와 사랑의 정도에 따라 진화한다. 그 누구도 죽지 않는다. 영원히 불생불멸이기에 우리 모두는 헤어짐이 없다. 우리 모두는 삶과 죽음을 초월한 존재, 영원의 존재이기 때문이다.

우리는 이 땅에 오기 전에 이미 이 땅에서의 계획을 세웠고, 모든 환경을 업 따라, 인연 따라 만들어 놓고 왔다. 이 땅에 사는 동안에도 불보살과 신장님들, 보이지 않는 영적 존재들이 한없이 돕고 있음을 알아야 한다. 그들의 지도와 옹호 가운데 현생에서의 삶과 내생에서의 삶을 살며 미래를 계획하기 때문이다. 이 같은 삶의 행로를 운명이라 말하지 마라. 자신의 의지 그리고 노력과 공덕이 작용함에 따라 계획이 앞당겨지기도 하고 늦춰지기도 한다. 가벼운 업은 소멸되기도 하고 무거운 것은 가벼워지기도 한다. 업장소멸(業障消滅)이 되는 이유가 여기에 있다.

용맹정진(勇猛精進)을 해 온 경험이 있는 수행자들은 알 것이다. 용맹정진을 하면 사람들은 업장(業障)이 녹아버려 훨씬 마음이 여유로워지고 독심(毒心)으로부터 많은 부분이 해방된다. 화낼 일도 웃어넘기게 되고, 과거 같으면 불같이 화를 낼 일도 너털웃음으로 넘어가

기도 한다. 스스로의 변화에 스스로가 놀라울 뿐이다. 선지식을 만나 열심히 갈고 닦아야 한다. 수행해야 한다. 우리가 이 땅에 와서 만나는 사람, 장소, 시간까지도 이미 이 땅에 오기 전 모두 짜 놓은 계획 따라 전개됨을 알아야 한다.

백 년도 안 되는 인생, 먹고 마시고 자고 꿈꾸고 말하고 하면서 보내는 시간이 대부분인 인생행로 가운데 수행을 하면 얼마나 할까. 인생 전체가 수행임을 알라. 이미 짜놓은 계획대로 전개되는 가운데 나의 금생의 공부가 서서히 익어가는 것을 인식하라. 나의 의지가 작용하지만 꼭 만나기로 계획한 사람은 만나게 되고, 벌어져야 할 일과 사건들은 필연적으로 벌어진다. 중요한 기회와 위기의 순간이 덮쳐오기도 한다. 그 같은 상황을 마주할 때, 운명적인 사람을 만나게 될 때, 어떻게 맞닥뜨릴지 어떤 판단 하에 결단을 내릴지는 모두 나의 공부와 의지에 달려있다. 그래서 평소의 수행이 중요한 것이다. 인생 전체가 수행도량이다.

과거생의 업보와 현생의 나의 대처능력, 의지는 서로 조화를 이루며 앞으로 나아간다. 그래서 항상 공부가 중요하고 유비무환(有備無患)의 도리를 놓쳐서는 안 된다는 것이다. 우리 모두는 우주라는 학교를 이동해 가며 공부한다. 지금 이곳에 인연 있는 뭔가를 해결하고 터득하기 위해 왔다. 스스로를 너무 단죄하지 마라. 스스로를 더 많이 사랑하라. 주변의 인연들도 더 많이 사랑하라. 더 많이 사랑하고 더 많이 자비로우며 더욱더 지혜로워져라. 깨달음을 얻는 과정은 느리고 험난하며 탁월한 수행을 필요로 한다. 우리가 복용할 수 있는 최고의 영약이 자비요, 사랑이다. 사랑의 길을 가는 수행이다. 수행처럼 위대한 묘약은 없다. 사랑의 묘약, 수행의 묘약을 더욱더 많이 복용하라. 우리는 무책임하게 무계획적으로 던져진 존재들이 아니다. 영원을 가는 존재로 언제 어느 곳에 가서 삶을 시작하더라도 끊임없이 진보하도록 사려분별 있게, 신중하게, 지혜롭게, 계획되고 설계된 존재들이다.

마야부인이 오백 생 동안 보살의 어머니가 될 수 있었던 것은 그녀의 다겁의 수행공덕 때문이었다. 그 같은 공덕으로 인해 부처님의 어머니가 될 수 있었다. 마찬가지로 무량중생들은 이미 언급한 대로 그때마다 인연 따라 나라와 종족, 자신의 부모와 태어날 신분을 선택한다. 한 세상을 살고 떠난 영혼들은 염라왕전 업경대[24]를 필수적으로 통과하게 된다. 육신으로부터 빠져나온 영혼은 지난 세상의 삶을 평가받는 시간이 있다. 업경대를 거치면서 지난날의 삶 가운데 경험했던 모든 일과 인간관계를 처음부터 다시 점검해 보는 시간을 갖고 반성하는 시간을 갖는다. 기인(奇人)이라 불렸던 스웨덴보리의 『영계견문기』라든가 『지장경』에 등장하는 이 같은 가르침은 우리들의 현재 삶이 어떠해야 할 것인가를 깊이 생각하게 한다. 염라대왕은 다음과 같이 가르친다.

어떠한 고통을 만나더라도 결코 지지 말고 기죽지 말라. 고통은 항상 일시적이다. 정도(正道) 따라 살라. 사랑을 바탕으로 살라. 남을 아프게 하지 말라. 꼭 응보로 돌아온다.

우리의 본질은 즐거움이다
환희다
열락이다

모든 수행에는 원칙이 있다. 우주는 하나요, 우리 모두는 한 곳에서 왔고 그곳으로 간다는 점이다. 또 그곳에도 함께 간다는 사실이다. 하나, 한 곳, 함께인 세상은 부처님 나라다! 그런데 이 세상은 나와 너, 나와 남으로 갈라져 있다. 이 같은 상대성의 세계에서는 어떻게 수행을 할 것인가? 나와 남이 있는 세계에서는 내 주장만 펴서 될 일이 아니다. 그러한 사람은 어디를 가서든 수용될 수 없고, 환영받지도 못한다. 그런데도 많은 사람들은 자신의 주장만 편다. 당연히 고통스럽다.

인간의 모든 불행과 고통은 하나가 되지 못하는 데서 온다. 나만 옳다고 주장하는 마음에서 온다. 나만 최고라는 생각에서 온다. 나만 잘 되고 잘 살려는 마음에서 온다. 개인의 불행, 나라의 불행, 인류의 불행은 모두가 자신들의 주장만 펴고 자기만 옳다고 생각하고 주장하는 데서 온다. 그래서 장님이 코끼리 만지는 격이란 얘기가 등장한다.

부처님 당시에 한 나라 왕이 있었다. 신하들이 하도 싸우니까 나라 안의 장님들을 모두 모으라 했다. 그리고는 코끼리 한 마리를 끌어다 놓고 만져 보라 했다. 그랬더니 눈먼 장님들은 서로 서로 자신이 만져본 부분만을 얘기하며 싸우더라는 것이다. 다리를 만져본 사람은 코끼리를 기둥 같다고 하고, 코를 만져본 사람은 대롱 같다고 하고, 상아를 만져본 사람들은 뿔 같다고 했다. 모두 저마다 제 주장을 해대며 싸움이 멈출 줄 몰랐다. 누구든지 자기가 보고 아는 것만 놓고 자기만 옳다고 한다. 틀린 것은 아니다. 그러나 전체를 얘기한 것은 아니다. 부분적으로만 옳은 것이다. 결국 장님들의 싸움은 그치지 않는다.

인간세상의 어떤 일도 마찬가지다. 흔히 한 걸음씩 물러서서 타협하고 양보하라 하는 이유가 그래서 그렇다. 그런데 타협을 하지 않으면 어떻게 될까 당연히 전쟁이다. 전쟁을 벌이면 좌우간에 고통이 자심할 수밖에 없다. 개인과 개인, 나라와 나라 사이도 모두 첨예한 이해관계를 가진다. 어떻게 이해관계를 슬기롭게 풀어갈 것인가가 대단히 중요한 과제다. 그래서 수행이 필요한 것이고 사랑이 필요한 것이다. 탁월한 인물들이 하나같이 탁월할 수밖에 없었던 이유는 그들이 평소 스스로를 갈고 닦는 데 누구보다 많은 노력을 기울였기에 가능했다. 그들은 공부를 통해, 수행을 통해 만유가 '하나'의 아들 딸임을 잘 알고 있었다.

가만히 우리 주위를 돌아보라. 저 앞에 보이는 저 나무 한 그루는 나와 별개인가, 결코 그렇지 않다. 저 나무가 뿜어내는 산소를 마시며 나는 살고 있다. 그리고 저 나무는 내가 뿜어내는 탄산가스를 받아들여 탄소동화 작용을 하며 자신의 생명을 유지한다. 나와 갈라져 있는 듯한 그 무엇도 나와 끈끈하게 연결돼 있다. 하나다. 남자와 여자가 나뉘어져 있고, 하늘과 땅이 나뉘어져 있는 것 같아도 모두가 하나의 다른 모습들이다. 만유가 하나라는 사실을 깨닫고 그를 실천하는 마음과 행위가 자비요, 사랑이다. 사랑과 자비의 마음이 될 때 어떠한 가. 사랑하는 연인과 만날 때 어떠한가. 한없는 열락(悅樂)이다. 지고 의 즐거움, 열반(Nirvana)의 즐거움은 흔히 모든 번뇌를 떠난 곳에서 오는 즐거움이라 하여 지고의 환희와 열락의 세계라 부른다.

번뇌란 나와 남을 가르고 대상과 나를 가르는 마음에 다름이 아니 다. 내가 남에게 베풀면 자연적으로 즐거워지는 마음, 그 마음이 부 처님 마음이다. 내가 나의 장벽, 나라는 장벽을 허물어 버리면 저절 로 오는 즐거움과 평온, 안락의 마음이 있다. 이 같은 경지가 되면 이 상스레 평온과 안락은 저절로 따라온다. 본래 우리는 즐거움이기 때 문이다. 세속의 번뇌에서 떠나 법당에 와서 앉아 있을 때의 마음, 흔 히들 "법당에 와 앉아 있으면 마음이 편해." 그렇게 얘기들을 한다. 왜 그럴까. 허공계에 가득한 부처님의 한없는 사랑이 내가 나라는 장 벽을 허물 때 저절로 흘러들기 때문이다. 흘러든다고 해도 틀림이 없 고 내 마음 가운데서 우러나오는 것이라 해도 틀림이 없다.

부처님 나라는 나와 남이 없는 하나의 세계이기 때문이다. 만유에 부처님 계시다는 가르침은 이를 두고 하는 말이다. 내가 그 누군가와 하나라는 생각만 해도 그 사람이나 그 대상이 이곳에 있지 않아도 저 절로 오금이 저려지고 즐겁다. 왜 그런가. 그 같은 마음은 부처님의 마음과 하나가 된 마음이기에 그렇다. 부처님 나라는 한없는 즐거움, 평온과 안락의 나라이고, 하나의 나라이고, 사랑의 나라, 광명의 나 라이기에 그렇다.

우주는 하나이고 갈라져 있는 모든 것들은 하나가 될 때까지 우리 의 수행대상들이다. 따지고 보면 사랑의 정도를 가늠하는 실험의 재 료들이라고나 할까. 그러니까 원수를 사랑하라고 하고 가장 가까운 사람이 철천지원수가 된다고도 하는 것이다. 철천지원수가 삼생전 (三生前)의 네 부모라 하는 것이다. 하나가 되면 한없이 즐겁다. 그 어떤 대상과도 하나가 되면 부처님 세계가 열린다. 본질이 그렇다.
우리의 본질이 부처이기 때문이다.

진리가 뭔가
스스로에게 물어보라

축구장이나 야구장의 관중석을 가득 메운 사람들을 보라. 또 공연장을 가득 채운 관객들을 보라. 그들은 자기편의 공 하나하나에 울고 웃는다. 또 연주자의 연주 하나하나에 감동한다. 그라운드나 거대 공연장이나 모두 하나가 되는 환희의 도가니다. 축제가 된다. 제사장이 된다. 올림픽 제전이라 하지 않는가. 물론 축구장에 모인 관중들 가운데 자기편이 졌을 경우 기분이 나쁠 수도 있다. 그래서 싸움을 벌일 수도 있다. 그러나 자기편과 하나 된 많은 사람과 함성을 울리며 한순간이나마 즐거워했다. 물론 편이 다른 사람들이 항상 있게 마련이지만……

문제는 하나가 되면 즐거운데 거기에도 내 편, 네 편이 있다는 안타까움이다. 중생세계나 그 어느 곳도 내 편 네 편이 있다. 그래서 우리 편끼리는 즐겁지만 다른 편 사람들과는 불편한 것이다. 이 같은 상황이 확장되면 우리나라 사람들과는 잘 어울리지만 다른 나라 사람들의 경우 적대국과 우호적인 나라가 있을 수밖에 없다. 한 나라 내에서도 어떤 경우에는 지역색이라 해서 불편한 관계가 얼마든지 있을 수 있다. 우리나라의 영호남 간의 관계라든지 영국의 잉글랜드와 스코틀랜드의 경우도 마찬가지다.

하나이면서 내 편, 네 편 따라 전쟁을 벌이는 중생들의 세계, 그들은 전쟁을 벌이며 자신들의 편 가르는 마음에 대한 응징을 당한다. 전쟁은 필연적으로 고통과 무량한 주검들을 양산하지 않는가. 나라 간의 전쟁, 종교 간의 전쟁, 문화가 다른 데서 오는 갈등, 계층 간의 갈등, 모든 아픔과 쓰라림이 모두 편 가르기, 나와 남을 가르는 데서 온다. 그 같은 편 가르기 마음의 원천은 하나라는 사실을 잊은 데서, 반쪽만 아는 데에서 오는 것이다. 결국 각양각색의 이기심으로부터 생겨난다.

개인적 이기주의, 단체적 이기주의, 국가적 이기주의 등등, 이들을 극복하는 것이 쉬운 일이 아니기에 인류는 지금껏 아니 영원히 싸움을 그칠 수 없을 것이다. 우주에 떠있는 수많은 별들, 밤하늘에 우리가 볼 수 있는 별들은 얼마 되지 아니한다. 지구 상공 수백 킬로미터에 떠있는 허블 망원경으로 찍은 우주의 사진을 본 적이 있는가. 어느 영화장면에서 보니까 더 이상 별이 들어설 자리가 없을 정도로 꽉 차 있었다. 갖가지 조명이라든가 구름들로 가려져서 보이지 않던 밤하늘의 별들의 나라가 수십 킬로미터 높은 상공의 구름도 없고 조명도 없는 곳에서 찍은 사진을 보니 문자 그대로 '불야성이 아니라 별야성' 이었다. "어떻게 저렇게 별들이 많을 수가 있지!" 하고 탄성을 울린 적이 있다.

그 많은 별들이 모두 거저 공짜로 만들어져 있을까. 외계인이라든가 UFO 등의 얘기는 허무맹랑한 얘기가 아닐 것이다. 모두가 저마다의 업(業)에 따른 공간에 살며 갖가지 이기심을 버리지 못한 만큼 싸우고 지지고 볶고 하며 영원을 향해 나아가고 있는 것이다. 우주 곳곳마다에서 싸움이 벌어지고 그래서 고통스러울 거다. 조금은 슬프지 않은가. 그래서 이기심을 버리고 수행을 따라, 정도에 따라, 마음의 수양에 따라 살게 될 상황이 다를 수밖에 없을 것이다.

모두가 하나다. 모두 연결돼 있다. 모두가 하나에서 왔고 하나의 세계로 함께 가고 있다. 그 상황이 어떠하든 간에……. 우리는 수행을 통해 하나 됨을 완성해 가야 한다. 사랑을 완성해 가야 한다. 탁월한 성자(聖者)들과 현자(賢者)들은 이 같은 사실을 깨달았던 것이다. 우리가 하나 됨을 완성할 때 그를 성불(成佛)이라 부른다. 성불의 길, 사랑과 자비의 완성, 지혜의 완성이 우리의 궁극적 목적이다. 구경성불, 구경열반이라고 부르지 않는가.

종교 간에도 그들의 목표가 조금씩은 다를 수도 있다. 진리는 하나라고 하면서 종교가 다르다고 싸우고, 또 같은 종교 가운데도 종파가 다르다고 싸우는 경우는 참으로 안타까운 얘기다. 그들이 진리를 잘못 이해하고 창조주의 가르침을 왜곡하고 있는 것은 아닌지 모르겠다. 진리를 잘못 이해한다는 것이 얼마나 무서운 일인가. 인류 역사를 피로 물들인 종교 전쟁들의 역사를 살펴보면 안타깝기 그지없다. 그러한 현상은 지금 이 시대에도 계속 벌어지고 있다. 문명의 충돌을 얘기한 학자가 있었는데 이러한 현상은 문명의 충돌이나 신들의 충돌도 아니고 인간의 이기심의 충돌이라고 밖에 부를 수 없다. 우리가 살고 있는 손바닥만 한 땅덩어리 내에서도 마찬가지가 아닌지 종교인들에게 묻고 싶다.

우선 본격적 수행을 위한 준비를 위해 우주에 대한 기본적 원리에 대한 과학적 접근이 중요할 것이다. 어떤 종교이든 간에 그들의 교리에 대한 이해 이전에 우주의 근본적 법칙에 대한 이해가 선행돼야 할 것으로 생각된다. 자칫 자신의 종교에서 내세운 왜곡되고 그릇된 교리에 따라 살다보면 본의 아니게 타종교와의 갈등, 그리고 전쟁 등에 휩쓸릴 수밖에 없는 것이 현실이다. 물론 자신이 태어난 나라가 이슬람교를 믿는다든지 국교를 기독교로 한다든지 불교로 한다든지 하는 경우도 많기에 태어나면서 어찌할 수 없는 상황들이 있기는 하다. 업으로 돌리기에는 너무나 안타깝고 처절한 종교 갈등의 예들이 우리 주변에는 너무도 많다. 터키의 오스만 제국 시대 때 150만의 기독교인들을 학살했다는 아르메니아 대학살 사건이라든지, 갖가지 문화적, 종교적 갈등의 예는 우리들을 정말로 가슴 아프게 한다. 빌라도가 예수에게 "진리가 뭐냐?"고 물었다는 질문을 스스로에게 던지지 않을 수 없다.

중심(中心)을 향해 가라

　나는 태어나 서른 살이 될 때까지 성당엘 다녔다. 어린 시절 성경이 골수에 사무쳤다고까지는 할 수 없지만 나이 일흔이 되어가는 지금에 이르기까지 자주는 아니지만 예수님의 얼굴과 성모 마리아의 얼굴이 환영처럼 떠오른다. 참으로 어린 시절의 종교교육이 중요하다는 생각을 거듭거듭 한다. 이슬람 아이들을 보라. 폭탄을 배에 감고 자살 폭탄을 감행하지 않는가! 그 아이들이 무엇을 얼마나 알겠는가.

　기독교적 환경에서 커 나온 아이들은 이교도들에게 극심한 적개심을 배우면서 자라난다. 나 역시 그랬다. 불교 신자들, 타종교 신자들을 어린 시절 '사탄'이라 불렀었으니……. 따지고 보면 그들의 눈으로 볼 때 지금의 나는 '왕사탄'인지도 모른다. 시절인연 따라 어떻게 하다 깊은 산에 흘러들었고 중이 되었다. 불교가 좋아져 중이 되었고 일생을 머리 깎고 살아왔다. 지금 이 나이들 때까지 중으로 살아오면서 불교 집안의 안타까움, 중들에 대한 안타까움은 참으로 필설로 다할 길 없다. 정말로 안타까운 일들이 한두 가지가 아니다. 시정잡배보다 더 나쁜 절집 중생들이 한둘이 아니다.

『초발심자경문』에 부득양어가추(不得揚於家醜)라 하여 집안의 추함을 바깥에 얘기하지 말라는 가르침 따라 드러내놓고 싶은 마음은 없다. 나도 부족한데 어찌 남을 탓하랴! 그러나 불보살과 신장님들께서 모두 세월의 흐름 따라 정리하시겠지만 하루라도 빨리 혼탁한 불교 집안을 어느 정도라도 맑게 해주십사 항상 기도드린다. 이 기회를 빌어 분명히 말씀드리고 싶은 것은 진리는 하나이고 조금씩의 관점의 차이일 뿐이며 어느 종교인들도 우주는 다만 하나임을 확실히 인식했으면 하는 바람 가득하다. 그러면 먹고 살기 힘들까? 나는 항상 타종교를 믿는 사람들이 있으면 "불교로 개종할 생각은 하지 마세요. 공부를 해 보시고 자신의 종교와 비교해서 채용할 점이 있으면 그 때 가서 채용하면서 자신의 마음자리를 우주로, 하나님으로, 부처님으로 확장해나가세요." 말씀드리며 기도드린다. 나는 가끔 불교로 개종하고 싶다는 말을 하는 사람에게 "그러지 마시라! 자신의 종교를 타종교와의 비교분석을 통해 스스로의 수행을 강화하시라."라고 말씀드린다.

모든 종교의 수행방법은 근본에 있어서 하나라는 점을 다시 한 번 강조해 드린다. 여러 종교들의 수행방법을 연구해 온 결과 결론은 하나의 원리로부터 추출된 것임을 분명히 깨달을 수 있다. 하나의 길이라는 점이다. 다기망양(多岐亡羊)한 세계, 각양각색의 갈등이 넘실대는 우주! 나와 남의 편 가르기 세계, 이 세계를 온전히 살아가려면 진실로 중심을 제대로 잡아야 한다. 중심을 제대로 잡는 길에서부터 올바른 수행은 시작된다.

세상은 이미 언급한 대로 나와 남이 있다. 본래 하나이건만 무명, 어리석음으로 인해 갈라졌다. 그러면 갈라진 세상을 어떻게 하면 화합하는 마음으로 잘 살아갈 수 있을 것인가! 구미각국에서는 요즈음 갖가지 스트레스에 시달리는 현대인들에게 갖가지 연구 등을 바탕으로 명상이나 참선 등을 많이 권유한다고 들었다. 정말 효과가 있는 것일까. 우선 참선의 원리부터 설명하며 올바른 수행의 길을 열어 가보려 한다. 참선도 명상도 역사적으로 워낙이 여러 가지 방법과 종류가 있어 헛갈린다. 그들대로 또 다투기도 하고 서로를 부정하기도 한다. 웃기는 애기지만 그랬다. 지금도 위빠사나[25]냐, 간화선이냐를 놓고 갈등이 있지만…….

그러나 그 모든 길은 하나로 통한다. 이 우주는 이미 언급한 대로 절대의 세계, 하나의 허공 가운데에서 전개되고 있다. 하나가 전체인 셈이다. 하나는 절대이고 공(空)이고 무한이다. 무한에서 유한이 나왔고, 상대의 세계가 벌어졌다. 상대의 세계이기에 시간과 공간이 생겼다. 내가 있으니 남이 있게 되었고, 그 사이를 공간이라 부르고, 공간을 극복하기 위해 시간이 생겨났다. 물리학자들은 어떻게 생각할지 모르겠으나 부처님의 설명이다. "내가 있으니 남이 있게 되었고, 나와 남 사이에 거리가 있게 되었다."는 것이다.

거리는 공간이고 공간을 엎어놓으면 시간이다. 하나는 무한이고 영원이고 사랑이고 무진장인데 둘로 갈라지니 유한이 되었다. 현실이 생겼고 미움이 생겨났다. A라는 지점과 B라는 지점이 생겨났다. A와 B사이에는 한가운데 하나의 중심이 존재한다. 그러나 하나인 세계, 절대, 영원, 무한의 세계는 별다른 중심이 없다. 모두가 중심이고 어디나 중심이다. 하나인 세계는 무한이고 영원이고 사랑이요, 무진장인 세계라 하였는데 바로 그러한 세계를 불교에서는 실상의 세계라 하고 부처님의 세계라 부른다.

그와 같은 세계에 도달한 자를 부처라 부르고 그와 같은 경지에 다다른 사람을 성불(成佛)했다 일컫는다. 완전한 하나의 세계에 도달한 자, 누구나 하나 된 자라 하겠다. 타종교에서 하나님이 그와 같은 존재라 한다면 이름만 다를 뿐, 하나의 이름으로 같은 존재일 것으로 생각한다. 하나의 세계, 영원의 세계, 무한 절대의 무진장의 세계인 부처님 나라로 들어가려면 '하나'로 들어가야 한다. 한 점으로 들어가야 한다. 중심으로 들어가야 한다. 중심(中心)을 향해 가는 길, 그 길을 불교에서는 중도(中道)라 부른다. 집중(執中)이니 백발백중(百發百中)이니 중앙(中央)이니 등등의 중(中) 자는 한가운데란 뜻이다. 중국에 가 보면 '중심(中心)'이라는 간판이 많은데 다름 아닌 센터(Center)라는 뜻이다. 센터는 문자 그대로 중심이다.

집중의 길, 중도(中道)의 길이
부처님의 길이다

    수행자들이 무한한 부처님 나라, 하나님 나라에 들어서기 위해 펼치는 모든 수행법은 중도, 중심을 향하는 노력, 집중, 몰입, 통일, 헌신 등의 단어를 쓰는데 모두 이를 두고 하는 말이다. 중심을 향해 몸과 마음을 던지면 결국 '나'를 잊게 된다. 나란 '물질계의 나', 즉 아상(我相)을 던져버리게 되고 무아상(無我相)의 세계에 들어서게 되는 것이다. 결국 이기심은 깨지고 '영원의 나'를 체험하게 되는 것이다. 부처님 나라에 들어서는 것이다. 그 같은 세계로 들어서려는 자들은 '물질계의 나', '이기심의 나'를 깨뜨리는 헌신적인 노력을 감행하게 되기 때문에 영원의 힘을 받게 되고 이기적 자신을 죽이는 것만큼 인품도 전혀 달라지게 된다.

    전혀 새로운 세상을 체험한 사람이라 할까. 해탈의 경지를 체득한 사람이라 할까. 실제 몸과 마음을 던져 용맹정진을 통해 그 같은 세계를 체험해 본 사람들은 한결같이 자신의 내면세계에 심원한 변화가 있었음을 고백한다. 진실로 성불의 체험을 하는 것이고, 가피력을 증험(證驗)하게 되는 것이다. 수행이란 그것이 어떤 형태를 띠든 하나같이 공통점이 있다. 중심을 향해, 한 점을 향해, 하나가 전체인 세계를 향해 자신을 던지는 것이다. 이것은 체험해 보지 않은 사람은 입도 뻥끗할 수 없는 전인미답(前人未踏)의 세계이고 『화엄경』에서 말하는 대로 증지소지비여경(證智所知非餘境)[26], 깨친 자의 지혜로 알 뿐, 다른 어떤 자도 알 수 없는 경계이다. 위로는 부처님으로부터 위대한 성자, 재자(才者), 달사(達士) 들이 모두 이 같은 경계를 통해 그 길을 갔다. 탁월한 스포츠맨, 예술가들이 몸과 마음을 던져 이루어낸 업적들은 하나같이 불같은 노력을 통한 집중의 길, 하나의 중심을 향해 나간 흔들리지 않는 정진의 산물들이었다.

각양각색의 방면에서 일하는 다종다양한 사람들이 명상을 하고 참선을 하고 기도를 한다. 또 강한 집중을 위한 훈련을 한다. 어렸을 때부터 우리들은 항상 부모님으로부터, 선생님들로부터 "공부를 잘 하려면 정신통일을 해야 해."라는 얘기를 듣는다. 만고불변(萬古不變)의 진리다. 어느 방면에서 일하건 정신집중, 정신통일이 필요하고도 절실한 이유는 모두 하나같이 부처님의 지혜를 빌리기 위해서다. 우주에 편만해 있는 부처님의 능력을 힘입기 위해서다. 우주를 장악하고 지배하고 있는 자가 바로 부처님, 하나님이기 때문이다. 항상 언제 어느 곳에서건 중도(中道)의 길, 중심(中心)을 향해 흔들림 없는 마음으로 나아가야 한다.

『신심명』이나 『증도가』 등 도의 길을 가보고 깨달은 자들은 중심을 향해 걸어갈 뿐, 절대로 옆길로 빠지지 말라 가르친다. 왜냐하면 양변에 치우치면 멀리 갈 수가 없고 부처님 나라에 도달할 수가 없기 때문이다. 옆길로 새버리면 어찌 영원의 나라에 도달할 수 있겠는가? 부처님께서도 "내가 너희들에게 왕사성에 도달하는 길을 가르쳐 주지만 도달하는 사람도 있고 그렇지 못한 사람들도 있는데 왜 그런가? 네가 가지 않아서다. 나는 길 안내자일 뿐이다."라고 하셨다. 집중해서 중심을 잃지 않는 자는 목적지에 도달한다. 그러나 한눈을 파는 자는 목적지에 제대로 도달할 수 없다. 집중하는 힘이 항상 좋은 성과를 보인다는 얘기를 하는 사람들이 많다, 당연히 그럴 수밖에 없다.

집중과 성취의 관계는 절대적이다. 영화「스타워즈(Star Wars)」에서 요다는 '집중이 곧 현실'이라는 의미심장한 말을 한다. 모든 학습은 집중력이 강화된 상태에서 이루어지는데 집중력의 향상이야말로 갖가지 정보로 주의가 산만할 수밖에 없는 현대인들, 특히 학생들에게 참으로 절실한 문제라 아니할 수 없다. 현대에 들어 갖가지 IT산업의 기기들에 사람들이 매몰돼 있어 탈종교적인 양상을 보이고 있는데 이같은 현실 역시 대단히 위험천만한 상황이라 아니할 수 없다. 하이데거(Martin Heidegger)[27]가 일찍이 『기술혁명의 물결』에서 '사람의 마음을 매혹시키고 사악하게 만들고 어지럽히고 속이는 계산적인 생각이 언젠가는 인류의 앞날에 먹구름을 드리울 것'이라 한 얘기가 허구가 아닌 시대에 살고 있다. 그렇게 된다면 인간의 주의집중 능력은 심각한 손상을 당할 수밖에 없을 것이다. 신중한 사고를 위해서도 집중은 참으로 중요하다. 주의가 분산될수록 우리의 생각은 보다 피상적 수준에 머무르게 되고 그런 생각은 가치 없는 사고로 이어질 것이다. 중심으로 들어가는 길, 중도의 길은 우리를 부처님 나라의 지혜와 자비의 세계로 이끈다.

계(戒)는 왜 중요한가

　탁월한 종교가들뿐만이 아니다. 사회 모든 부면에서, 아니 그보다 우주의 무량한 별나라의 어떤 존재라 하더라도 집중의 길, 하나의 길을 통해서 시간과 공간을 초월해 만나게 되어 있다. 왜냐하면 하나는 무한이고 시공을 초월해 있으며 사랑과 지혜, 진리 가운데 하나이기 때문이다. 우리는 스스로 '누군가가 나를 좀 도와주었으면' 하는 마음을 가질 때가 있다. 참으로 안타까운 일은 우주의 무량한 별들의 나라, 시공을 초월한 나라에서 우리들과 교류를 맺기를 원하는 무한의 친구가 있다는 사실을 사람들은 제대로 모른다.

　'지성(至誠)이면 감천(感天)'이란 말을 어떻게 생각하는가? '진인사대천명(盡人事待天命)'에 대해서는 또 어떤 생각을 가지고 있는가? 여기에 등장하는 하늘 천(天) 자의 뜻은 무엇인가? 우리들과 연결된 하늘나라를 뜻하고 있지 않은가? 우리들이 마음과 정성을 모아 중도의 길, 집중을 위한 노력을 계속한다면 그 어떤 난제도 분명히 풀 수가 있다. 천룡중성동자호(天龍衆聖同慈護)가 되어야 백천삼매돈훈수(百千三昧頓薰修)가 된다.

무슨 말인고 하면 하늘나라의 수많은 친구들, 성스러운 성자들이 함께 자비로운 마음으로 옹호하고 도와줄 마음이 들 때 백천(百千)가지 삼매가 깃들일 수가 있다는 뜻이다. 삼매(三昧)란 무엇인가. 부처님의 마음과 하나가 된다는 뜻이다. 삼매의 세계는 부처님의 마음과 만나는 마음이고 고도의 집중 상태, 마음의 안정 상태를 의미한다. 그 같은 상태로의 몰입을 위해 우리가 가야만 하는 길이 집중의 길이요, 집중의 길을 장애하는 갖가지 방해물들을 격파하며 나가기 위해 방편이 필요할 수밖에 없다. 그것이 화두와 염불이요, 절이며 위빠사나, 사마타[28]의 명상법이다. 이른바 지관법(止觀法)이라고도 부른다. 모두가 방법만 다르지 결과는, 목적지는 같다. 하나요, 영원이다. 결코 목적지가 다르다 말하지 마라. 자기들이 가 본 경계가 미흡할 수는 있다.

세속에서도 갖가지 문제해결을 위해 몸과 마음을 던졌던 탁월한 인물은 한둘이 아니다. 그들 모두 우주에 편만해 계신 불보살과 신장님들의 도움을 힘입은 끝에 '유레카'를 외쳤다. 19세기 수학자 가우스(Carl F. Gauss)가 한가지 정리를 증명하기 위해 4년여를 매달렸지만 아무런 성과를 거둘 수 없었다. 그러던 어느 날 위대한 아이디어가 '섬광과도 같이' 그를 찾아왔다. 흡사 빨간 신호등이 지루하게 켜져 있다가 경적이 울리면서 파란 신호등이 순간 번뜩이면서 앞으로 나가게 되는 경우와 같다고나 할까.

복잡한 우리의 두뇌에 파란 불이 들어오게 하는 시스템의 스위치는 과연 어떻게 누가 켜는 것일까. 인간의 두뇌는 두뇌공학자들의 연구결과를 살펴봐도 대단히 불완전하고 진화적 단계에 있다. 그 같은 미비한 시스템 가운데 순간적인 통찰지가 번뜩이는 섬광처럼 켜지는 동인은 무엇일까. 해답은 도량청정무하예(道場淸淨無瑕穢), 삼보천룡강차지(三寶天龍降此地)이다. 불보살과 신장들의 강림하심이 없다면 어떻게 가능한 일이겠는가. 인간의 두뇌 시스템은 원시 시대의 그것과 별반 차이가 없다고 두뇌공학자들은 얘기한다. 그 결과 오늘날 복잡한 여러 가지 문제점들을 드러내고 있다. 중독, 낭비, 과속 등의 문제는 두뇌 시스템 상의 부작용 사례다.

집중이 제고된 상태에서는 무아(無我)의 경지가 열리고 부처님 나라의 위신력이 작동한다. 탁월한 선수들은 한결같이 평소 몸과 마음을 던지는 훈련으로 무아, 망아(忘我)의 경지에 든다. 전광석화와도 같은 동물적인 감각이라 할 수밖에 없는 반응능력을 발휘한다. 경기를 하다 스스로를 인식하는 순간 장애물에 떨어지고 만다. 장애물은 결국 '이기적인 나'의 의식인 것이다. 미국의 탁월한 스포츠 연구가들은 "그냥 선수를 내버려 둘 때 가장 좋은 성적을 올리는 경향이 있다."고 말한다. 집중력이 떨어지거나 스트레스를 받거나 정신적 부담을 느끼는 정도가 커지면 실수가 잦아진다는 것이다. 평소 스스로가 집중력 향상을 위해 어떤 노력을 하는가가 명선수, 또는 대가(大家)의 길임을 모든 전문가들은 이구동성(異口同聲)으로 얘기하고 있다. 성불의 길 역시 마찬가지다. 세속적인 성공을 위해서도 강한 훈련과 연습을 게을리하지 않는데 하물며 부처님 나라에 도달하기 위해 벌이는 수행자의 길은 과연 어떠해야겠는가!

『몽산법어』나 『신심명』, 『증도가』에 언급되어 있듯 양변을 떠나야 한다. '유체양변(唯滯兩邊)이면 영지일종(寧知一種)이라' 하신 대로 양변에 머무르면 절대로 부처님 경계에 도달할 수 없다. 줄기차게 끊임없이 거문고의 줄처럼 너무 조이지도 않고 너무 느슨하지도 않게 중도(中道)의 마음으로 나아가는 것이다. 나아가며 기다리는 것이다. 연습이 대가(大家)를 만드는 것처럼 끊임없는 줄기찬 노력, 화두를 들고 잘 된다, 안 된다 생각지 말고 그냥 꽉 붙잡고 나가는 것이다. 모든 것은 부처님과 신장님들께 맡기고 말이다. 그분들이 부처님 나라의 문을 열어 주지 않으면 들어갈 수 없는 곳이 부처님 나라다. 청와대에 들어가려면 경비들을 통해야 한다. 부처님의 화현이신 신장님들의 옹호가 없어서는 불가능한 일이다. 그래서 항상 계정혜(戒定慧)[29], 삼학(三學)[30]이라 하듯 계(戒)가 중요한 것이다.

우리의 마음이 계행청정(戒行淸淨)하면 내 마음은 항상 푸른 하늘이고 즐겁고 안정된다. 평온이고 즐거움이다. 그런데 무언가 잘못된 점이 있으면 마음은 어두워지고 불안, 초조, 강박의식에 시달린다. 불보살님과 신장님들의 옹호를 가리기 때문이다. 우리는 집중력을 기르고 부처님 나라에 나아가기 위해서 항상 참회해야 하고 자신과 부처님께 부끄러운 삶을 살지 않도록 해야 한다. 나도 부족하고 모자라지만 몸과 마음을 다해 부처님 가신 길을 따르려 나의 최선을 다하고 있는 중이다.

禪,
瞑想의 향연

영원은 우리의 본성
수행은 우리의 운명

3장
불교와 요가

부처님은 요가를 통해
수행의 길을 시작했다

　나는 부처님 가신 길을 따르려 무(無) 자 화두 하나를 무기로 삼아 나의 모든 것을 던졌던 적이 있었다. 참으로 안타까운 일들이 많았다. 내가 뭘 잘못 알았던지 몸의 고장과 상기 등이 나를 괴롭혔다. 간화선이 내게 맞지 않는가 하는 고민도 했다. 그러던 끝에 갖가지로 부처님 가신 길을 조사하면서 길을 찾게 되었다.

　부처님은 인도분이신데 과연 어떤 길을 따라 수행하셨는가 하는 점에 관심이 쏠렸다. 부처님의 스승은 누구이셨는가? 부처님의 어린 시절 출가하기 전 명상을 하셨다고 불경에 전해오는데 어떤 수행을 하셨을까? 이러한 점에 관심을 갖게 되었다. 부처님은 인도분이셨다. 인도에는 요가가 흥하지 않았는가 하는 데 생각이 미쳤다. 지구상에 등장하는 모든 수행법의 근간은 신인합일(神人合一)의 경지를 얘기하고 가르치는 요가가 아닌가!

　특히 『마하바라아타』[31]가 수만 년 전의 고대 인도인들의 역사를 구전으로 전하고 있다고 얘기되는데 대서사시로 유명하다. 그리스의 호머[32]가 썼다는 『일리아드』와 『오디세이』를 능가하는 인도의 고대 대장편서사시는 믿거나 말거나, 기원이 수만 년 전의 내용이라고 알려질 정도로 유명하다. 특히 그의 일부라고 하는 『바가바드 기타』는 전 세계적으로 널리 알려져 있는 수행의 지침으로 요가 수행의 방법이 가득히 묘사돼 있다.

세계적인 종교학자 멀치아 엘리아데(Mircea Eliade)[33]는 『마하바라아타』의 연구를 통해 모든 인도의 종교는 그 연원을 『마하바라아타』에 두고 있다고 밝히고 있다. 특히 『마하바라아타』 제7권에 있는 해탈법품에 등장하는 요가 행법이 관심을 끌고 있다. 이 행법을 통해 요가의 신비한 힘을 얻을 수 있으며, 그를 위해 마음의 집중이 긴요하다고 쓰고 있다. 평온과 침착이 호흡의 관찰에 의해 얻어진다고 말한다. 이 같은 행법의 어려움을 기술하고 있으며 실패하는 사람들에 대한 주의를 촉구하기도 한다.

이러한 대도(Mahapantha)는 지극히 어려워 끝까지 걸어가는 자가 거의 없다. 그러나 가장 큰 죄악은 중도에서 포기하는 것이다.

요가의 특성이 많은 부분에 언급되고 있는데 다음과 같이 설명하고 있다.

가장 완벽한 육신 수련의 즐거움을 아는 자들은 요가 행자들이다. 그들은 지상에서 포기한 쾌락들을 천상에서 지상의 것보다 수십 배의 강도로 즐길 수 있다.

놀랍지 않은가? 천상락(天上樂)을 위해 지구를 포기한다! 특히 요가 행자들이 성취하는 초능력적인 측면은 인도인들에게 심원한 영향력을 행사하고 있다.

『마하바라아타』 제6권에 들어 있는 『바가바드 기타』에서의 요가는 초능력적이고 신비적인 측면의 요가보다는 '신과의 합일(Unio Mystica)'을 그 목적으로 하고 있다. 이를 통해 생각할 수 있는 두 가지 당시 요가의 특징은 첫째, 요가는 인간과 신성의 결합을 목적으로 하는 신비한 고행이라는 점과 둘째, 신비적인 체험을 바탕으로 한 초능력적 마법적인 능력의 배양이라는 점이다.

『마하바라아타』에 등장하는 참으로 놀라운 점은 과거 태고의 인도 서사시에 어떻게 우주의 상세한 구조와 존재의 양상들, 그리고 인간이 최후의 해탈에 이르는 방법들이 체계적으로 제시되어 있는가 하는 점이다. 그런데 더욱 놀라운 점은 이 같은 신비의 태고 요가가 새로운 것이 아니라 무량한 과거 문명들로부터 인류에게 전승되어 내려오던 것이라는 사실을 얘기하고 있다는 점이다.

요가는 신 크리슈나에 의해 태곳적부터 단계적으로 고귀한 현자들에게 알려지게 되었는데 오랜 시간이 경과함에 따라 그 중요성이 세상에서 잊혀졌다.

신(神) 크리슈나[34]가 가르치는 요가의 진수는 참으로 이해하기 어렵다. 어떻게 그 태고의 과거에 우주의 구조를 손바닥 들여다보듯 얘기할 수 있었는가? 신이었기에 가능했던가? 우주법계, 삼계라는 말 역시 『마하바라아타』에 등장한다. 요가 수행의 이유를 "인간은 행동에 저주받아 자신에게 처방된 행위들을 완수해야만 한다."고 가르친다. 자신의 카르마를 이겨내기 위해, 소멸시키기 위해, 신을 모방함으로써 배우라는 것이다. 자신의 고통스런 현실을 이겨내야만 하고, 향락을 자신에게 허용하지 말 것을 강조한다. 요가가 갖는 종교적 차원의 내용은 신의 계시적 가르침에 의거한다.

"모든 애착들을 던져버리고 수행하라." 고행자와 요가 행자들이 자신들의 생리적, 심리적 활동들을 희생해야만 하는 이유와 가르침이 요가 수행 전편을 타고 흐른다. 이 같은 이유로 해서 요가는 붓다와 불교에 흘러들었고 모든 종교사상의 원형이 될 수 있었던 것이다. 그런데 『마하바라아타』에 등장하는 요가와 파탄잘리(Patanjali)[35]의 『요가 수트라』 그리고 『리그베다』[36]에 등장하는 요가 등에도 요가 철학의 심오한 교의가 등장하고 있지만, 요가의 깊은 내용에 대해서 여기서는 구체적으로 언급하지 않으려 한다.

불교와 요가의 상관관계

여기서 불교와 요가의 상호관계만을 짚어보려 한다. 요가와 불교와의 관계를 언급해야 되는 이유는 부처님께서 인도에 태어나셨고 요가의 토양 위에서 성장하셨기 때문이다. 물론 『마하바라아타』와 『바가바드 기타』의 요가 기법이 인도 요가의 모두인 것은 결코 아니다. 파탄잘리의 『요가수트라』와 『리그베다』, 『베단타』 등 바라문 힌두교의 가르침에 바탕이 된 고전 요가의 수행법은 참으로 무궁무진하다. 그 모든 것을 상세히 언급할 수 없기에 불교 수행과 관계된 부분만을 정리해서 얘기하려다. 불교의 수행방법을 얘기하는데 요가의 세계를 이해하지 않고는 대단한 실례가 될 것 같은 느낌을 지울 수 없었다. 요가와 불교와의 관계를 연구하며 신기하고 신비롭게 생각했던 내용은 인체우주의 완벽한 파악, 그리고 광활한 우주에 대한 통찰, 우주의 구조, 인간의 정체성 등에 대해 어떻게 고대인들이 현대인들 못지않게 아니 능가하는 신인합일(神人合一)의 경지를 알 수 있었던가 하는 점이다. 요가의 명상체계가 인도에 있었기에 부처라 불리는 석가모니 부처님께서 인도에 태어나셨던 것이 아니었던가 하는 생각이 들었다. 모든 상황을 스스로 계획해 이 땅에 오셨다니 말이다. 부처님 출현 당시의 『마하바라아타』, 『바가바드 기타』의 요가 행법과 파탄잘리의 고전 요가는 같은 점도 있지만 차이점이 확연히 드러난다. 『마하바라아타』의 요가 행법은 니르바나(Nirvana)를 얘기하는데, 파탄잘리는 니르바나[37]라는 가르침보다 사마디(Samadhi)[38]를 얘기한다. 즉 개인과 신(神) 사이의 신비적 결합 상태를 강조한 것이다.

샤카무니(석가모니)의 무니(Muni)의 의미는 고행자의 뜻으로 '샤카족의 고행자'란 말이다. 석가모니 붓다가 출가한 뒤 여러 요가 고행자들과 함께 생활했었음을 알 수 있는 내용은 석가모니를 가르친 스승들의 면모를 살펴보면 확연히 드러난다. 바가바 선인은 물론 알라다 칼라마(Arada Kalama)는 바이샬리(Vaisali)에서 고전 샹키야 요가를 가르쳤다는 기록이 있다. 또 다른 스승이었던 우드라카 라마파트라(Udraka Ramapatra) 역시 요가의 기본과 목적을 해석해주었으며 당시 요가의 대선지식으로 기록에 남아 있다.

붓다 자신도 "나는 고대의 방법을 보았으며 그 길을 따랐다."라고 얘기했다. 붓다는 인도의 요가 명상적, 금욕적 전통을 수용해 그것을 완성했으며 요가의 바탕 위에서 그의 사고가 형성된 것이라 볼 수 있다. 경전에 보면 붓다가 요가를 공부했으면서도 요가의 신비적 신통력을 크게 중요시 하지 않았다는 대목이 여럿 드러난다. 빈두로존자가 신통력 대회에서 상을 받아오자 크게 질타했던 점이나 스스로 신통력을 중요시하지 않는다는 얘기를 여러 차례 했던 점들이 그를 대변하고 있다. 붓다의 주된 관심은 중생의 고(苦)의 해결이었던 것이다. 신통력의 거부는 물론이거니와 하나의 세계, 일상이무상(一相而無相)이요, 무상이무한상(無相而無限相)이란 가르침 그대로 브라만(Brahman)과 아트만(Atman)의 이원론(二元論)[39]도 부정했다. 붓다는 고통 속의 중생들, 윤회전생의 소용돌이 속의 중생들의 해탈을 위해 진력(盡力)했던 것이다. 붓다에 있어 "구원이란 추상적 이치에 있는 것이 아니다. 구체적이고 바른 실천에 있다."고 강조했다. 신해행증(信解行證), 문사수증(聞思修證)에서와 같이 진리는 투철한 신심을 바탕으로 확실히 이해되어져야 하고 실천을 통한 체험이어야만 함을 강조했다.

붓다는 니르바나를 중시하고 니르바나를 증득함으로 구제될 수 있다고 했다. 대사일번(大死一番)이면 대불현성(大佛現成)이라, 크게 각성해 몸을 던져 속계에서의 삶을 이겨내면 그 자리에서 위대한 부처님 세계가 열린다는 점을 강조했다. 해탈이 열반과 같은 의미로 쓰이는 점이 그 같은 사실을 말해준다. 수도승들은 해탈을 통해 불자가 되는 것이다. 선지식의 위치는 그래서 중요하며 해탈에 대해 "그를 통해 이 세상에서 극락을 깨달으며 범천과 함께 산다."고 표현했다. (앙굿타라니카야)

붓다는 고(苦)의 세계를 벗어나 니르바나의 세계에 태어나기 위해 요가의 기법을 채용했다. 채용하면서 그들 기법들을 수정했다. 그 결과 불교의 수행이 요가와 대단히 흡사하다는 점을 부정할 수 없다. 수행자는 외딴 장소, 고립된 장소(숲 속, 나무 밑, 동굴 안, 묘지 등)를 선택해 아사나(Asana)[40] 자세를 취하고 명상에 들어갔다.

초기 경전에 보면 붓다는 출가하기 전에도 명상을 수행했다고 했다. 29종의 무예와 65종의 학문에 통달했다고 쓰여 있다. (불본행집경). 당시 제왕학을 연마하던 터라 충분히 이해되는 측면이 있다. 그렇게 다종다양한 학문과 무예를 연마하고 요가 명상을 수행했다면 요가 체계에 대한 해박한 지식을 수용했음을 읽을 수 있다. 출가 후 스승으로 찾아 나섰던 바가바, 알라다 칼라마, 우드라카 라마파트라 등이 모두 당대에 최고가는 요가 행자들이었다는 기록이 그를 말해준다.

요가를 공부하다 보면 인체우주에 대한 해박한 통찰을 갖지 않을 수 없다. 좌법인 아사나와 함께 인체우주에 대한 투철한 파악이 없었다면 어찌 붓다가 될 수 있었겠는가. 붓다는 항상 "한 티끌 속에 우주가 있다."라고 하셨고 "우리 몸과 마음 자체가 우주다."라고 하신 걸 보면 우리 몸과 마음에 대한 투철한 파악이 선행되지 않고서는 그와 같은 가르침이 가능할 수가 없었다. 흔히 인체를 대우주에 대비해서 소우주라 부르는 이유도 거기에 있다. 우리의 몸과 마음 가운데 부처님이 계시고 우리 몸이 부처님 계신 집이라 한다면 인간과 신, 그리고 붓다는 하나여야 한다. 신인(神人)이라 불리는 이유는 베다 시대[41] 부터 내려오는 내용이다. 인체를 소우주로 보는 것도 베다의 가르침에서 유래했다. 수행자는 요가 명상과 수행을 통해 인체가 우주와 하나임을 실현했던 것이다.

　하타 요가[42]의 Ha는 해, Tha는 달로 풀이되며 하타 요가 자체가 인체와 우주와의 합일(合一)을 도모하는 수행체계였다.

불교와 요가의 인체우주론

붓다는 이 같은 요가의 고대 우주생리학을 분명히 파악하고 계셨고 신비적인 실험, 고행, 영적 단련을 통한 수행을 감행했던 것이다. 불교에 등장하는 진언이나 갖가지 음향학적인 가르침, 예를 들면 성자즉실상(聲字卽實相)이라든가, 건축학적인 인체의 통찰, 그리고 우주론적인 신체구조, 신비 생리학적인 신체, 즉 차크라와 마르마의 체계 등은 물리적 육신이 우주화되고 성스러운 변화를 체험케 하는 중요한 체계들인 것이다. 이들 모두가 인체의 갖가지 미세한 반응의 확장을 통해 체험된 내용들을 바탕으로 한 것임이 분명하다.

여기서 『화엄경』에 등장하는 우주의 구조와 요가에서 말하는 우주의 구조를 함께 놓고 비교하면서 인체우주에 대해 얘기해 보자. 『화엄경』에서는 티끌 속에는 우주가 있다고 했다. 또 허공은 부처님이고 법신이다. 하나는 절대요, 사랑이다. 자비는 무한이요, 영원이라 했다. 이와 같은 하나의 우주에서 상대세계가 생겨났다. 당연히 상대세계는 절대세계의 법을 바탕으로 성립된다. 상대세계는 당연히 티끌인 원자로 되어 있고 분자로 되어 있다. 원자의 세계는 핵과 전자 플러스(+) 전기와 마이너스(-) 전기가 음양조화를 이루며 형성됐다. 최근 들어 한참 연구되고 있는 물질의 제4형태라는 플라즈마(Plasma)는 플러스(+)전기를 지닌 핵과 마이너스(-)전기를 띠는 전자를 고도의 에너지로 분리시킨 이온의 상태다. 학자들은 허공의 99%가 플라즈마 상태라 한다. 고체, 액체, 기체와 더불어 우주를 구성하는 중요한 형태와 허공의 99%가 플라즈마라면 우리는 호흡을 하며 매 순간 플라즈마를 흡입하고 있는 셈이다.

플라즈마는 생명의 기운, 기(氣) 그 자체라 해야겠다. 우주의 구도를 닮아 형성된 육신은 탁월한 불교 수행자들의 수행의 체험을 통해 밝혀진 대로 물리적 육신과 비물리적 미묘한 식신(識身)으로 일정한 수의 혈관, 맥관, 신경 또는 경혈 등의 이름으로 불리는 나디(Nadi)[43]와 차크라(이를 우리말로 부르면 원반, 원형, 경락, 중심) 등으로 구성된다. 생명 에너지인 허공, 앞서 얘기한 대로 기, 플라즈마, 프라나 등으로 불리는 허공의 기운이 호흡의 형태로 나디를 통해 순환하며, 우주 에너지인 쿤달리니가 차크라들 속에 잠복해 있다고 말한다.

특히 인체의 수미산이라 불리는 척추를 타고 7개의 차크라들이 자리하고 있으며 나디라 불리는 인체 내 기(氣)의 통로 가운데 가장 중요한 이다(Ida) 나디와 핑갈라(Pingala) 나디가 척추 좌우에 존재한다. 척추에는 스슘나(Schumna) 나디가 자리하고 있다. 나디는 그 숫자를 헤아릴 수 없다고 말한다. 그도 그럴 것이 허공의 기운 플라즈마, 공기(空氣) 등이 통하는 통로가 어떻게 확정될 수가 있겠는가. 우리는 본래 허공이었고, 붓다였고, 신이었으니 허공이 몸을 타고 흐르는 통로는 무한일 수밖에 없다.

이는 동양의학에서 말하는 척추를 따라 흐르는 독맥(督脈)과 배를 따라 흐르는 임맥(任脈)을 중심으로 수많은 경락과 경혈자리가 있는 것과 같은 차원의 얘기다. 인도의 요가 행자들과 불교 수행자들 그리고 중국의 수행자들이 한결같은 수행을 통해 밝혀낸 결과라 볼 수 있다. 이들 나디 중 스슘나, 이다, 핑갈라의 세 줄기를 따라 각각 7만 2천 개, 도합 21만 6천 개의 자리가 중요하다고 말한다. 그 밖에도 헤아릴 수 없는 나디들이 있는데 수행을 통해서만 파악된다고 한다. 눈, 귀, 코, 혀, 몸 등 백회혈인 정수리로부터 왼쪽 오른쪽 눈, 왼쪽 오른쪽 귀, 입, 성기 나디, 경락의 항문 등이 나디 경락의 중요 부위들이다. 그런데 수행자들의 열린 눈으로 보면 비수행자들의 나디들은 혼탁하고 막혀있어 아사나와 프라나야마[44)와 무드라[45) 수행에 의해 정화돼야만 한다고 반복해 강조한다.

　이다와 핑갈라는 숨, 공기를 운반하여 신체의 모든 기관들에 미묘한 에너지를 나른다. 이들은 단순한 통로나 생리적 기관이 아니다. 이다는 해, 샤크티(Sakti)이고 핑갈라는 달, 푸루샤(Purusa)이다. 각각 정액과 난자를 운반한다. 정자는 시바(Siva)[46)와 달의 정수이고, 난자는 샤크티와 해의 정수를 이룬다. 또 이다와 핑갈라가 프라나기와 아파나기를 운반한다.

중도(中道)의 길은
영원의 길, 해탈의 길

불교 수행에서는 중도를 지키라는 말을 끊임없이 가르친다. "왼쪽과 오른쪽으로 쏠리지 말라."고 가르친다. "왼쪽과 오른쪽은 덫이다."라는 것이다. "해와 달이라는 양 날개를 잘라 버려라." 또는 "달(Candra)과 해(Surya)가 함께 섞여 서로 비벼댈 때 모든 장단점은 사라진다.", "중도를 지키면서 해와 달을 밀착시킴으로써, 즉 통제하에 있을 때 대락(大樂)을 얻는다.", "왼쪽과 오른쪽은 함정이다." 등 불교 수행에서 중도(中道), 중심(中心)을 향해 나아가는 길을 강조하는 이유를 분명히 깨달아야 한다. 요가에서도 마찬가지다.

불교 수행의 궁극은 상대성으로부터의 탈출이다. 해탈이라는 말로 압축될 수 있다. 해탈(解脫)이란 말은 곧이어 열반(涅槃)과도 통하는 길목이어서 해탈 열반이란 낱말로 붙여 쓰기도 한다. 해탈의 상황이 곧바로 니르바나와 통하기 때문이다. 수미산인 척추를 따라 좌우의 이다와 핑갈라에 쏠리지 않고 플러스마이너스(+-)의 소용돌이의 에너지를 통해 하늘로, 허공으로 치솟아 오르는 것이다. 요가 수행자들이 해와 달의 합일(合一)을 얘기하는 이유가 여기에 있다. 해와 달의 합일이 바로 남녀 합일의 경계와 연결돼 탄트라 요가가 생성되기도 했다.

문제는 항상 어떻게 중심을 향해 나아갈 것인가, 하나로부터 나온 우주만유가 어떻게 다시 하나인 세계, 부처님 세계로 나아갈 것인가 하는 것이다. 음과 양이 조화를 이루는 가운데 존재하는 듯 보이는 현상계에서 하나의 길은 당연히 상대의 세계 어느 곳에도 휩쓸리지 않는 중도의 길 외에는 다른 길이 있을 수 없다.

그에 빠지지 않는 길을 위해 화두가 필요하고 염불이 필요하고 끈질기고 끊임없는 수행이 필요한 것이다. 수행 중에 펼쳐지는 상황의 파악을 위해 요가의 설명과 티베트 불교의 해설, 그리고 『능가경』의 가르침이 도움이 될 것이다. 관건은 흔들리지 않고 한길을 가는 것이다. 중심을 잡고 계속 그 길을 나아가는 것이다. 그 길의 끝에 상대의 세계를 깨고 무한(無限)이 열린다. 영원이 열리고 사랑과 자비, 지혜, 열반의 땅에 도달하는 것이다. 그 자리는 문자 그대로 공(空)이요, 공도 아닌 곳이다. 무한이요, 영원이며, 사랑이요, 자비다.

기(氣)와 프라나,
경락과 차크라,
경혈과 마르마

E=mc²이다. E는 에너지고 m은 질량이다. 에너지가 뭉쳐 질량이 되었다는 얘기다. 우리는 에너지를 흔히 기라 부른다. 꼭 맞는 번역도 아니고 꼭 같은 내용도 아니다. 그러나 그렇게밖에 번역할 수 없는 게 현실이고 또 그렇게 번역되고 유통돼 왔다. 에너지를 기로 번역하면 또 기란 무엇인가가 얘기되어야 한다. 한마디로 딱 잘라 말할 수는 없다.

다만 공기(空氣), 전기(電氣), 활기(活氣), 살기(殺氣), 독기(毒氣), 생기(生氣) 등등에 쓰이는 걸 보면 미루어 짐작할 수 있다. 기에 대해서는 두고두고 얘기하게 될 것이다. 기의 쓰임새로 공기의 흐름을 바람이라 부른다. 전기의 흐름은 전류라 부른다. 전기는 공기의 일부다. 우리가 매일매일 호흡하면서 들이마시는 게 공기다. 우리 몸에 전기가 통하는 걸 보면 무언가 전기의 흐름이 통하는 길이 있을 것이다. 그 흐름이 가는 길을 기혈(氣穴), 경혈(經穴)이라 부르고 있는 게 동양의학이다. 신경전류가 흐르는 길을 신경(神經)이라고도 한다.

그런데 그 기혈, 경혈이란 단어는 중국에서 나온 것이다. 이미 언급한 대로 이와 유사한 체계를 얘기하고 쓰고 있는 나라가 인도이다. 인도의 고대 전승인 『아유르 베다(Ayur Veda)』에는 중국에서 말하는 기혈, 경혈을 나디(Nadi) 또는 차크라(Chakra), 마르마(Marma)라 부르면서 갖가지 병의 치료와 예방은 물론 무술 그리고 요가 등에 널리 쓰고 있다. 인도에서는 기를 프라나(Prana)라 부른다. 중국의 기와 흡사하게 우주에 편만한 생명 에너지로 묘사하고 있는 것이다.

과연 기란 무엇이고 프라나는 또 무엇인가. 이 같은 기와 프라나의 정체를 어느 정도 분명히 알아야 부처도 되고 보살도 되며, 갖가지 질병의 치료는 물론 우주와 인간 그리고 무량한 별들에 대한 이해도 어느 정도 가능해질 것이다.

기는 주로 에너지로 통용되고 있다. 호흡을 통해 몸 안팎을 두루 돌아다닌다. 인간은 호흡을 하지 않으면 살 수가 없다. 우리의 생명 그 자체가 호흡이라 해도 과언이 아니다. 기는 이렇듯 생명의 원천이다. 따지고 보면 만물의 생성, 변화, 소멸, 그 자체가 기의 운동이다. 심기(心氣), 의기(意氣), 신기(神氣) 등의 예만 보아도 물질, 생명, 마음의 세계는 기의 운행과 긴밀한 연관을 갖는다. 기의 차원에서 사물을 보면 물심(物心), 신심(身心) 양자의 구별이 사라진다.

'기체지충야 기신지충야(氣體之充也 氣身之充也)'라고 말하듯 기가 충실해야 몸과 마음이 건강하다. 천기(天氣), 지기(地氣), 풍기(風氣), 한기(寒氣), 살기(殺氣), 혈기(血氣), 정기(精氣) 등 우리 삶의 상황과 사물들이 온통 기와 연결돼 있다. 아니 기 자체라 해도 과언이 아니다. 이 같은 기가 뭉쳐있는 곳이 질량이기에 당연히 질량 가운데 기의 흐름이 있을 수밖에 없다.

색즉시공 공즉시색(色卽是空 空卽是色), 물질은 곧 공이요, 공이 곧 물질이어서 물질은 형성과 더불어 때가 되면 해체되어 다시 기로 돌아가려 한다. 또 기는 어떤 형성력, 불교에서 흔히 말하는 업력(業

力)[47]이 가세하면 이내 물질로 돌변한다. 색과 공이 항상 순환되면서 현상계를 구축하는 데 그 가교쯤 되는 것을 기라고 하면 이해가 될까? 물론 생각, 업(業)이 가세해야 한다. 기가 어떤 내용인지, 얼마간의 이해가 가능하더라도 기의 전모를 어떻게 알 수 있으랴. 기가 우리 몸을 돌며 생명현상을 전개시킨다는 사실만은 분명히 수긍할 수 있다.

이와 같은 기를 인도에서는 프라나로 부르면서 중국인들의 기의 관념과 대단히 유사한 통찰을 가지고 있었다. 그들의 고전 『리그베다』에 보면 프라나는 '공기 가운데 포함되어 있으며, 몸 안으로 빨아들여지는 생명의 원천'으로 묘사하고 있다. 인도와 중국이 서로 흡사한 인식을 보여주고 있는 것이다. 고대 인도의 수행법 역시 같은 맥락의 이해를 하고 있다. 프라나가 우주에 가득 차 있으며, 우주와 자연계의 모든 현상 일체가 프라나의 드러남이라 말한다.

이처럼 프라나와 기는 대단히 유사한 개념으로 이름만 다르지 같은 것으로 보아도 무방하다. 자연의 기, 인간의 기의 술어 등에서 보는 것처럼 생명과 죽음의 차이는 기의 통합(統合)과 이산(離散)의 차원이라 얘기해도 크게 잘못될 것 없다. 공무(空無)에서 기가 일고 그것이 뭉쳐 형태(形態)가 되고 생명(生命)이 된다는 가르침이다. 고대의 사람들은 중국에서나 인도에서나 하늘에서 받은 기가 성(性)을 이루고 성이 이루어지면 수명(壽命)이 정해진다는 판단을 내리고 있었다. 그러므로 생사(生死)는 기의 변화이고 사철의 움직임과 같은데 한탄하고 슬퍼할 이유가 없다는 통찰도 가지고 있었다.

이슬람의 『우나니』[48]나 인도의 『아유르 베다』[49] 역시 중국의 한의학 내지는 기 의학과 별반 다른 차이점을 찾아볼 수 없다. 『아유르 베다』에서 말하고 있는 마르마(Marma)의 개념 또한 중국의 침술과 꼭 같은 것으로 중국의 침점과 정확히 일치하고 있다. 마르마의 흐름을 '다마니' 또는 '시라'라고 부르는데, 중국의 경락과 경맥의 내용과 꼭 같다. 생명 에너지의 흐름을 도와주는 경락과 통로가 있어 그를 따라 프라나가 흐른다는 것이다. '수슈루타' 또는 '상히타'라 불리는 자침요법 역시 침술과 같은 내용이다.

실제 인더스 문명의 발굴지들에서 침술의 도구들이 발견되었다. 탁실라 지역에서 발굴된 유물들 가운데는 고대 마르마 침술에 쓰이던 도구들이 다량 출토되기도 했다. 기바(치바카)라 불렀던 고대 인도 의사는 마르마 침술 책을 쓰기도 했다. 오른손에는 침, 왼손에는 약병을 들고 태어났다는 전설적인 인물이다. 침점이라 할 수 있는 마르마에 대한 자극, 마사지 온열치료, 즉 뜸 치료라 할 수 있는 아그니 카르마 등 프라나의 원활한 소통을 위한 치료법들이 다양하게 등장하고 있다.

마르마는 특히 몸에서 상처받기 쉬운 경락의 중심점, 부상당하기 쉬운 침점으로 설명된다. 몸의 방어체계, 면역체계의 신체 외적인 측면, 에너지의 원동력이라든가 에너지의 원천의 형태인 프라나, 나디를 통해 신체기관에 전달되는 프라나 흐름의 종착점으로 받아들여지고 있다. 피부를 통해 대우주에서 소우주인 인체로 프라나를 전달하는 부위라거나 인도에서 말하는 자연계의 구성 원소 다섯 가지 사트바, 라자스, 타마스, 바타, 피타, 카파의 통로 부위로 또는 차크라의 외부 반사점으로 일컬어진다. 특히 병의 치료를 위해 대단히 중요한 포인트라 불린다.

중국 한의서에 등장하는 병인관(病因觀)에 보면 병은 풍(風), 한(寒), 서(暑), 습(濕), 조(燥), 화(火)의 부조화로 생기는데 오운육기(五運六氣)가 제대로 돌지 않아 생긴다 하였다. 기가 제대로 흐르지 않으면 정(精)이 흐르지 않고 유통이 저해되면 병이 발생한다. 신체를 제대로 움직이지 않으면 정기와 혈기가 몸 안을 제대로 돌지 못해 유통이 저해되고 기가 막혀 병이 생긴다는 것이다. 기가 제대로 흐르지 않는 것을 병의 근본적 원인으로 보았다. 몸 안을 순행하는 기가 경락 속을 도는 것을 영(營)이라 부르고 경락 밖을 돌며 몸의 건강을 유지하는 것을 위(衛)라 불렀다. 기혈영위(氣血營衛)가 도는 몸 안의 통로로는 12정경, 임독양맥, 기경팔맥 등으로 365혈이 그 가운데 존재한다.

혈(穴)은 마르마와 같은 것으로 우주에 편만해 있는 무한한 에너지, 기를 몸으로 받아들이는 통로라 할 수 있다. 앞서 언급한 대로 허공은 기의 대해로 흔히 99%가 플라즈마(Plasma)로 되어 있는데 우리가 물질로 인식할 수 있는 존재는 큰 바다에 생긴 하나의 잔물결에 지나지 않는다는 것이다. 우주 큰 바다는 시공 속에 드러나는 법이 없음에도 항상 명확하게 드러난다고 한다. 흡사 『화엄경』에 등장하는 화엄세계해(華嚴世界海)와 같다.

'불신충만어법계(佛身充滿於法界)[50]'나 불신보변시방중(佛身普遍十方中)[51]', 부처님의 몸이 법계에 충만하고, 시방세계 가운데 널리 그 몸을 드러내신다는 가르침처럼 우리의 '생각'이 이 같은 무한한 에너지에 형체를 부여하는 원동력으로 작용하는 것이다. 의식(意識)과 기는 현실과 영원의 끊임없는 순환을 도모하는 결정적 인자(因子)라 할 수 있다.

경락(經絡)은 문자 그대로 혈기운행(血氣運行)의 통로이고 기혈은 인체 생명활동의 기초이자 기본적인 힘이다. 기는 공기에서와 같이 인체가 생명현상을 유지해 가는 에너지 그 자체이며, 혈(血)은 생명활동의 힘을 길러주는 물질적 토대다. 기와 혈은 생명유지에 불가분의 존재이다. 기혈은 경락을 따라 돌면서 장기와 기관에 필요한 것을 보충하고 불필요하고 해로운 것을 몸 밖으로 배설시키는 중요한 역할을 한다.

영기(營氣)와 위기(衛氣)를 살펴보면 영기는 혈액에 관계하며 혈액에 영양을 공급해 각 조직으로 순환을 시켜주고 각 조직이 수행해낸 대사물질을 몸 밖으로 배설시켜주는 역할을 해낸다. 위기는 체력과 체온을 조절해주는 것으로 인체외부의 환경이 변할 때마다 이에 맞게 인체를 변화시키는 능력을 갖고 있다. 위기는 외부로부터 피부를 통해 사기(邪氣)가 인체 내에 들어오려고 할 때, 이를 방어해주는 역할을 하여 체표(體表)에서 혈관을 지켜준다.

인체는 신경이라는 코일이 원동기처럼 상하종횡으로 무수히 감겨 있는 실체다. 인체에 감겨있는 이 신경의 길이 기의 통로인 경락과 같은 개념이라 하겠다. 얼마간의 차이는 있겠지만……

경락이란 인간의 생명을 유지하게 해주는 가장 기본인 오장육부와 체표 사이에서 생명활동의 근본인 기와 혈이 잘 운행할 수 있도록 해주는 통로다. 경(經)은 도(道)라 할 수 있고, 락(絡)은 지선(支線), 연락선(連絡線)이며 질병의 반응점이 피부 및 피하조직에 출현하는 부위로 연속되는 선(線)이다. 경락의 원리는 마르마의 확장판인 차크라와 연결되면서 요가철학의 정교한 체계와 만난다. 경혈(經穴)은 인체의 바깥과 내부를 연결시키는 기의 통로로서 모든 자극에 민감하게 반응한다. 인체 내 365개의 경혈이 공인돼 있고 기가 모이는 곳이다.

허공은 부처님 몸이다. 항상 좋은 생각을 하고, 좋은 마음을 지니면 유유상종(類類相從)의 원리에 따라 경혈을 통해 부처님의 기가 몸속으로 흘러들어 병이 치유되고, 건강해지며 부처님의 길이 열린다.

차크라의 세계

경락, 차크라는
몸과 마음의 연결 통로

경락 또는 차크라는 그 존재가 과연 확실한지 아닌지 많은 학자들 사이에 왈가왈부되는 면이 있다. 해부학적으로 찾아내기가 어렵거나 또는 불가능해서 그럴 것이다. 그러나 이미 한의학적인 차원의 침술 등의 예를 통해 현실적으로 활용되는 등 갖가지 실용적인 유익성이 입증되고 있다. 기에 관한 고대 중국과 인도의 성현들의 가르침을 따라 살펴보았다.

경락이나 차크라, 기(氣), 혈(血) 등은 그 존재가 과학의 대상이 아니어서 과학적인 측정은 불가능할지도 모르겠다. 몸 안에 흐르는 기의 흐름을 가름하는 내용이기에 그의 과학적 탐구는 쉽지 않을 터이고, 특히나 전기의 흐름도 미약해서 검증이 어려운 측면도 있을 것이다. 그러나 요즈음 세계의 여러 나라에서 각종의 정밀한 계기를 개발해 그의 존재를 규명하려 많은 노력을 기울이고 있다. 세월이 흐르면 얼마간 그 실체를 드러낼 것이라는 생각이 든다.

그러나 실제 수행을 통해 체험해 온 사람들은 그의 존재에 대해 이러쿵저러쿵하는 얘기들을 모두 일소(一笑)에 부치고 만다. 다만 그들은 수행자들이 몸과 마음을 다하는 정성스러운 수행을 통해 체험하기만을 바랄 뿐이다. 요가 수행자들은 차크라를 연꽃으로 묘사하는데 실제 체험해 본 사람들은 그 말에 대해 동의한다. 연꽃까지는 아니더라도 어떤 빛깔을 가지고 실체의 체험을 설명한다. 한가지 생각해볼 만한 사실은 연꽃이 더럽고 탁한 연못에 피는 것처럼 더럽고 탁한 연못은 일종의 무명(無明), 무지(無知)의 상징인 육신이라 할 수 있다.

또 연꽃이 탁한 연못에서 꽃을 피우려면 얼마만큼 고행과 난행, 정진과 원력이 필요할까? 그 같은 노력을 통해 빛을 보게 되기까지 여러 단계의 많은 정진력(精進力)이 필요하다. 결국 체험되는 모습이 여러 가지일 수밖에 없으리라는 판단이다. 그러나 분명한 사실은 정진을 거듭하면 할수록 탁한 곳에서부터 지고의 자연으로의 승화에 이르기까지 절정을 향해 나아가면서 점차 아름다운 모습으로 만개한다는 점을 나의 체험이나 다른 확실한 체험자들의 얘기를 통해 강조하고 싶다.

차크라는 잘 알려져 있는데 요가 원전 어느 곳에나 일곱 가지 단계로 묘사된다. 수행을 하다보면 전격적으로 정수리, 사하스라라 차크라까지 수직상승하는 경우도 있고, 스크루(Screw) 또는 소용돌이 모양으로 뱀이 똬리를 틀듯이 아스클레피오스의 지팡이처럼 서서히 돌며 상승하는 등 몇 가지의 양태를 보인다. 그때마다 빛과 관계되는 양상들을 보이는데 백색광이 프리즘을 통하면 가시광선으로 변하듯 우리 몸의 모든 세포들이 분자, 원자 등 소립자로 되어 있고 소립자는 에너지의 진동이기에 파장 따라 빛의 색깔이 다르게 나타나는 것으로 설명할 수 있다.

모든 물질은 에너지의 응집이다. $E=mc^2$의 방정식에 따라 에너지는 입자인 동시에 파동의 양상을 띠기 때문에 빛으로 나타나는 것이다. 실제 동양의학에서 간은 청색, 심장은 붉은색, 비장은 황토색, 폐는 흰색, 신장은 검은색 등으로 가르치고 있는데 이와 유사한 개념으로 받아들여진다. 차크라 역시 모든 경혈들의 중심 역할을 하기 때문에 빛과의 연관성을 생각할 수 있다. 실제 수행을 해 보면 인체 내 색의 세계를 체험할 수 있다. 실제 불교에서는 색즉시공 공즉시색(色卽是空 空卽是色)이라든지 시제법공상(是諸法空相) 등의 가르침을 통해 공(空)이 색(色)의 세계로 색이 공의 세계로 끊임없이 순환되거나 환원되는 예를 설명하고 있다. 빛은 무지개의 색깔을 띠지 않는가?

차크라에 대한 설명은 엘리아데의 요가 연구서, 그리고 스와미 사띠아난다, 사라스와띠의 차크라, 쿤달리니 탄트라의 해설서 등을 통해 동양의학과의 공통점들을 찾아 볼 수 있다. 허공은 빛의 세계다. 실제 『사자(死者)의 서』에도 보면 사후의 세계도 빛과 관계가 있다. 만달라(Mandala)[52]를 보라.

요가의 해설자들은 이미 언급한 대로 우리 몸에 7개의 중요한 차크라가 존재한다고 설명한다. 6개의 척추에 따른 부위와 두정엽(頭頂葉)에 해당하는 정수리 부분을 합쳐 7개의 차크라를 말한다. 동양의학에서 말하는 삼초(三焦)의 개념은 요가에서 인체를 구성하는 세 가지 프라나와 일치하며 특히 7개의 차크라는 척추를 따라 흐르는 독맥(督脈), 임맥(任脈)의 위치와 흡사하다. 이들 차크라들은 한결같이 색의 세계와 공의 세계의 접합점이다. 육체적, 심령적 상호작용의 접합점으로 양자간의 연결통로로 이해될 수 있으며, 몸과 마음의 긴밀한 연결부위로 여겨진다.

현대과학이나 의학에서 공의 세계, 마음의 세계에 대한 투철한 파악이 없기에 차크라, 경락, 나디, 기혈 등의 얘기가 제대로 이해되기 힘든 점이 있다. 그러나 이 같은 동양의학이나 요가의 인도철학적 관점을 무조건 배척하지 말고 꾸준히 수련을 한다면 분명 그의 실존을 확실히 체험할 수밖에 없음을 단언한다. 내가 체험했으며, 이미 수많은 체험자들이 능인선원에서 나왔다. 그 실례들을 와서 보라!

차크라의 지점들은 이렇듯 색(色)과 공(空)의 양면성을 지니고 있다. 심령적, 육체적 상호작용이 조화를 이루지 못할 때 인체에 문제가 생겨나는 것이다. 상호작용은 빛과 색으로 표출되며 감정과 의식세계와 연관을 맺는다. 빛은 파동이며 음파, 뇌파, 전파도 모두 파동이다. 음파는 문자 그대로 말이다. 말은 무엇인가? 말은 마음을 담는 그릇이요, 도구다.

말을 할 때 그 말에 우리의 마음이 담긴다. 말, 즉 음파는 귀 고막을 때리는 동시에 그 마음과 감정은 또 다른 채널을 통해 마음에 전달돼 화자의 마음과 감정을 느낀다. 따지고 보면 말은 말이 아니고 마음인 것이다. 뇌파라거나 전파 등도 모두가 파동의 형태로 정보를 담고 있다가 결국은 우리의 마음에 전달되는 것이다. 뇌파라든지 전파 등도 역시 마음이다. 이 같은 음파, 뇌파, 전파 등은 우리의 눈과 귀를 자극하는 도구들이지만 궁극적으로 그들이 전하고자 하는 내용은 마음이요, 감정인 것이다.

우리의 본질은 부처인데 3차원 세계의 3차원 우주복을 입고 이 땅에 떨어져 살고 있어, 표면에 있는 감각기관을 통해 바깥세상과 두뇌로 마음으로 연결되고 있는 것이다. 몸과 마음의 접합점, 색즉시공 공즉시색(色卽是空 空卽是色)의 접합점들이 차크라이고, 신체 각 부위의 각양각색의 연결통로가 경락(經絡)이요, 경혈(經穴)이요, 스슘나(Schumna)요, 나디(Nadi)들이다. 마음의 세계, 심령의 세계가 눈으로 볼 수 없는 세계이기 때문에, 그 같은 체계를 우주의 거룩한 존재이신 붓다나 하나님이 인연 따라 시설해 놓으신 것이다.

신경 생리학적인, 두뇌 생리학적인 연구 역시 이 같은 점을 유념하고 우리의 몸과 마음을 겸허한 자세로 대해야 한다. 경락과 차크라 개념은 분명 몸과 마음, 현실과 영원이 함께하는 체계라는 사실, 정신과 물질이 함께한다는 점, 감정, 몸, 마음이 상호작용한다는 점, 그리고 육체적, 심령적 에너지를 함께 생산하고 있다는 점들을 진지하게 받아들일 때 인간은 제대로 설명될 수 있고 인간과 영원을 함께 아우를 수 있는 세계가 열리게 되리라.

차크라의 세계, 7개의 차크라

우리가 매일의 삶을 살며 6근(根)이 6진(塵)을 대하면 6식(識)이 생긴다고 얘기한다. 식이란 무엇인가. 눈으로 대상을 보면 찍히는 게 있다. 영상화되는 것이다. 내놓으라면 내놓을 수는 없지만 분명히 기억이란 정보로 존재한다. 순간적으로 우주의 어떤 물질을 응집시켜 영상정보를 만드는 것 아닌가! 새롭게 어떤 정보 내지는 알 수 없는 물질을 창조하는 것 아닌가! 참으로 엄청난 능력이다. 순간순간을 놓치지 않고 찍어댄다. 정보화시키고 있는 것이다. 어디 그뿐인가. 그 상황의 모든 것을 녹음한다. 상황에의 모든 분위기도 어느 것 하나도 빠짐없이 기록해 둔다. 허공에 편만해 있는 알 수 없는 무언가를 끊임없이 응집해 무언가 물질화시키는, 그 같은 몸과 마음 사이의 전환을 용이케 해주는 접합점, 그를 차크라와 경락으로 이해하면 어떨까 한다.

3차원과 또 다른 차원, 고차원과의 연결접합부위, 매개의 통로라고도 할 수 있다. 만약 차크라가 활성화되면 어떻게 될까. 좀 더 고차원의 세계를 자각하게 되고 이해하게 될 것이다. 그 같은 차크라가 자신의 생명력을 강화하는 중대한 역할을 하고 있음을 깨닫게 될 것이다. 조금은 깊이 들어간 얘기지만 부모, 자식의 인연이 1만 겁이라면 이미 모두 과거생에 찍혀져 이 세상에 나오면서 과거생의 응보 따라 찍혀진 한편의 비디오가 편집돼 돌아가고 있는 것이라고도 말할 수 있다. 모든 게 업(業) 따라 짜여 돌고 있으니까!

차크라의 종류

Muladhara

Swadhisthana

Manipura

Ajna

Sahasrara

물라다라 차크라

Muladhara

이 차크라는 항문과 생식기 사이에 위치한다. 물라(Mula)는 산스 크리트어로 뿌리(根)를 뜻한다. 차크라의 뿌리를 의미한다. 뿌리로 부터 척추를 타고 정수리로 상승해 사하스라라 차크라로 알려진 두 정엽에서 찬연한 연꽃을 피운다. 물라다라는 위대한 힘의 실재, 쿤달 리니의 자리로 쿤달리니가 깨어나면 궁극적인 깨달음의 체험이 주어 지는 사하스라라 차크라까지 상승하는데 척추인 스슘나 나디를 통해 나아간다. 물라다라의 쿤달리니 각성은 쿤달리니 요가에서 대단히 중요하게 여긴다.

물라다라(Muladhara 미골신경총) 차크라는 붉은색의 네 잎으로 된 연꽃의 형태를 취하고 있으며 땅(地)의 기운을 상징한다. 요가 수 행자들은 대단히 정확하게 묘사하고 있는데 네 모서리와 동서남북 네 방향에 여덟 개의 황금 창으로 둘러싸여 있다고 말한다. 금빛 사 각형은 일곱 개의 코를 가진 코끼리가 강인하게 지탱하고 있으며 이 는 육체작용에 극히 중요한 일곱 개의 광물을 상징한다고 한다. 일곱 개의 광물을 상징하는 일곱 개의 결정체가 자연 그대로 들어 있다고 말한다. 일곱 개의 코를 가진 코끼리는 위대한 마음, 위대한 창조성 의 매개자를 상징한다. 사각형 중심에 코끼리의 등에 타고 있는 짙은 붉은색의 역삼각형 모양이 있다.

삼각형은 만물의 창조성과 다양성을 상징하는 여성 에너지 샤크티 를 의미하며, 삼각형 내에는 창조의 남성적 에너지의 상징인 뱀 모양 의 두므라 링감이 들어 있다. 두므라 링감은 시바의 또 다른 이름이 다. 링감 주위에 쿤달리니가 똬리를 튼 뱀 모양으로 8번 감겨져 있다. 역삼각형 3의 뜻은 세 가지 구나(Guna, 자연계의 특성)인 타마스(어 둠, 타성), 라자스(불안, 활동, 야망), 사트바(마음, 순수, 평정)를 의 미한다. 역삼각형 꼭대기에는 만트라 람(Lam)이 있다. 물라다라는 후각을 상징하며 감각기관인 코를 상징한다. 활동기관은 항문이다.

아즈나 차크라의 각성을 위한 버튼 역할을 하며 음식의 흡수와 배변과 관련돼 있다. 물라다라 차크라를 명상하면 탁월한 연설자, 왕, 학습의 달인이 되고 질병으로부터 해방된다고 한다. 물라다라 차크라는 특히 성(性) 생식기관과 관련되어 있는데 우리의 삶이 성적 욕망에 의해 지배되므로 성적 문제가 해결되지 않으면 갖가지 정신질환, 노이로제, 정신이상 등이 초래될 수 있다. 이 차크라는 정(精)과도 관계가 있는데 이 정이 정수리에 있는 사하스라라 차크라로 상승해 찬연한 연꽃을 피우기에 정기신(精氣神) 3자(者)의 상관관계가 흥미롭고 의미있게 받아들여진다.

스바디스타나 차크라

Svadhishthana

생식기 부근에 자리한다. 6개의 붉은색, 6개의 꽃잎으로 된 연꽃 가운데 흰색 반달 모양이다. 스바디스타나(Svadhishthana 전립선, 자궁, 질신경총) 차크라는 물(水), 흰색, 기(氣)와 호흡, 미각 등과 관련이 있다. 카르마의 저장소로 무의식적인 삶의 모든 환영이 들어 있는 곳으로 알려져 있다. 식물계와 연결돼 있어 채식 준수가 이 차크라 각성을 위해 중요하다. 이 차크라를 명상하는 사람들은 음욕, 분노, 탐욕으로부터 자유로워진다. 감로 같은 그의 말은 사리에 잘 맞는 강연이 되고 산문과 운문이 함께한다. 각성과 더불어 무명(無明), 무지(無知)를 밝히는 태양이 된다.

위대한 성자들은 이 차크라를 통과할 때 대부분 커다란 혼란과 유혹을 만났다고 말한다. 깨달음의 과정 가운데 만나게 되는 악마, 마왕들은 한결같이 내부적인 세력이다. 의식의 심층에 자리하고 있으며 과거와 미래의 환영을 만들기도 한다. 불교에서 큰 뱀, 탱화 속의 무시무시한 모습과 얼굴을 한 괴인, 아름다운 나체의 여인 등은 모두 환영인 듯 여겨지지만 과거생, 미래생의 업보로 인한 마음속의 반영이자 현실이다.

윤회의 종자는 이 차크라에 있다고 생각되며 집착과 욕망과 갈애를 떠날 수 있을 때 이 차크라를 통과할 수 있다. 수행자가 어떤 종류의 성적 욕망도 이겨낼 수 있다면 이 차크라를 넘어갔음을 의미한다. 그러나 성적 욕망은 언제든지 발화할 수 있으며 결코 그것을 초월했다고 생각해서는 안 된다고 탁월한 요기들은 말한다. 바크티(Bahkti, 헌신), 합일(合一) 등은 성(性) 에너지가 승화된 순수형태라 말할 수 있다. 가장 높은 수준에서는 영적 합일이라고 말할 수 있으며, 감정적 수준에서는 사랑이라 부를 수 있다.

육체적 수준에서는 성욕(性慾)이라 말하며 가장 낮은 수준에서는 무지(無知), 무명(無明)이라 부른다. 성(性)에 대한 차원은 이렇듯 여러 차원이다. 물질은 에너지의 가장 거친 차원이고 궁극의 상태로 돌아가면 물질은 에너지인 것이다. 그러므로 에너지와 물질은 상호 전환되는 것이다. 생각이 곧 물질이요, 물질이 곧 생각이다. 몸이 곧 의식이고, 의식이 곧 몸이다. 강한 열정을 머금은 에너지가 일정한 방향, 중심을 향해 흐르면 헌신이 되고, 영적 경험으로 나아가며 신(神)이 되고 부처가 된다.

수행자들이 무서운 정열(情熱)로 수행(修行)을 사랑하는 이유가 바로 여기에 있다. 수행자들은 궁극의 존재를 아버지 또는 어머니, 연인, 남편 또는 친구 등으로 표현한다. 감정적인 에너지가 이렇듯 숭고한 에너지의 차원으로 승화되며 결국 원초적 에너지로의 거룩한 체험으로 나아가기도 한다. 이 차크라의 수행을 통해 물에 대한 두려움의 극복, 직관적 능력의 발현, 보이지 않는 세계의 존재들인 아스트랄의 존재에 대한 자각 등이 펼쳐진다. 명심해야 할 사실은 이 차크라를 넘어가기가 참으로 어렵다는 점이며 심령적, 감정적 능력을 전반적으로 향상시켜야 한다. 수행의 길, 쿤달리니 상승의 길은 많은 장애들을 이겨 나가는 과정이다.

마니프라 차크라

Manipura

동양의학에서 기해(氣海), 단전이라 부르는 곳이다. 마니(Mani)는 여의주를 뜻하고 프라(Pura)는 도시를 의미한다. 마니프라(Mani-pura 배꼽, 태양신경총) 차크라는 불(火), 태양, 월경, 식(息), 시각 등과 관련된다. 보석의 도시라 불리는 이 차크라는 특히 티베트 전통에서는 마니 파드마(Mani Padma), '보석으로 장식된 연꽃'을 뜻한다.

쿤달리니의 각성에서 이 차크라는 아주 중요한 자리이다. 이 차크라는 활력 에너지, 의지력, 성취의 중추이기 때문이다. 특히 지구의 모든 생명을 존재케 하는 태양의 눈부신 열과 힘에 비유되기도 한다. 태양신경총으로도 불리는 이 차크라는 태양이 모든 행성들에 에너지를 공급하듯 에너지를 인체 모든 곳으로 공급하는 역할을 해 생명의 작용, 기관 각자의 활동 시스템의 활성화 등에 지대한 영향력을 행사한다.

모든 부분을 조절하고 활성화시킨다. 이 차크라가 약화되면 생기와 활력이 사라진다. 건강이 악화되고 열이 부족해지고 갖가지 활동에 장애가 생길 수밖에 없다. 이 차크라는 몸의 물과 열의 조절을 담당하는 태양신경총에 해당한다. 잎이 열 개인 연노랑 연꽃으로 연꽃 중심에 해처럼 빛나는 역삼각형으로 나타나는 불의 상징 부분이 있다. 티베트 불교 수행에서는 쿤달리니의 각성은 물라다라가 아니라, 마니프라에서부터 일어난다고 말한다. 물라다라에 쿤달리니가 위치하고 스바디스타나는 그 집이고 마니프라에서 각성된다고 말하기도 한다. 이 차크라의 각성을 통해 불에 대한 두려움이 사라지고 질병으로부터의 자유, 사하스라라로 나아갈 수 있는 능력 등이 활성화된다.

아나하타 차크라

Anahata

12개의 꽃잎을 가진 붉은색 연꽃 모양 중앙에 중복된 두 삼각형이 육각형 별 모양을 만들고 있다. 공(空)과 촉각, 남근, 동력, 혈액체계 조직과 관련성을 지닌다. 요가에서는 심장을 '순수함이 함께하는 심장 내(內) 공간'을 뜻한다. 아나하타(Anahata 심장부위, 심장신경총) 차크라는 뇌와 직접적으로 연결돼 있다.

시바(Siva)와 샤크티(Sakti)의 합일(合一)을 상징하는 삼각형 두 개의 내부에 검은 영양이 있다. 영양은 민첩함의 상징으로 이 차크라에서의 추락을 피하기 위해 모든 소리에 영양처럼 민첩해야 함을 의미한다. 소망하는 것이 무엇이든 실현되는 이 차크라에서 자신과 상대방에 대한 부정적 생각 역시 실천된다는 사실도 깊이 생각해 상대방이나 스스로에 대해 부정적 생각이나 의심을 경계해야 함을 요가 경전은 얘기한다. 그렇지 않으면 자신의 부정적 생각으로 자신을 파괴시킨다고 말한다.

아나하타 차크라가 각성될 경우 상대방에 대해 항상 긍정적 생각을 가져야만 함을 유념해야 한다. 언제나 낙관적이고 긍정적이며 희망으로 가득한 사람이 되어야 한다. 결코 부정적인 마음을 가져서는 안 된다. 육체적, 정신적, 영적으로 모두와 평화롭게 살아야 한다. 세상이 불화(不和)와 반목(反目) 그리고 악(惡)으로 가득 차 있다 하더라도 언제나 그 누구에게나 깊은 사랑과 자비심을 가져야 한다. 결코 부정적인 마음을 갖지 말라. 모든 상황은 좋은 쪽으로 가고 있다. '미래는 항상 밝다' 이런 마음과 태도를 가져야 한다.

그 어떤 고통도 행복으로 가기 위한 과정이다. 질병, 이혼, 갈등, 빈궁 등 모두 부처님으로 나아가는 길이라 생각하라. 온 세상이 부처님 나라요, 내 마음과 하나다. 모든 사랑이 내 안에 있고 내가 모든 사랑 가운데 있다. 온 우주는 하나다.

이 같은 생각과 행동 가운데 있을 때 쿤달리니가 빛을 발하여 계속 상승할 것이다. 이 차크라의 만트라[53]는 '옴'[54]이며 옴은 모든 환상에 스며드는 보편적 우주의 진동이라 할 수 있고 평화와 안녕을 뜻한다. 행복과 안락, 열반을 뜻한다.

이 차크라는 두뇌에 정제된 감정을 각성시키며 그 각성은 무제한 보편적 사랑이다. 세상의 많은 사람이 자선을 행하고 친절을 행하지만 이기심을 근저로 하는 예가 많다. 사랑은 동체대비(同體大悲)[55]다. 이기심을 수반하지 않는다. 사랑은 흥정을 하지 않는다. 기대가 없고 바라는 바가 없다. 모든 형태의 사랑, 신에 대한 사랑, 부처님께 대한 사랑 역시 이기심에 오염되어 있는 수가 있다. 뭔가를 바라고 있기 때문이다. 아마도 이 세상에서 가장 이타적(利他的)[56]인 사랑은 어머니의 사랑일 것이다. 물론 그것이 완벽히 이타적이지는 않더라도 지상에서의 최고의 이타적 사랑이라고 말할 수 있다.

우리가 수행을 하면 차크라의 각성을 통해 마음의 주파수를 바꾸게 되고 스스로와 주변에 많은 좋은 영향력을 행사하게 된다. 끊임없이 수행해 태양과 같이 되어야 한다. 태양은 모든 어둠을 걷어내듯 사랑은 모든 에고(Ego)를 걷어낸다. 깨달음의 길, 수행의 길은 부처님께로 가는 길일 뿐만 아니라 완전한 사랑으로, 화합으로 가는 길이다.

이 차크라는 인간적인 사랑의 자리인 동시에 부처님과 신을 사랑하는 자리이다. 그 둘은 하나다. 이 차크라의 각성으로 집착을 떠나고 낙천적이 되며 이원성(二元性)을 극복한다. 마음은 대단히 이완(弛緩)되고 자유롭고 평화로워지며 삶의 쾌락이 무의미해진다.

비슛디 차크라

vishuddi

숫디(Shuddi)는 정화하다의 뜻이다. 비슷디(Vishuddi 후두, 인두 신경총, 척추와 연수의 접합점) 차크라는 화합과 정화의 차크라이며, 호르몬이 우리 몸의 감로와 독으로 갈라지는 부위라 한다. 독이 사라지면 우리 몸에 건강과 수명장수를 가능케 하는 물질이 분비된다고 한다. 인생의 이원성, 양극성을 수용하는 부위로 목의 움푹한 곳 바로 뒤 목신경총에 있다. 목의 앞쪽 움푹한 곳, 갑상선 인후두신경총에 해당한다. 16개 잎의 자주색 연꽃으로 인식된다.

신성한 액체가 분비되는 곳으로 이 액체의 이름은 암릿(Armlet), 암브로시아(Ambrosia), 신주(神酒), 불로불사의 음료, 감로, 불로불사액이라 알려져 있다. 이 액체는 독으로도 작용할 수 있는 이중적인 성격을 가지고 있는데 마음의 변화에 따라 변하는 것으로 알려진다. 이 액은 마니프라로 흘러내려 생명을 만들기도 하며 비슷디 차크라가 각성되면 불멸의 감로가 되어 몸의 젊음과 갱생의 원천으로 작용한다. 선(善)과 악(惡)의 개념이 작용할 때 감로와 독의 양자로 갈라진다. 깨달음의 경우 선악(善惡)의 개념이 떠날 때 독성이 소멸되고 무력해지며 지복(至福)[57]의 상태로 흡수 변형된다.

이 차크라에서 남들의 생각과 느낌에 동조 가능한 경험을 하게 되며 상념의 파동을 감수하는 곳으로 알려져 있다. 이 차크라가 각성되면 음식과 음료에 대한 욕망과 필요성이 극복되며 젊음의 샘으로 불린다. 몸 세포의 퇴화속도가 재생속도로 교차되는데 20~30대로 돌아가게 된다고 한다. 노쇠와 병 그리고 죽음이 표면화되는 경우가 바로 이 부분이다. 이 부분이 각성되면 불멸성, 경전에 대한 분명한 인식, 삼세숙명(三世宿命)[58]에 대한 인식이 강해진다. 공(空)을 자주 경험하고 모든 두려움과 집착을 극복하며 신통의 힘이 열린다.

비슷디 차크라와 연결되어 있는 '빈두 비사르가'는 창조의 원천으로도 불리며 전생의 모든 카르마의 창고로 불린다. '빈두'[59]로부터 모든 것이 현현되며 말과 의미의 창조원인으로 지수화풍공(地水火風空), 그리고 알파벳도 여기에서 왔다고 『카마칼라빌라사(Kama-kala-vilasa)』에는 기록돼 있다. 호흡계 순환계가 아나하타 차크라와, 소화계의 중추들이 마니프라 차크라와, 비뇨생식계의 중추들이 스와디스타나 차크라, 물라다라 차크라와 연결되어 있는 것 같이 창조의 원천인 빈두 비사르가가 비슛디 차크라와 연결돼 있다. 빈두 비사르가가 깨어나면 우주음(宇宙音) 옴(唵)이 들리는데 옴의 상징 위에 있는 빈두 점과 초승달로부터 발산되고 있는 모든 창조의 원천을 깨닫게 된다고 한다.

땅속에 동면 또는 가사 상태로 지내는 요기들은 빈두의 능력으로 생존을 위해 음식이 필요 없게 된다고 한다. 빈두에서는 이미 언급한 대로 감로수를 생산할 뿐만 아니라 독도 생산한다. 독샘과 감로샘은 거의 같은 곳이다. 빈두는 넥타샘을 제어하며 비슛디는 넥타와 독 모두에 관계한다.

빈두는 어근 빈드(Bind)에서의 뜻과 같이 나누다, 쪼개다의 뜻이 있는데 빈두는 한 점, 무차원의 중추를 의미한다. 빈두는 공(空)의 상태인 슈나타(Sunata)의 문으로 여겨진다. 'No-thingness'이며 'Nothingness'가 아니다. 절대적이며 차별 없는 순수의식의 상태이다. 무한과 공(空), 증발과 무(無)의 상반된 단어로 표현할 수 없는 하나이다. 빈두 안에 우주의 모든 사물을 위한 창조의 잠재력이 들어있다는 것이다.

우주의 기원에 대한 한 이론은 무한히 밀도가 높은 한 점의 물질이 빅뱅(Big Bang)에서 폭발하여 전체 우주를 형성시켰다고 얘기한다. 물리학자들은 시간과 공간의 연속 상에서 엄청난 아원자(Subatomic) 입자[60]들에게 광대한 힘이 농축되어 존재한다는 사실을 밝혀냈다. 우주 알(Cosmic Egg)[61]이라고 부르기도 한다. 빈두에 대한 요가의 설명과 유사하다.

빈두는 불교에서 말하는 일미진중함시방(一微塵中含十方)[62], 일념즉시무량겁(一念卽時無量劫)[63]이라고나 할까? DNA, RNA 분자를 생각해 보면 아주 작은 세계에 위대한 우주의 대생명이 함께하고 있다. 원자핵 속에 무서운 힘이 들어 있어 원자폭탄, 수소폭탄을 만들지 않는가! 에너지가 응집해 물질 입자가 되면 상대성이 생기고 플러스 마이너스(+-) 음양이 생긴다. 음양이 하나가 되면 무한이 열린다. 빈두는 만물을 현현시키고 성장시키는 우주 알이다. 우주 씨다. 수태 행위가 빈두의 논리로 설명되기도 한다.

『요가추다마니 우파니샤드(Yogachudamani Upanishad)』 60절에는 두 가지 유형의 빈두, 슈클라(Shukla 정자)와 마하라즈(Maharaj 난자)가 있다. 붉은 빈두는 태양, 흰색 빈두는 달이다. 두 빈두는 남성, 여성의 용어로 상징화된다. 그들의 합일로 인해 쿤달리니의 상승이 일어난다. 양자가 하나가 되면 사람은 신성해진다.

아즈나 차크라

ajna

아즈나(Ajna)란 말은 산스크리트어로 '알다', '복종하다', '따르다'에서 파생된 단어다. 명령 또는 스승, 구루 등을 상징한다. 아즈나(Ajna 미간, 송과선) 차크라는 구루[64] 차크라로 불리기도 한다. 깊은 명상, 슈냐(Suna 쏘)의 상태에서 구루의 지시가 들리기도 한다. 이 공(쏘) 상태는 죽음의 체험과 같다. '직관의 눈'이라고도 불리며 대부분의 사람들은 '이 눈'이 멀어 있다고 말한다. 인도인들이 미간에 점을 칠하는 것을 꿈꿈(KumKum)이라 말하는데, 직관의 눈이 열리기를 발원하는 마음 때문이다.

송과선[65]이 아즈나 차크라의 육체적 대응물이며 뇌하수체[66]라 불리는 사하스라라 차크라(정수리)와 밀접하게 연결돼있다. 아즈나 차크라는 사하스라라 차크라로 들어가는 대문이다. 송과선이 뇌하수체의 자물쇠 역할을 하는 것과 마찬가지다. 그런데 송과선이 건강한 뇌하수체의 작용을 통제한다. 대부분의 사람들의 송과선이 10세 안팎에 퇴화되기 시작하기에 영적 능력이 상실된다고 말한다. 그리고 수행자들은 참선과 명상 등을 통해 재생 가능하다고 말한다.

이 차크라의 각성으로 유체이탈의 능력이 현현된다. 타인의 몸속에 들어가는 것이 가능하며 탁월한 경계에 든다. 우리가 꿈꿀 때의 광경은 아즈나 차크라를 통해 온다. 이 차크라가 각성되면 직관력이 강화돼 예언자가 된다. 이 차크라가 각성될 때까지 우리는 미혹 속에 있으며 갖가지 극단에 치우쳐 많은 것들에 대해 오해를 가질 수 있다. 우리가 세상을 바라볼 때 많은 현상들이 실재하는 것처럼 체험하지만 실상에 있어 모든 것은 허상이고, 상대적이며, 각성이 되면 꿈에서 깨어나는 것 같은 상태가 된다. 일단 이 차크라를 깨닫게 되면 삶에 대한 관점이 바뀌고 태도가 바뀔 수밖에 없다. 갖가지 삶의 현실, 사건들이 우리를 괴롭히지 못한다. 인생사를 엮어가며 초연한 초인간으로 산다. 이 차크라를 각성시키는 방법을 알게 되면 고도의 의식을 계발하여 사하스라라 차크라에 도달할 수 있는 방법을 깨닫게 된다.

사하스라라 차크라

Sahasrara

정수리에 위치하며 1천 개의 꽃잎을 가진 연꽃 모양이다. 각성 상태를 니르바나(Nirvana)로 불린다. 시바와 샤크티의 최후의 합일(合一)이 성취되는 곳으로 불린다. 6개의 차크라를 관통하면서 상승한 쿤달리니가 이 자리에서 여행을 끝낸다. 사하스라라(Sahasrara 정수리, 대뇌신경총) 차크라는 인체를 초월한 자리다. 이 자리에서 국면의 초월이 일어나고 윤회를 벗어나며 생사해탈, 시간의 탈출이라 부르는 현상이 일어난다.

이들 차크라들은 만달라(Mandala)를 형성하는데 하나의 사원이 하나의 만달라인 것처럼 차크라를 통해 우주 에너지, 쿤달리니가 들어가는 상황으로 표현될 수 있다. 인체를 하나의 소우주라고 부르는 이유가 여기에 있다. 수행자는 자신의 몸 가운데서 우주의 시작과 끝을 체험하는 것이다. 인간이 우주화되고 우주를 초월해 우주를 파괴한다. 이 같은 뚜렷한 체험은 쿤달리니의 상승을 통해 사하스라라 차크라에서 시바 신과의 합일(合一)이 되면서 얻어진다. 여기서 최종적 행위가 성취된다고 말한다.

특히 이 차크라는 차크라의 영역이라기보다 초월적 차원이라 표현하기도 한다. 사하스라라는 서로 다른 차크라들이 수행을 통해 점진적으로 상승한 결과 얻어지는 절정이다. 깨달음의 극치다. 사하스라라의 뜻은 1천이라는 의미로 1천의 연꽃잎이란 의미를 지닌다. 1천이란 말은 사실 당시에는 무한과 통하는 단어다. 무한 수를 가진 연꽃으로 표현되어야 마땅하다. 이 차크라는 공(空)이요, 모든 것이자 아무것도 아니다. 모든 개념을 초월해 있으나 모든 개념의 근원이라 부른다. 의식과 프라나의 융합이다.

사하스라라는 수행의 정점, 융합의 극치다. 사하스라라에서 시바와 샤크티의 합일이 일어나면 사마디(Samadhi)가 열린다. 여기서 개인은 죽고 복합적이고 이원적인 자각이 깨진다. 오직 단일한 깨달음만 존재한다. 합일(合一)의 경지는 절대고요다. 적적요요본자연(寂寂耀耀本自然)[67]이다. 파탄잘리의『요가 수트라』에서는 이 같은 경지를 사마디라 불렀다. 사마디는 몇 가지 단계로 분류된다. 사비깔파(파동이 있는 사마디)에는 비따르까, 비차리, 아난다, 아스미따 등의 네 단계가 있고, 두 번째 범주로 아심쁘라갸따(자각이 없는 사마디) 세 번째 범주로 니르비깔파(그 어떤 파동도 없는 사마디) 등으로 나뉜다. 욕계선정, 색계선정, 무색계선정과 유사한 것으로 이해하면 된다. 쿤달리니 각성과 사마디의 체험은 같은 것으로 얘기된다. 이러한 상태가 될 때까지는 신체의 단련, 즉 쿤달리니의 상승을 도모하는 차크라의 훈련법과 더불어 화두의 수행을 함께 원용하면, 몸과 마음의 만남을 통해 영원한 하나의 경지를 열어 갈 수 있을 것이다. 7개 차크라에 대한 설명은 각 요가 경전과 인도에서 살면서 오랜 세월 요가를 연구했던 엘리아데의 요가의 설명에서 많은 도움을 받았다. 참으로 20세기 최고의 종교학자였던 엘리아데는 종교인은 아니었지만 요가에 대한 깊은 이해를 가졌었다. 공감하는 부분이 너무도 많았다. 그에게 충심으로 감사드린다.

쿤달리니의 신비

쿤달리니에 대해서 간헐적으로 얘기해 왔으나 차크라를 간략하게 정리하면서 쿤달리니 역시 짧게나마 정리할 필요성을 느낀다. 모든 요가 수행법은 한결같이 쿤달리니에 대한 언급을 하지 않는 예가 별반 없다. "문이 열쇠로 열리듯 요가는 하타 요가에 의한 쿤달리니의 일깨움으로 해탈(Mukti)에의 문을 연다." 쿤달리니에 대한 요가 경전의 설명을 들어본다.

"잠자고 있는 여신이 은총의 결과로 깨어날 때 모든 차크라는 쿤달리니에 의해 관통된다.", "옴(AUM)과 하나인 쿤달리니는 남성 신(神)과 여성 신(神)의 모든 속성을 지닌다.", "뱀의 형상인 쿤달리니는 모든 피조물의 신체 중앙에 거주하고 있다."

"쿤달리니는 척추의 근처에 그 자신을 드러낸다.", "척추의 끝부분 중심에 있는 마디 가운데 거주하는 쿤달리니는 여기로부터 나디(Nadi)들이 시작된다.", "쿤달리니는 프라나(Prana 숨)에 의한 내적인 마음, 감정(Manas)에서 형성되어, 힘에 의해 스슘나(Schumna 비밀관)를 따라 움직이며 위로 끌리어 올라간다.", "쿤달리니는 아사나(Asana)의 쿰바카 (Kumbhaka 호흡법 수행, 지식법)에 의해 각성된다. 결국 프라나(Prana), 공(空 Suna)에 흡수된다.

이들 설명의 예에서처럼 쿤달리니는 각성을 통해 그의 움직임 이 육신의 하단부로부터 점차 상승해 오른다. 샤크티(에너지)는 배꼽 근처에서 잠자고 있다가 수행자가 그 내면에 있는 보디치타 (Bodhicitta 覺心)를 일으킴으로써 그를 일깨운다. 그를 각성하는 자는 '위대한 불'의 느낌으로 알 수 있다. 이때 쿤달리니는 배꼽에서 타오르고, 모든 것이 타오를 때 달(이마, 아즈나 차크라)은 신적(神的)인 빈두(Bindu 암브로시아, 암릿, 감로)를 방울방울 떨어뜨린다고 쓰고 있다.『대비공지금강대교왕의궤경(大悲空智今剛大敎王儀軌經)』

은밀한 에너지가 척추 끝에서 잠자고 있다가 쿤달리니 수행에 의해 점화되어 보다 위에 있는 차크라들을 거쳐 사하스라라에 도달한다. 그때 자신의 진로 상에 있는 모든 것을 태우고 다시 척추 끝으로 복귀한다고 말한다. 이 같은 에너지 역시 성적 에너지의 변형에 의해 얻어진다고 가르친다. 쿤달리니와 강한 에너지, 그리고 찬연한 광명의 관계, 쿤달리니 상승에 의한 내적 광명의 생성은 필히 염두에 두어야 한다. 왜냐하면 수행 도중 강한 에너지와 광명을 분명히 체험하기 때문이다.

이에 언급한 대로 쿤달리니의 실제적 각성과 차크라 수행을 통한 이동은 아사나(Asana)와 호흡법(Kumabbaka)을 통해 성취된다. 능인선원에서의 수행법으로 간화선과 차크라의 통합을 통한 수행을 거듭하는 가운데 탁월한 각성이 성취된다. 여기서 유념해야 할 점은 요가에서는 특히 수행자들이 정액을 소모하지 않을 것을 지극히 강조한다. 정액의 손실은 죽음을 낳는다고 가르치며 생명은 정액을 보유하는 데서 온다고 얘기한다. 모든 요가의 원전들이 수행과 마음, 정액(Bindu) 간의 상호 연관성 내지는 의존성이 강하게 작용하고 있음을 밝히고 있다. 숨이 움직이는 동안 정액은 움직이며, 숨이 이동을 멈출 때 정액도 고정된다는 것이다.

그러므로 요가 수행자들은 숨을 잘 조정하여 안정시켜야 하며, 숨(Prana)이 체내에 멈추고 있는 동안 목숨이 떠나지 않는다고 강조한다. 정액은 숨에 의존하며 숨과 하나이다. 정액은 또한 마음과 하나이기에 동(動), 부동(不動)이 행해지는 가운데 프라나(Prana 숨), 빈두(Bindu 정액), 시타(Citta 마음)의 삼자는 결국 하나라는 것이다. 호흡의 움직임이나 사정에 의해, 쿤달리니의 힘이 약화되므로 항상 그 점을 유념해야 할 것이다.

열쇠로 문을 열듯 요가 수행자는 쿤달리니로 해탈의 대문을 연다. 위대한 여신은 아픔도 고통도 없는 저곳으로 상승할 수 있는 입구를 막고 잠을 잔다. 그녀는 수행자에게 해탈을, 어리석은 자에게 구속을 준다. 쿤달리니는 뱀처럼 똬리를 틀고 있다. 그녀를 움직일 수 있는 자, 필히 해탈한다.

『하타 요가 쁘라디삐까 3장 105~111절』

쿤달리니를 각각의 사람 속에 잠복돼 있는 에너지의 가장 강렬하고 궁극적인 형태로 정의한다. 쿤달리니의 각성을 위해서는 명상 수행이 필수다. 척추는 우리 몸 전체를 아우르는 신경망의 대들보다. 앞서 언급한 대로 오장육부라 불리는 몸 안의 장기들이 척추와 척추에서 나온 갈비뼈에 붙어 있고, 신경망으로 연결돼 있다. 음식점에 가서 갈비를 뜯어보면 갈비 살은 모두 뼈대에 붙어 있음을 볼 수 있다. 이른바 힘줄, 근육이라 불리는 조직으로 지탱되고 있는 것이다.

모든 내장기관 그리고 세포에 이르기까지 척추에서 나온 신경망이 철저히 감싸고 있고, 두뇌와 연결돼 있다.

몸에는 두개골의 경우 80% 이상이 물이고, 목 이하의 부분은 70% 정도 물이다. 물은 진동을 잘 흡수하며, 미세한 진동에 즉각 반응한다. 명상 참선의 경우 몸과 마음의 미세한 움직임은 진동의 상태로 신경계에 영향을 미친다.

명상 참선을 위해 중요한 요소는 우선 아사나를 통해 척추를 곧고 강하게 만드는 것과 아울러 차크라 훈련을 통해 척추에 강한 힘을 불어넣어 온몸의 신경계를 관통토록 도모하는 것이다. 이때 몸(척추), 숨 그리고 마음이 하나가 되도록 훈련하는 것이 중요하다. 수행의 규칙성과 끈기가 함께해야 한다. 차크라의 수행과 지속적인 참선은 쿤달리니의 각성을 유도해 폭발적인 변화를 유도하며 시간과 공간을 뛰어넘는 초월적 현상을 체험케 한다. 그 같은 체험은 의식의 변형을 유도한다.

쿤달리니의 체험은 보다 높고 넓은 초의식 상태로의 문이며, 그 체험자들은 현실세계를 뛰어넘는 차원의 세계에 대한 경외감으로 초월의식을 갖게 되고, 현실에 대한 긍정의식을 갖게 된다. 쿤달리니의 각성에 대한 투철한 연구는 인도의 현자들에서와 같이 체계적인 예는 달리 없다. 역사적으로 전승되어온 수행방법이 붓다에게 이어져 새로운 형태로 체험되어져 우주와 하나 됨을 깨닫게 하고 우리들에게 전해진 것이다. 붓다를 알려면 요가, 차크라, 쿤달리니를 제대로 이해해야 한다. 간화선도 이 점에 유념해야 한다.

아사나의 세계, 중도(中道)는
'하나'의 길이다

수행의 길은 '하나'로의 길이다. 그 어떤 수행방법이든 제대로 수행의 길을 가려면 하나의 길로 유도해야만 한다. 왜냐하면 하나가 전체이고, 전체가 하나이기 때문이다. 하나는 사랑이요, 무한이요, 영원이기에 모든 수행은 하나로 통한다. 아사나 역시 하나의 세계를 지향하는 방법이며 갖가지 집중의 방법도 모두가 하나로의 길이다. 화두라든가 수식관[68]이라든가 염불진언, 절, 수행 등 이 우주에 존재하는 모든 수행법은 하나로 통한다. 하나에 대한 집중(執中)이다.

중(中 Center), 중심(中心), 중도(中道) 모두 같은 얘기다. 하나에 대한 정신통일, 집중이 갖가지 번뇌를 항복받는 첩경이다. 인간은 하루 종일 눈, 귀, 코, 혀, 몸이 색성향미촉법을 좇으며 하릴없이 보낸다. 번뇌에 몸과 마음을 띄우며 취생몽사하는 것이다. 외형적이고 부평초 같은 대상에 몸과 마음을 던지는 것이다. 자신의 참 모습을 잊은 채……. 무명, 그 자체의 존재인 것이다. 우선 자신의 참 모습을 찾기 위해서는 하나로 들어가야 한다. 물질계적인 상대세계를 떠나는 훈련이 긴요하다. 금강경에 나오듯이 운하항복기심 운하응주(云

何降伏具心 云何應住), 어떻게 마음을 항복받을 것이며, 어떻게 그 마음을 잡을 것인가에 마음을 쏟아야 한다. 우선 마음을 잡기 위해 해야 할 작업은 무엇보다 자신의 그릇된 행위, 말, 생각으로부터 격리시키는 것이다.

이른바 계행청정(戒行淸淨)이 그것이다. 계(戒)가 깨지면 마음을 잡을 수 없다. 마음이 안정될 수 없다. 계정혜(戒定慧) 삼학이 중요하다 함은 이 같은 이유에서다. 마음의 본질을 찾아 하나의 세계, 무한의 세계, 영원의 장에 몰입하려는데 상대의 세계에 대한 갖가지 번뇌가 문제되지 않을 수 없다. 탐, 진, 치를 삼독심(三毒心)이라 하는데 살, 도, 음, 망어, 기어, 양설, 악구, 탐, 진, 치는 십악업(十惡業)의 대명사다. 십악업을 때려 부수지 않고, 붓다 수행의 길은 요원하다. 삼학이나 6바라밀이나 매한가지다. 보시, 지계, 인욕, 정진, 선정, 지혜 중 지계, 선정, 지혜를 빼고 나면 보시, 인욕, 정진이 남는데 모두 삼학을 돕기 위한 내용들이다. 계행을 잘 지키려면 보시하는 마음, 인욕하는 마음, 정진하는 마음은 필수다. 계, 정, 혜를 닦고 6바라밀을 닦고 8정도를 닦아야 하는 것은 기초 중의 왕 기초다. 그곳에서부터 참 수행이 시작된다.

그 다음이 아사나다. 이른바 좌선이라는 말로 흔히들 표현하는데, 우주와 하나가 되고 부처와 하나 되기 위해서는 돌부처처럼 몇 시간이고 몇 날이고 지속성 있는 자기극복의 시간을 가져야 한다. 구들장이 깨질 때까지 앉아야 한다는 것이다. 모든 것을 내려놓고 영원을 향해 나아가는 것이다. 영원을 향해 떠나는데 무슨 말라빠진 욕심을 부리는가! 소유의식을 타파하는 것이야말로 하나의 길을 향한 중요한 미학이다. 내려놓는 자는 마음이 맑아진다. 분명 그의 앞길은 불보살과 신장의 가호와 인도가 있을 것이다. 자기 자신을 이기는 사람, 모든 물질계의 욕망을 이기는 사람이야말로 '가짜 나'를 이기고 '진짜 나'

를 찾는 사람이다. '번뇌의 나', '물질계의 나'는 '허망한 나'이고 '무명의 나'이다. 그것을 깨뜨리지 않고는 앞으로 나아갈 수 없다. 하나의 길, 우주와 하나가 되고 부처님과 하나가 되는 길은 분명하다. 그 길을 가려면 강한 힘이 뒷받침돼야 한다. 그 힘은 무엇인가? 강한 도덕성이다. '가짜 나'와의 싸움에서 이길 때 나오는 부처님의 힘이다. 법력(法力)이다. '가짜 나'와의 싸움에서 이기는 만큼 강해지고 정화된다. 각양각색의 물질계의 욕망, 유혹을 이기는 것은 얼마나 힘겨운 일인가! 그러나 그 같은 싸움에서 이기는 만큼 앞으로 나아가는 추진력은 강화된다. 특히 음욕은 대단히 이겨내기 어렵지만 하나의 길, 부처의 길을 위해서는 도리가 없다. 끝없는, 끊임없는 싸움을 통해 힘을 길러가는 것이다.

자신의 능력을 확장해 가는 것이다. 가짜 자기와의 싸움에서 이기면 이길수록 그의 힘은 불가사의하게 강화된다. 하나의 길, 방석 위에 앉아 버티면 버틸수록 집중력은 강화되고, 지속되면 지속될수록 점차 기쁨이 오고 행복감이 밀려든다. 형언할 수 없는 지고의 느낌이 몸과 마음을 휩쓸어가는 체험을 하게 될 것이다. 감각적인 세계를 극복하면 과연 어떠한 세계가 열리는 것인지 체험해 본 사람들만이 안다. 글자 그대로 중(中)-지(持)-희(喜)-락(樂)-정(定)이다. 증지소지비여경(證智所知非餘境)이다.

특히 앉는 좌법의 중요성은 아무리 강조해도 지나치지 않는다. 다시 한 번 명심하라. 몸을 다스리는 수련법을 아사나라고 한다. 아사나는 신체의 각 부위를 자극하는 동작이다. 도교 수련과 마찬가지로 척추를 따라 흐르는 에너지의 통로와 차크라를 각성시키고 육체를 정화하는 데 일차적 목적이 있다. 아사나에는 수백 가지가 있는데『요가경(Yoga-Sutra II 46)』에는 신체에 안정되고 강력함을 주는 동시에, 인간의 조건을 초월하는 징표로 설명한다.

대사일번(大死一番)이면
대불현성(大佛現成)

아사나의 초기, 몸의 고통은 이겨내기가 쉽지 않다. 그러나 계속 수행하게 되면 일정한 자세를 유지하는 노력을 크게 들이지 않아도 자연스러워진다. 자세에 대한 노력이 사라질 때 육체상의 어떤 느낌도, 움직임도 사라진다. 마음이 무한과 하나가 될 때 완벽함이 성취된다. 무한대가 된다는 말은 몸과 마음이 하나 되고 영원을 체험한다는 가르침이다. 그러나 이와 같은 상태가 되기 위해서는 자신의 몸을 이겨내는 엄청난 고통이 따른다. 이른바 유한을 극복하는 체험이다. 수행을 거듭해 몸 가운데서 영혼, 즉 유체 내지는 식신(識身)이 차크라를 타고 상승할 때 엄청난 고통이 온다. 무릎 이하에 퍼져있던 마르마(Marma) 이른바 기혈(氣穴)에 자리잡고 있던 기(氣)들이 경락과 차크라를 타고 상승해 정수리 사하스라라 차크라를 향할 때, 죽음의 고통과 같은 고통이 찾아든다. 이른바 대사일번(大死一番)이면 대불현성(大佛現成)이라 하신 부처님의 가르침을 연상케 하는 대목이다. 그 고통을 이겨내지 못하고 발을 죽 뻗으면 그것으로 끝이다.

한 번 크게 죽어야 하는 것이다. 유한을 극복하고 무한으로 나가려는 자가 겪어야만 하는 필수불가결의 고통이다. 쿤달리니가 자리하고 있는 미저골 이하 두 다리와 발에 퍼져있는 경혈들에 자리하고 있던 프라나, 기가 모두 쿤달리니로 모이면서 다리 전체에 죽음과 맞먹는 엄청난 고통을 체험한다. 아사나 수행자들은 이것을 잘 이겨내야 한다.

아사나는 수행 가운데 가장 중요한 부분 중의 하나로『우파니샤드』,『마하바라아타』등에는 빈번히 등장하며,『하타 요가』에서도 아사나가 중요하게 다뤄지고 있다. 아사나의 목적은 고(苦)와 락(樂)에서 오는 상반되는 상태의 절대적인 멈춤이다. 감각의 확실한 중심 상태를 유지하며 더 이상 육신에 의한 괴로움을 받지 않고 유한에서 무한으로의 발걸음을 강하게 내딛는 것이다. 두뇌만 하더라도 물이 80% 이상이고, 신체는 70%에 해당하는 액체 상태인 물이 움직임에 의한 자극을 통해 펼쳐지는 진동을 부동의 자세를 통해 차단함으로써 천상천하유아독존(天上天下唯我獨尊)의 길을 열어가는 첫걸음인 것이다.

아사나를 통해 감각적인 활동과의 교섭은 단절되기 시작한다. 아사나는 중도의 길을 열어가는 중요한 관문으로 개발된 대단히 의미심장한 수행법이다. 감각의 세계를 단절하고 초월세계를 열어가는 구체적인 단계라 할 수 있다. 상대적인 세계에 전혀 방해받지 않는 부동의 정좌(正坐)의 상태는 하나의 세계, 절대세계와의 만남을 유도한다. 끊임없이 감각에 의해 요동치는 인간을 감각의 분류로부터 해방시키는 역할을 한다. 의식의 동요와 흩어짐을 종식시키고 절대계를 지향함으로써 신체적인 소모와 집중력의 분산을 막아주는 것이다.

하나의 길, 단일화의 길, 중도(中道)의 길을 총력적으로 지향하는 것이 모든 수행의 근본이며 아사나 역시 그 길의 시발점이다. 인간의 갖가지 신체적, 감각적, 물질적 변동여건을 차단함으로써 초월적 인간의 길을 여는 것이다. 아사나는 이를테면 움직임의 거부를 통해 의식의 동요를 차단하는 수행방편이다. 물론 일상생활 속에서도 수행이 불가능한 것은 아니다. 가고, 서고, 앉고, 눕고 등의 행주좌와어묵동정(行往坐臥語默動靜)[69] 이 언제라도 가능하지만 아사나의 자세일 때 가장 수행이 잘 된다고 볼 수 있다.

흔히 아사나, 앉는 자세에는 결가부좌와 반가부좌가 있다. 먼저 방석 위에 앉아 한쪽 다리를 다른 쪽 다리 위에 올려놓는다. 이를 반가부좌라 한다. 반가부좌에는 왼쪽 다리가 오른쪽 다리 위에 올려져 있으면 길상좌(吉祥坐)라 하고, 왼쪽 다리 위에 오른쪽 다리가 올려져 있으면 항마좌(降魔坐)라 한다. 결가부좌는 왼쪽 다리를 오른쪽 장딴지 위에 올려놓고 오른쪽 다리를 왼쪽 장딴지 위에 올려놓는 자세를 말한다. 좌선을 할 때 결가부좌가 가장 안정적이고 좋으나 반가부좌를 해도 상관없다. 처음 앉아보신 분들은 고통스러운 면이 있으실 터이지만 점차 익숙해진다. 참기 어려울 때 다리를 바꿔 해도 무방하다.

반가부좌를 하고 방석 위에 앉을 때 방석 뒷부분, 엉덩이가 닿는 부분의 방석을 접어서 높게 하고, 양 무릎이 모두 땅에 닿게 앉으면 자세가 안정되고 발이 쉽게 저리지 않는다. 방석에 앉기가 힘든 분, 척추에 이상이 있는 분 등은 의자에 단정히 앉아도 상관없다. 조용하고 한적한 곳이면 좋겠지만 굳이 고집하지 말고, 밖으로 모든 인연을 쉬고, 안으로 마음의 동요가 없어 장벽과 같이 되어야 하나의 문, 절대의 세계, 도(道)의 세계에 들 수 있다. 육조혜능은 『단경』에서 "밖으로 모든 경계에 마음이 움직이지 않는 것을 좌(坐)라 하고 안으로 본래 성품을 보아 어지럽지 않은 것이 선(禪)이다."라고 말씀하셨다.

선(禪)을 하는 사람들을 대자대비(大慈大悲)한 마음을 일으켜 반드시 불조의 혜명을 잇고 무량중생을 다 제도하리라. 번뇌를 끊고 생사윤회의 사슬에서 벗어나 결단코 깨달음을 얻으리라. 투철한 신심으로 결단코 물러나지 않으리라는 크나큰 원력으로 모든 번뇌와 반연[70]을 내려놓고 화두 참구에 매진하여야만 한다. 자세에 대해서는 갖가지 해설서들에 많이 나와 있는데 몇 가지만 정리하면 다음과 같다.

(1) 허리는 일직선이 되도록 자연스럽게 힘들이지 않고 편안하게 세운다. 허리를 세우고 가슴을 펴면 편안한 몸가짐으로 오래 나아갈 수 있다. 두 귀와 양어깨가 나란히 되도록 하고 코와 배꼽이 일직선이 되도록 한다. 뒤통수와 항문 부분이 일직선이 되도록 하는 것도 잊지 말고 턱을 앞으로 약간 당겨준다.

(2) 손의 모습은 오른쪽 다리가 왼쪽 다리 밑에 있으면 그 다리를 포갠 순서에 맞추어 오른 손바닥을 배꼽 아래 단전 있는 곳에 놓고 왼손을 그 위에 얹어 양 엄지를 붙여 둥그렇게 만든다. 발의 순서가 반대라면 손의 순서는 발의 순서에 맞추면 된다. 이 같은 손의 자세를 법계정인(法界定印)이라 한다.

(3) 손과 발의 위치가 정해지면 몸을 천천히 앞과 뒤, 왼쪽과 오른쪽으로 반복해서 흔들어 몸의 중심을 잡은 뒤 허리를 바로 세우고 편안하게 한다.

(4) 입과 이를 살짝 다물며 긴장을 푼다. 혀는 말아서 혓바닥 아래쪽이 입천장에 닿도록 한다. 눈은 반쯤 뜨되 부릅뜨지도 말고 감지도 마라. 감으면 졸음이 온다. 자연스럽게 머리가 없는 듯 생각하고 1~2m 앞, 바닥에 시선을 내려놓는다.

(5) 음식을 아주 많이 들지 말고 약간 부족한 듯 취한다. 허리끈을 느슨하게 하고 말을 끊고 긴장을 푼다.

(6) 호흡을 자연스럽게 하고 약간 깊이 들이마시고 천천히 내쉰다. 출식장 입식단(出息長 入息短), 내보내는 숨을 길게, 받아들이는 숨을 짧게 한다. 하나에만 집중, 몰입하는 길이 중심을 잡는 길이고, 중도(中

道)다. 화두를 놓치면 흑암굴에 떨어진다고 선사들은 가르쳤다. 몸과 마음이 하나가 되는 차크라 수련과 화두일념이 수행의 요체다.

(7) 몸과 마음을 다해 화두와 하나가 되라. 화두가 풀리지 않는다고 걱정 말고 잘한다고 자만도 하지 마라. 안 되는 것이 되는 것이고, 되는 것이 되는 것이다. 다만 오직 화두 하나만 잡으면 된다. 안 된다 생각하는 가운데도 화두는 들고 있는 것이다. 다른 생각을 갖지 마라. '간절한 마음으로 텅 비워 꼭 분명히 해낼 것'이라는 분심으로 나아가며 "이룰 것이다." 라든지 "왜 이렇게 안 되는 거야." 하는 등의 조바심을 내지 마라. 문자 그대로 텅 비워보라!

10분, 20분, 30분 차츰 늘려가다 보면 점차 익숙해진다. 3시간 정도 미동도 않고 앉아 있을 수 있는 몸과 마음이 되어야 한다. 우리가 사는 별은 하루가 24시간, 사왕천만 해도 하루가 지구의 50년이다. 북울단월[71]은 수명이 1000세이다. 사왕천에 가려면 하루를 50년 산 것처럼 마음이 여유가 있어야 한다. 가능한 수명이 1000세가 되는 울단월에 가려면 지구의 24시간의 10배인 240시간을 살 것처럼 마음이 안정돼야 한다. 흔들리지 않아야 한다. 변덕스럽지 않아야 한다. 결국 좌선은 시간과 공간을 이겨내고 영원의 세계로 나아가는 길이다.

(8) 좌선 중 졸지 마라. 집중력이 약해 마음이 흩어지면 죽비로 경책한다. 경책은 바른 수행을 돕고 계시는 문수보살의 배려이다. 경책을 할 때 소임자가 경책 받을 사람의 오른쪽 어깨 위에 죽비를 가볍게 올려놓고 지그시 누른 다음 경책한다. 경책 받은 이는 졸음에서 깨어 합장하고 머리를 왼쪽으로 기울여 어깨로 경책을 받는다. 경책을 받은 다음 합장하여 감사의 인사를 하고 바른 자세로 되돌아간다.

(9) 좌선시간은 50분 앉고 10분 포행[72]이 당연하지만 시간에 구속되지 마라. 방선[73]시간에 선방 안팎 또는 참선하는 장소 안팎을 천천히 걸으면서 다리를 풀어준다. 포행시에도 화두를 놓지 마라.

잠→꿈→죽음, 깨어 있으라! 성성적적[74] 하라

　　수행을 하는 중에 어려운 점들이 여럿 있지만 그들 중 중요한 한가지가 졸음, 잠이다. 물론 음심도 있지만 혼침[75], 도거[76]라든가 수마(睡魔) 등의 고통은 모든 선(禪) 수행자들이 힘겨워하는 문자 그대로 마군이다. 왜 수행 중에는 특히 졸음이 쏟아질까? 잠이 계속 쏟아지는 걸까? 수행 중에 잠이 찾아드는 이유는 조금만 설명을 들어보면 금방 알아차릴 수 있다. 과연 그 같은 수마를 어떻게 이겨낼 수 있을까.

　　간화선을 중시하지 않는 인도라든가 남방에서는 호흡에 대해 대단히 커다란 중요성을 부여한다. 이른바 조신(調身), 조식(調息), 조심(調心)의 삼조(三調)가 그것이다. 왜 그러면 간화선에서는 호흡에 대한 중요성을 얘기하지 않는 것일까? 설명을 들어보면 같은 내용이라는 것을 이내 이해할 수 있으리라.

　　아이들이나 어른들이나 잠자는 모습을 가만히 살펴보라. 수면 중의 호흡은 깨어 있을 때보다 느리다. 3차원의 상태를 떠나 고차원의 세계로 나아가려면 3차원적인 신체리듬을 쉬어야만 한다. 신체리듬 가운데 중요한 것이 호흡이다. 우리가 잠이 들면 신체의 각 기관들은 활동을 멈추고 쉬게 된다. 자연히 장기의 움직임이 느려지고 둔해진다. 우리의 의식과 호흡 그리고 신체에 각 기관의 리듬은 긴밀한 연관관계가 있기 때문에 잠이 드는 상태와 유사한 상황이 되면 몸은 이내 알아차린다. "아! 이제부터 쉬려나 보다.", "잠자려나 보다!"

몸의 모든 세포들, 기관들이 쉴 채비를 차리고 잠들 채비를 차리는 것이다. 호흡과 우리의 의식이나 감정이 대단히 긴밀한 연관성이 있다는 사실은 화를 내고 분기탱천할 때 호흡이 대단히 가빠지고 산란해진다는 사실을 생각해 보면 알 수 있다. 역으로 어떤 일에 집중하고 있는 사람들은 집중도가 심화될수록 호흡이 저절로 고요해지고 리드미컬해진다. 이 같은 의식과 호흡의 관련성은 수행에 대단히 중요한 의미를 갖는다.

의식과 호흡이 긴밀한 연관성이 있음을 파악한 고대의 수행자들은 의식을 통일시키는 하나의 도구로 호흡을 활용해 왔다. 간화선에서는 호흡을 고요히 리드미컬하게 하는 측면보다 화두를 통해 의식을 화두 하나로 집중함으로써 모든 것을 해결하려 했던 것이다. 그러나 요가에서는 호흡을 고요하게, 느리고 리드미컬하게 하는 가운데 의식을 집중하는 방법을 통해 다른 차원의 세계로 나아가고자 했던 것이다. 3차원에서 4차원, 고차원으로 나아가려면, 유한(有限)에서 무한(無限)으로 나아가려면 정신집중, 정신통일, 정신의 전일화(全一化)는 피하려야 피할 수 없는 과정인 것이다. 그런데 잠을 이기지 못하면, 결국 잠에 떨어지게 되고 깨어있는 의식을 가지고 무한(無限)으로 나아갈 수 없는 것이다.

참선을 하다 보면 필연적으로 잠이 들 수밖에 없는 상황을 이겨내야 한다. 잠과 꿈, 죽음은 하나의 연결고리로 이어진 세계가 아닌가! 간화선 지도사들은 화두를 놓치지 말라고 얘기하고, 요가 수행자들은 호흡을 놓치지 말라고 강조하는 이유가 여기에 있다. 가만히 앉아 의식이 명료하지 않으면 졸 수밖에 없고 잠들 수밖에 없다. 3차원 의식 저 너머의 의식을 투시하려면 결코 졸아서는 안 된다. 호흡단련, 고요히 리드미컬하게 그리고 느린 호흡리듬에 도달함으로써 숙면 상태의 의식을 체득하게 되는 것이다.

잠이야말로 문자 그대로 시간과 공간에 속박된 인간존재로서의 속성을 그대로 대변해주는 것이다. 수면, 잠의 극복이야말로 초의식 세계로의 진입을 위해서는 결정적인 관문일 수밖에 없다. 그래서 선 수행자들은 오매일여(悟昧一如)[77]니 몽중일여(夢中一如)[78]니 동정일여(動靜一如)[79]니 하면서 깨어있는 성성적적(惺惺寂寂)한 경계를 강조하는 것이다. 좌선의 자세를 취하고 얼마간의 시간이 흐르면 졸지 않는 선 수행자가 있는가를 찾아보라. 모두 졸게 돼있다. 바로 앉아있는 그 자체가 잠에 드는 과정과 같은 과정인 데에야 어떻게 잠을 피할 수 있으랴! 그래서 "깨어 있어라.", "성성적적 하라.", "화두를 놓치지 말라."라며 악을 쓰는 것이다.

요가나 묵조선 계열에서는 호흡단련을 게을리하지 않고, 또 남방불교에서는 사념처관(四念處觀)을 통해 호흡을 지극히 강조할 수밖에 없는 것이다. 문자 그대로 잠은 수행자들이 극복해야만 할 가장 강력한 마군이다. 그 능선을 넘지 않고서는 한 발짝도 앞으로 나아갈 수 없기에 요가나 남방불교에서는 호흡단련, 간화선에서는 화두의 중요성을 지극히 강조하는 것이다. 참고로 의식의 진전 단계를 살펴보면 (1) 현재의식(대낮의 의식) (2) 꿈을 수반하는 수면 중 의식 (3) 꿈이 없는 수면 중 깊은 의식 (4) 주객이 끊어져 유한의식 활동이 그친 신비 의식의 세계 등으로 나눌 수 있다.

호(呼)와 흡(吸)을 관찰함을 통해 자신의 생명 에너지에 대한 주의 집중이 가능한 것이 호흡훈련법이고 화두를 드는 것 역시 의식을 화두에 집중함으로써 의식을 깨어 있게 하는 방법이다. 요가 수행자들은 호흡에 자신의 의식을 집중함으로써 깨어있는 상태에서 수면 상태로 들어갈 때와 같은 무의식적 상태가 되는데, 이때 의식의 연속성을 유지해야만 함을 강조한다. 비요가 수행자에게는 4가지 의식의 단계가 각각 단절돼 있으나 오랜 수련을 통해 네 가지 의식 사이의 불연속성을 제거하고 의식을 통일시킴으로써 각각의 의식에 대한 체험이 가능함을 밝히고 있다.

범부들은 그 호흡이 일반적으로 부드럽고 리드미컬하지 못하다. 외계 환경이나 심적 긴장도에 따라 다르다. 이 같은 호흡의 불규칙성이 마음의 불안정, 주의산만, 해로운 심적 유혹을 가져온다. 특히 코골이 등에 의해 초래된다는 수면 중 무호흡증이나 평상시에도 호흡곤란을 느끼는 사람들은 마음의 안정 등 수행에 깊은 관심을 가질 필요가 있다. 그런데 사실상 무호흡의 상태는 죽음을 의미하고 실제 호흡을 하되 호흡을 완전히 의식하지 않는 상태가 되지 못한다면 의식의 고차원으로의 전진은 불가능하다. 그래서 요가 수행자들은 조식(調息)을 지극히 강조하고, 고차원으로의 진입을 위해 고요하고 깨어있는 마음으로 나아가려 하는 것이다.

요가 수행자들이나 간화선 수행자들에게 삶 가운데 욕망에 빠지지 않고, 유혹에 지지 않도록 경책하는 이유는 감각적이고 육체적인 수많은 생각과 말과 행동들이 인간의 의식을 나태하게 만들고 붕괴시키기 때문이다. 수행 초기 여러 가지 어려움이 수반되지만 수행이 거듭될수록 집중과 의식통일을 성취한 충만감, 평등감, 조화로운 느낌 그리고 위대함과 함께하는 듯한 의식이 뒤따른다. 간화선 수행자들은 화두일념에 몸과 마음을 던질 것이고, 갖가지 다른 차원의 수행자들 역시 그들의 수행방법을 통해 일념즉시무량겁(一念卽是無量劫)의 경계로 나아가는 가운데 점차 영원성과 무한성을 획득할 수 있게 되는 것이다.

중심을 잡고 나아가는 길,
중도의 길

집중을 통한 무한성의 획득, 중심을 향해 끊임없이 나아가는 중도(中道)의 길은 결국 인간의 한계를 뛰어넘는 숭고한 작업이다. 갖가지 번뇌를 초탈하고 영원과 만나려는 인간의 치열한 갈망은 영원성과 절대성이 그들의 몸과 마음 가운데 함께 머금어져 있기 때문이다. 갖가지 감각활동을 이겨내고 물질세계의 상대성을 이겨낸 결과, 그들은 눈에 보이는 세계를 떠나 눈에 보이지 않는 영원의 세계를 만나게 된다. 눈에 보이는 세계는 그 중심이 항상 상대와 나 사이에 한가운데, 한 점에 위치한다.

그 중심을 따라 걷는 중도의 길은 어느 쪽에도 치우치지 않고 결국 절대(絶對)의 세계, 하나이자 전체인 세계, 영원이자 사랑이자 지혜인 세계로 안내한다. 하나의 세계로 들어서면 영원불멸의 존재가 되고, 『반야심경』에서 가르치는 대로 불생불멸 부증불감 불구부정의 세계에 도달하게 되어 있다. 그는 모두와 하나가 되고 그의 의식 상태 역시 모두와 하나가 되게 되어 있다. 그 같은 마음을 사랑이라고 부르기도 하고 니르바나라 부르기도 하고 또 다른 말로 자비라고 부르기도 한다. 중심으로 집중된 중도의 길이 모든 마음을 하나로 모으는 길이며 정신집중, 정신통일의 길이며 사랑과 자비의 길이다.

그 같은 정진을 통해 하나의 세계, 하나 됨의 나라, 부처님 나라, 하나님 나라에 이르게 되는 것이다. 이 같은 길의 성취를 위해 수많은 나라, 수많은 민족, 우주에 널려있는 종종색색의 존재들이 몸과 마음을 던지고 있는 것이다. 『법화경』에 부처님께서 "백호상광을 열어 무량 대천세계를 굽어보니 한결같이 그 누구든 몸과 마음을 다해 부처의 길을 걷고 있더라."라고 하신 말씀과 같은 맥락의 얘기인 것이다. 그 방법론은 조금씩 달라서 나라마다, 민족마다, 개인마다 차별이 있을 수는 있지만 궁극적으로 길은 하나로 통해 있을 수밖에 없다. 대도(大道)는 무문(無門)인 것이다.

명상이라든가 참선, 기도, 염불, 절 등의 수행방법이 모두 마음을 하나로 모아 중심을 향해 나가는 길이다. 풍토와 문화의 차이 따라 방법상 얼마간의 차이가 있음을 이해할 수 있다. 명상(瞑想 Meditation)이라는 단어 역시 간단히 정의하는 것이 쉽지 않다. 한자어가 암시하는 내용을 보면 눈을 감고(瞑) 조용히 생각하는(想) 것이라고는 하지만, 눈을 뜨고 움직이는 동작을 포함하는 예도 있다. 외양상으로 명상을 정의하기보다는 포괄적으로 체계적인 방법론을 통해 몸과 마음을 하나로 하여 보다 고양되고, 고차원적인 의식세계를 추구하는 행위쯤으로 받아들이면 좋겠다. 걷기 명상도 있으며, 춤 명상도 있을 수 있고, 갖가지 동작을 수반하는 명상의 예는 흔하기 때문이다. 정신적인 측면 못지않게 신체적 측면 역시 함께 포함시켜야만 된다는 의미다. 선무도 등도 몸과 마음의 통일을 도모하는 대단히 훌륭한 명상법으로 여겨지고 있다. 마음과 몸은 언제나 상호작용하는 것이며, 의식과 생각의 변화는 반드시 신체 및 행동양식의 변화를 가져오기 때문이다. 차크라 참선을 창안한 이유 역시 정적(靜的)

인 측면만 강조하고 있는 선원의 수행을 통해 상기병(上氣病)[80] 등의 선병(禪病)으로 고통받는 수행자들이 적지 않기 때문이다. 나도 그중의 하나였다.

명상이라든가 참선 등의 수행에 있어 중요한 특징은 주의집중의 대상에 비분석적으로 주의를 기울이는 것으로 볼 수 있겠다. 비분석적으로 주의를 집중한다는 것은 주의집중의 대상을 분석하거나, 비판하거나, 다른 것과 비교하거나 혹은 그것을 통해 연상하거나 추론하지 않고 그 대상에 집중하는 것이다. 그러나 집중을 유지하는 가운데 끊임없이 꼬리를 물고 나타나고 사라지기를 반복하는 갖가지 망상에 휩쓸리거나 멍한 혼침 등의 상태에 빠지거나 잠이 들어버리게 되는 예가 다반사다. 이미 언급한 대로 명상 수행을 하면 수면 시와 같은 상태로 흘러들기 때문이다.

필연적으로 이 같은 수마(睡魔)를 이겨내야 하는 것이 명상, 참선 수행에 대단히 중요한 과제 가운데 하나다. 명상 상태에 나름 수동적인 측면이 있다 하더라도 능동적인 주의집중이 강조되는 이유다. 이러한 능동적인 주의집중의 상태를 성성적적(惺惺寂寂)이라고 표현하고 있다.

명상 수행의 종류는 이미 언급한 대로 종교와 문화 전통에 따라 각양각색이고 갖가지 도(道)라든가 심지어 스포츠에 이르기까지 활용되지 아니하는 측면이 없을 정도다. 그렇기에 동서양을 막론하고, 분야를 막론하고 각양각색의 주의 집중방법이 개발되고 또 활용되어지고 있는 것이다. 또 그들 방법이 나름대로 효용가치를 가져오면서 바야흐로 전 세계에 명상 수행 광풍이라 할 정도로 붐을 일으키고 있는 것이다. 그 이유는 우리의 몸과 마음에 불성(佛性), 신성(神性)이 자리하고 있고, 그와 같은 불성 내지 신성을 현현시킴으로써 영원의 세계로부터 각양각색의 도움을 받고 있기 때문일 것이다. 학교라든가,

직장이라든가, 사회의 모든 분야에서 '영원성'은 우리의 삶에 그를 이해하고 깨달아 활용하는 사람들에게 어버이와 같은 도움과 가피를 베풀어 주고 계시기 때문이다. 그러나 분명 이같이 우리의 삶과 떼려야 뗄 수 없는 영원과의 만남의 장이지만, 사악한 마음으로 이를 그릇 활용하고 이용한다면 참으로 크나큰 문제가 아닐 수 없다.

영원에의 길목을 가는 도중에 갖가지 마장(魔障)이 널려있고 사이비 종교, 유사 수행자들을 통해 재산과 몸과 마음을 황폐하게 하는 예들이 속속 드러나고 있기 때문이다. 똑 같은 물을 뱀이 마시면 독이 되고 소가 마시면 우유가 된다는 부처님 말씀도 있지 않은가! 갖가지 사이비 종교의 수행이 널려있는 현대야말로 그릇된 길을 만날 가능성이 너무도 크다. 수행을 해서 얼마간의 체험을 했다 하는 사람들에게 몸을 망치고 금전 등을 갈취당하는 등 미혹될 우려가 너무도 큰 것이다. 각별히 유념할 필요가 있다 하겠다.

각각의 문화 전통과 종교의 수만큼 다양한 명상의 종류를 이해의 편의를 위해 종류와 유형을 분류해 보는 것도 의미가 있으리라 생각된다. 일반적으로 종교나 문화적 배경에 대해 구분하는 것이 상례이지만 그를 떠나 내적인 명상과정에 초점을 맞춰 명상의 유형을 구분해 보겠다. 심리현상의 전변을 목적으로 하는 명상을 객관적으로 분류하기는 어렵다. 칼 융(Karl G. Jung)[81]이 말한 바와 같이 완전한 명상체험이 되기 위해서는 완전한 인간이 되어야 하고, 그러기 위해서는 무의식 세계로까지의 무한한 확장이 있어야만 한다. 그러나 무의식의 세계는 일정한 공식으로 표현될 수 있는 것이 아니고, 과학적인 설명으로 배척할 수 있는 성질의 것도 아니다. 여기에서 각 종교별로 그들이 펼치고 있는 중요한 수행양식을 통해 영원으로 나아가는 방법들을 일별해 보고자 한다. 이 같은 연구를 감행하는 이유는 각 종교 전통 간의 갈등과 다툼이 너무 첨예하기 때문이다. 우주는 하나, 수행도 하나의 길을 가는 숭고한 작업임을 얘기하고 싶어서다. 물론 수행의 깊이에 있어 차이가 있겠지만 말이다.

禪,
瞑想의 향연

영원은 우리의 본성
수행은 우리의 운명

4장

종교 전통의
명상 수행체계

각 종교의 명상체계의
목적은 하나다

　　모든 종교는 어떻게 보면 하나의 목표를 가지고 있다 해도 과언이 아니다. 모든 수행은 백화점에 진열되어 있는 상품처럼 나의 것이 우월하고 너의 것은 열등하고의 차원은 없다. 하나같이 영원을 얘기하고 가르치며 진리의 담당자로서의 사명을 표방하고 있기에 더욱더 그러하다. 자기들이 믿는 종교가 가장 수승하고 남의 종교는 그렇지 못하다 하는 관점에서 다투고 살육하고 있지만, 그 같은 예는 진리를 아직 제대로 깨닫지 못한 종교 직업인들의 어리석음 때문이다. 중심(中心)을 향해 나아가는 중도(中道)의 궁극에 도달한 성자들이 어찌 싸우고 다투겠는가! 종교를 가지고 싸우고 다투고 살육하고 또 종파 간에도 그 같은 전쟁이 벌어지는 예가 진실로 안타깝지 아니한가? 결국 궁극에 가면 하나로 만나게 될 것을, 아직 그 같은 반열에 오르지 못한 중생들의 어리석음을 탓할 도리밖에는 다른 방법이 없다. 각 종교의 수행법을 소개하는 것도 그들 각자의 수행방법 역시 중심을 향해 가는 차원이라는 사실을 설명하고 싶은 마음 때문이지, 결코 어느 종교 수행법이 옳고 그르고를 따지기 위함이 아님을 밝혀둔다.

깨달은 성자들이 서로 만났다 치자. 서로의 마음과 마음은 통하겠지만 중국에서 태어난 성자, 아랍에서 태어난 성자, 인도에서 태어난 성자들은 무슨 말을 어떻게 할까? 어차피 중생의 말로 해야 할 것이고 그 지역에서 사용하는 언어, 그 지역의 문화적 전통들을 바탕으로 하지 않을 수 없을 것이다. 결국 설하는 언어가 다르고, 풍토가 다르고, 문화가 다르기에 조금씩 설명이 다를 수밖에 없을 것이고, 후대에 가면 갈수록 깨닫지 못한 종교 직업인들에 의해 변형이 될 수밖에 없을 것이다. 그 같은 점을 감안한다 하더라도 위대한 성자들은 나름대로의 방식으로 궁극의 길을 가셨을 것이다. 그 같은 방법론을 여기에 얘기해 보려 한다.

각 종교의 명상 수행에 대한 얘기를 언급하는 이유는 우주는 하나이고, 우리 모두가 영원의 아들 딸이기에 궁극적으로 상호이해가 가능하다는 판단에서다. 결국 종교 전통 간의 이해가 증진되면 함께 만나 충분히 소통이 되고 대화가 될 수 있으리라는 생각 때문이다. 상호이해는 공통의 기법을 확인함으로써 구체적이고 실질적이 되는 법이다. 각 종교를 들여다보고 그들의 수행법을 비교해 보면 각 종교의 내적 유사성이 구체적으로 드러난다.

세계의 지배적 종교 전통을 보면 불교, 기독교, 이슬람교 등을 들 수 있다. 그러나 기독교, 특히 개신교는 보편적, 체계적이고 조직적인 명상 수행의 프로그램을 갖추고 있지는 않다. 그러나 최근 들어 기도원들에서 얼마간의 수행체계가 만들어지고 있다고 들었다. 가톨릭이나 이슬람에는 나름의 명상 수행의 체계가 있고, 힌두교에는 고대로부터 전승되는 요가가 있다. 앞부분에서 요가에 대해서는 얼마간 다루었다. 앞으로도 기회 있을 때 계속 다룰 것이다. 요가 수행은 특히 불교가 인도 지역에서 태동되었고, 창시자인 붓다가 지금은 네팔이라 불리는, 당시 인도문화권에 소속되었었고 또 요가적인 배경에서 수행을 시작하였기에 떼려야 뗄 수 없는 연관성이 있다.

가톨릭과 이슬람의 수피즘[82] 못지않게 유대교 역시 카발라[83]라 불리는 체계적 수행 전통을 가지고 있다. 아울러 동양의 도가사상 역시 중요한 수행체계를 구축해 왔다. 깊이 살펴보면 모두가 하나같이 영원이라는 관점을 지향한 것이라는 점에서 공통점을 찾을 수 있을 것으로 보인다. 다만 설명이나 해석에 있어서 얼마간의 차이점을 드러내 보이고 있다. 그러나 포괄적인 면을 놓고 본다면, 결국 하나인 세계를 여러 가지 측면으로 이해를 달리한 것이 아닌가 하는 생각이 든다.

물론 유신론과 무신론, 실체론과 비실체론으로 구분할 수 있겠으나 여기서는 수행의 측면만을 다루어 보도록 하겠다. 유신론 가운데서 일신론과 다신론, 유신론 가운데도 범신론(Pantheism)[84]과의 구분, 무신론 가운데는 이신론(理神論 Deism)[85]에 이르면 설명이 복잡해진다. 다신론의 범주에 속하는 요가의 경우 하타 요가나 라자 요가 등에서 신적 존재는 표면적으로 그렇게 중시되고 있지는 않아 보인다. 불교가 대승불교에 들어서면서 보살을 등장시켜 그들의 신적 역할을 얘기하지 않는가 하는 측면도 있으나, 초기 붓다 수행법인 위빠사나라든가 후기 불교 전통의 중심적 수행법이 된 명상, 선불교의 경우 또한 무신론적이요, 비실체적 특징을 보여주고 있는 점, 역시 숨길 수 없는 사실이다. 그러나 여기에서는 그 같은 관점의 차이를 접어두고 그 수행이 절대의 세계를 지향하며 상대를 떠난 영원 그 자체를 궁극적 목적으로 하고, 중도(中道)의 길을 공통으로 한다는 점을 주된 관심의 대상으로 삼으려 한다. 명상 참선의 전통이 과연 어떠한 방식으로 구현되었으며, 과연 궁극에 도달했는가? 절대의 세계를 얼마만큼 달성했는가에 초점을 맞추려 한다.

명상이나 참선 등의 종교체험에 대한 연구는 신비주의로 불리며 체험적인 세계를 중시하는 세계이기에 학문적으로 체계화하기에 대단히 어려운 측면이 있다. 창교주들 모두 하나같이 물질의 세계를 뛰어넘는 보이지 않는 세계에 대한 영적 체험을 바탕으로 하기에 윌리엄 제임스(William James)[86]같은 학자들 역시 창교주들의 신비현상에 대한 연구의 어려움을 토로하기도 했다. 요가의 경우는 파탄잘리의 『요가경』에서 출발하고 있는 학자들의 전통적 주석이 선행연구로서의 중요한 가치를 지니고 있고, 특히 서구학자들의 연구 중 엘리아데의 『요가, 불멸성의 자유』는 요가에 대한 이해에 많은 도움을 주고 있다. 특히 불교의 수행과 요가의 비교를 통해 요가의 관점에서 본 불교의 연구는 요가와 불교의 공통점과 차이점을 뚜렷이 드러내놓고 있다. 그 밖에는 장 바렌느의 『요가의 힌두 전통』이라든지 요가의 입문서나 연구서는 셀 수 없이 많지만 요가의 실천수행에 대한 지침으로 삼을 만한 내용이 별로 많지 않다는 것이 일반적 견해이다. 많은 요가 관계 서적을 접해 본 결과 각기 너무나 주관적이고 교파적인 측면에서 접근하고 있거나 단순히 요가 기술만을 소개하고 있는 예가 대부분이다.

그리고 영어번역본을 제외하고는 대부분의 요가 경전의 주석본이 모두 산스크리트어로 쓰여 있기 때문에 그것을 정확히 해독한다는 것 역시 대단히 어려운 일이다. 수행에 있어 중요한 것은 특히 관계 전문가의 도움인데, 수행에 관한 이론은 그 검증이 어렵고 내용이 형이상학적이며 설령 검증이 가능하다 하더라도 오랜 기간을 요하고 또 해석상의 차이 때문에 어려운 점이 한둘이 아니다. 또한 일반적인 인문사회과학의 경우 논란을 빚기라도 하면, 시간이 지체된다 하더라도 인체에 크나큰 위해는 없는 경우라 할 수 있는 데 반해, 수행방법으로 인해 역효과가 날 경우 곧바로 문제가 될 수 있어 정말 큰 문제라 아니할 수 없다.

유대교의 카발라

유대교는 일신론 개념이다. 절대전능하고 유일한 존재로서 온 우주를 지배한다. 일신론은 다양성과 전체성에 질서와 통일성을 부여하고자 하는 개념이다. 유대교의 신비주의에서 얘기하는 명상 테크닉 역시 이 같은 통일성을 지향한다는 관점에서 이해할 필요가 있다. 카발라(Kabbalah)는 구약에 등장하는 선지식들의 명상법이다. 모든 신비주의 전통에서 스승과 제자 사이의 진리의 전수가 은밀하게 시행되듯 카발라 역시 내밀한 양식을 띄고 있다. 인도의 우파니샤드 전통이나 불가(佛家)의 사자상승(師資相承)[87]의 관계와 근본적으로 다르지 않다.

카발라 수행의 핵심은 기독교, 가톨릭, 수피즘과 마찬가지로 유일신인 여호와께로 나아가는 것이다. 여기서 '나아감'이란 에고(Ego)를 버리고 신(神) 앞에 자신을 온전히 드러냄으로써 신의 낙원으로 복귀함을 말한다. 일견 불가의 부처님께 귀의하고 부처님 나라에 드는 것과 큰 차이가 없는 듯 여겨진다. 도교의 신인합일(神人合一)이라든가 힌두이즘의 범아일여(梵我一如)와 해석상의 차이가 있을 수 있겠으나 하나가 된다는 점에 있어서는 일맥상통하는 측면이 있어 보인다.

　카발라 수행은 '현상적 자아'인 (1) 예소드(Yesod)를 관찰하는 것으로 시작된다. '현세의 욕망에 집착하고 있는 에고에 대한 성찰'을 통해 깊은 내면의식에 이르게 된다. 이때 의식은 대단히 각성된 상태가 되어 에고의 한계를 초월하게 되는데 이를 (2) 티페렛(Tiferet)이라고 한다. 에고의 한계를 초월해야 한다는 것은 인간적 한계를 극복한다는 것과 같은 내용이므로 신의 영역에 한 발짝 접근한 것으로 이해할 수 있다.

　이 같은 상태에 이르는 구체적 수련법으로 숫자판 게임이라는 것이 있는데 유대 신비주의자들은 오랫동안 전해 내려온 종교적 비의(秘義)에 관심을 가지고 단어와 숫자를 신비롭게 배열하고, 그를 푸는 방법을 통해 히브리 경전의 깊은 의미에 접근하고자 했다. 히브리어의 알파벳은 모두 숫자로 표시될 수 있기 때문에 어떤 단어나 문장은 숫자의 배열로 환원될 수 있다. 카발라 신비주의자들은 이것을 신의 다양한 이름과 속성을 이해하는 방법으로 활용했다. 그러나 고도의 상징성과 영적 비의를 간직하고 있는 숫자와 단어의 의미는 지적이고 논리적인 방식으로 풀어낼 수 있는 것이 아니다. 그것을 풀어내기 위해 필요한 것이 '카발라'라는 말로 지칭되는 스승의 가르침이요, 그 가르침의 핵심이 되는 것이 정신의 집중훈련이다. 불교의 사마디(Samadhi)에 해당하는 정신집중을 카발라 수행에서는 (3) 카바나(Kavvanah)라고 부른다.

　카바나의 상태에서 비로소 카발라 신비주의자들은 숫자와 문자에 담긴 깊은 뜻을 통찰할 수 있게 되는 것이다. 이를테면 카바나를 통해 티페렛에 이르게 되는 것이다. 개아(個我)의 에고를 초월하여 신(神)의 임재 속에서 내적 평화를 얻는 티페렛의 다음 단계를 (4) 다

아트(Daat)라고 하는데, 이 역시 신의 은총 속에서 경험하는 일종의 황홀경이다. 그다음 단계가 카발라 명상의 최고 단계인 (5) 데베쿳(Devekut)이다.

이 경지에서는 개아로서의 의식은 완전히 소멸되고 언제나 신(神)의 현존을 느끼는 상태이다. 유대 신비주의의 카발라 수행은 이렇듯 매 단계마다 신의 존재와 함께하는 데 특징이 있다. 유대교 신비주의도 나름대로 체계적 수행법을 바탕으로 투철한 수행을 통해 마음의 집중을 지극히 강조한다. 종교의 근본을 따지고 보면 하나의 세계, 영원의 나라를 향한 헌신을 통해 전개됐음을 알 수 있다. 카바나를 통해 의식이 고도로 각성된 끝에 티페렛에 이르고 다시 더 나아가 다아트라는 황홀경을 거쳐 신과 함께하는 카발라 명상의 최고 상태 데베쿳에 이른다. 에고를 관찰하는 내관법이 있고 마음의 집중 상태가 있으며 황홀경이 있다는 점에서 방법론상의 차이를 무시하면 외향적으로는 여타 명상 전통과 크게 다를 바가 없다. 호흡법과 좌법에 대한 언급이 적지만 언제나 신의 존재가 명상의 중심을 차지하고 있다는 점이 카발라 명상의 특징을 형성한다고 말할 수 있다.

인도에서 전승된 요가기법이 히말라야 산맥과 이어진 힌두쿠시[88] 산맥, 코카서스 산맥 등을 넘어, 또 여러 경로를 통해 유대 내지는 아랍과 연결되었으리라는 학자들의 추측이 마냥 허구만은 아닐 것으로 판단된다.

가톨릭의 명상 수행

　개신교의 경우 개별적이거나 집단적으로 이루어지는 명상에 대한 비중이 크지 않다. 개신교가 그노시즘(Gnosism 靈知主義)[89]을 부정하고 복음주의의 입장을 취하는 데도 원인이 있지만, 중세 이래 수도원에서 이루어진 엄격하고 전문적인 수행을 배격하고 일상적 삶 속에서 경건한 종교적 삶을 주창한 청교도적 윤리의식이 광범위하게 받아들여졌기 때문이기도 하다. 교회 내에서 이루어지는 종교생활 역시 특별한 명상법이 따로 없이 기도와 예배, 찬송으로 이루어져 있다. 물론 기도와 예배, 찬송도 훌륭한 명상법으로 기능할 수 있다. 그러나 전문적인 수행처와 명상 프로그램을 갖추고 있지 못해, 기도와 예배 도중에 발생하는 이상 심리현상에 대한 연구가 부족함으로 인해 오히려 부작용이 방치되고 있는 실정이다. 그러나 가톨릭에는 명상과 유사한 묵상 수행이 있다.

　가톨릭의 묵상에는 추리묵상과 감성묵상이 있다. 전자는 성경의 주요 사건이나 주제에 대해 이성적으로 사유 관찰하는 것이고, 후자는 추리묵상의 단계가 깊어짐에 따라 묵상의 주제가 감성적으로 다가오는 것을 말한다. 묵상의 중심에 있는 믿음, 소망, 사랑은 감성묵상의 핵심 주제이기도 하다. 감성묵상의 단계에서는 성령이 충만한 상태가 되어 그야말로 신의 은총을 그대로 느낀다.

이 단계에서 시각적 또는 청각적으로 신비 체험을 하기도 하는데 종종 종교적 황홀경에 휩싸이기도 한다. 감성묵상은 말 그대로 감정적 격정을 동반하는 경우가 많다. 어느 정도 수련을 한 사람에게는 매우 보편적으로 일어나는 현상이라고 할 수 있다. 그런데 수행을 통해 일어나는 격정의 경우, 대상이 아무리 숭고하더라도 명상이라고 부르기에는 부족한 점이 있다. 그 다음 단계가 감성적 즐거움을 정화한 일반적 의미의 명상에 가까운 것이 가톨릭 수행의 본령이라고 하는 관상이다. 관상(觀想)에는 두 가지가 있는데 하나는 수득관상(修得觀想)이요, 다른 하나는 주부관상(注賦觀想)이라 부른다. 전자는 한자 뜻 그대로 개인적 수행을 통해 얻는 관상의 단계를 말하고, 후자는 물을 들이붓듯이 하느님의 은총에 의해 획득되어지는 관상의 경지를 말한다. 가톨릭에서는 유신론적 종교의 특성상 후자를 더 수승한 것으로 간주한다.

감성묵상의 단계를 넘어 관상의 단계에 이르기 위한 정화의 과정은 때로는 고통과 절망을 동반한다. 이전 단계의 모든 감동과 즐거움을 모두 포기하고 감성묵상의 모든 심상을 잊고 때로는 버려야 하기 때문이다. 이 같은 경우가 십자가의 성 요한이 말한 어둠의 명상(Dark Contemplation)이다. 이 어둠은 영혼이 자신을 채우고 있는 영적 느낌의 미묘함과 그 지혜의 고상함을 설명해줄 수 있는 그 어떤 말이나 수단 또는 비유를 발견하지 못한다는 의미에서의 어둠이다.

이것은 또한 베네딕트 그뢰셀(Benedict J. Groeschel)이 말한 영성 세 단계인 정화기, 조명기, 일치기 가운데 첫 번째 정화의 과정이기도 하다. 수련자는 어느 정도 각성을 얻은 후에는 여러 번 어둠 속에서 절망과 공포에 빠지거나 심지어 완전한 파탄 직전에 이르기도 한다. 그러다가 마침내 이러한 질곡을 서서히 벗어나 선명하고 자유로운 모습으로 새날이 밝아올 때가 도래한다. 이것이 정화의 단계이다. 정화의 단계를 거쳐 조명기에 이르러서는 여전히 영적 암흑 상태는 반복되어 죄의식으로 인한 두려움과 슬픔에 싸이기도 한다. 이런 상태에서 완전한 무(無)의 경험에 이르기도 한다. 그러다가 하나님의 현존을 느끼며 그 은총을 수용하는 단계에 이른다. 하느님이 원하시는 일이면 천상의 것마저 포기할 수 있는 각오가 서는 단계이고, 하느님 앞에 완전히 항복함으로써 화합의 여정에 오르는 단계가 조명기이다. 마지막 일치기는 '사랑과 고요한 기쁨처럼' 모든 것을 완전히 받아들이는 과정이다.

이슬람의 수피즘

　이슬람교는 전지전능한 알라의 가르침이 히라의 동굴에서 대천사 가브리엘을 통하여 마호메트에게 계시되었으며, 유대교와 기독교 등 유대계의 여러 종교를 완성시킨 유일신 종교라고 주장한다. 알라는 다신교 시대부터 메카에서 최고신으로 숭배하여 왔는데, 마호메트는 한 걸음 더 나아가 다른 모든 신을 부정하고 오직 알라만을 유일신으로 내세웠다.

　알라는 만물의 창조주이며 이와 동등하거나 비교될 존재는 없다. 알라가 마호메트에게 계시한 내용을 그의 사후 제자들이 수집한 것이 코란이다. 이슬람의 근본 신조는 유일 절대신인 알라의 가르침에 자신을 맡긴다는 것인데, 이렇게 알라에게 귀의하는 길을 이른바 '이슬람' 이라고 하며 이슬람에 입교한 사람을 '모슬램' 이라고 부른다. 수피즘이란 이슬람 신비주의를 일컫는 말로서 수피란 '양털을 걸친 수행자' 란 의미이다.

　범신론에 가까운 수피의 명상은 디크르(Dhikr 혹은 Zikr)라고 하는 명상법이다. 이것은 코란에 계시된 신의 명령에 따라 신의 이름

(Allah)을 부른다는 뜻이다. 이것은 불교의 염불이다. 만트라와 같이 소리로 신의 이름을 부르고 차츰 신을 마음에 떠올리는 명상 수행 중에 삼매에 이르는 수행으로 여겨진다.

모든 신비주의 전통에서 공통적으로 발견되는 또 하나의 특징은 감각적 쾌락에 대한 절제와 그에 따른 고행인데, 수피들의 디크르 수행에서는 금욕과 고행이 선행되어야 한다. 수피란 이름이 유래된 양털 옷도 빈곤과 고행의 상징이다. 때로는 수피들이 함께 디크르를 행하기도 하는데, 이는 행위의 역동성에 의해 몰입을 더욱 강화하는 효과가 있는 것으로 보인다. 9세기 이후 의례적 문구를 염송할 때 타스비흐(Tasbih)라고 하는 일종의 염주를 사용하는데 불교의 염주나 가톨릭의 묵주 사용과 유사하다.

원래 이슬람의 성법인 샤리아(Shariah)에 따르면 모슬렘은 하루 5회 정해진 시간에 예배를 행해야 하지만 수피들은 이러한 규율로부터 자유로워 언제 어디서나 신의 이름을 부르는 수행을 함으로써 신에 이르고자 한다. 이렇듯 다양한 방식으로 디크르 명상을 지속하여 신을 찾게 되면 어느 순간 자신이 신과 함께 있음을 느낄 때가 온다. 이것을 큐브르(Qubr)라고 하는데 금욕과 고행을 거쳐 신을 향한 사랑이 결실을 맺은 것이라고 한다.

수피즘의 궁극은 여기에 머물지 않고 더 나아가 마침내 마합바(Mahabba)라고 하는 신과의 합일을 체험하는 데 이른다. 이러한 상태가 지속되는 것이 화나(Fana)이며 그다음 단계가 바카(Baqa)이다. 이것이 수피즘의 최고 경지이다. 이미 마합바에서 신과 구도자가 하나가 된 신인합일(神人合一)의 경지가 지속되는 것이 화나인데 지속이 작위적이지 않고 자연스럽게 유지되는 단계라 부른다. 그를 통해 바카에 이른다.

다음 수피 수행에서 빼놓을 수 없는 것이 싸마(Sama)라는 무용과 음악으로 디크르와 함께 중요한 의식 중 하나이다. 이 의식이 자발적인 도취인가, 의식적인 몰입인가 하는 점에 대해서는 이견이 있을 수 있으나 음악과 춤, 격렬한 신체의 율동을 통해 무아경에 이르는 신비의식임에는 분명하다. 이는 동적 명상의 일종으로 현대 종교 의례나 명상법에서도 유사한 사례들을 접할 수 있다.

유일신 종교에 보편적 신앙생활의 일부로 명상의 범주에 드는 것 중 예배와 기도가 있다. 이슬람 설법인 샤리아에 의하면 예배는 신을 섬기는 일이다. 수피의 영적 지침이라고 할 수 있는 따리까(Tariqa)에 따르면 신에 접근하는 길이며, 영적 진리로 받아들여지는 하끼까(Haqiqa)는 신과의 합일(合一)이다. 그만큼 예배는 수피 수행에서 중요한 위치를 차지한다. 수피의 수행에서도 빼놓을 수 없는 것이 기도다. 기도는 신과의 대화의 장이며, 기도의 중요 기능은 인간과 신의 의지를 일치시키는 작업이다.

요가의
아사나와 쿰바카

요가는 앞서 언급한 대로 인도사상으로 구성된 거대한 산맥과 같다. 『마하바라아타』의 중요한 부분인 『바가바드 기타』는 진리에 이르는 길로써 지혜, 사랑(헌신), 요가를 소개하고 있는데, 지적 감성적 의지적 요소에 따라 각기 수행의 길을 구분해 놓았다. 수행원리와 방법은 깊이 들어갈수록 다양하고도 복잡하다. 몸의 자세와 동작과 관련된 테크닉 위주의 요가는 참으로 다양하다. 일반적으로 널리 알려진 것은 여러 가지 동작과 호흡법을 통해 몸과 마음을 단련하는 하타 요가이다.

이미 언급한 대로 요가에서 몸을 다스리는 수련법을 아사나(Asana)라 한다. 아사나는 우리 신체의 각 부분을 자극하는 동작이다. 아사나는 도교의 신체 수련과 마찬가지로 척추를 따라 흐르는 에너지 통로와 차크라(Chakra)를 각성시키고 육체를 정화하는 수련법이다. 아사나에는 수백 가지 자세가 있으며, 상상을 초월하는 자세도 있지만, 실제 수행에 필요한 자세는 십여 가지 정도다. 차크라 요가에서는 기의 통로와 센터라 할 수 있는 차크라를 각성시키기 위해 도교와 마찬가지로 몸의 굴신, 이완, 척추의 굴신 이완에 의식을 집중하는 방법을 사용한다.

요가에서는 아사나를 통해 몸을 다스린 다음 대체로 호흡을 통해 프라나를 다스리는 수련을 한다. 능인선원에서 펼치고 있는 차크라, 참선 요가에서는 척추의 굴신과 이완을 통해 인체 내 모든 경락과 경혈, 즉 차크라와 마르마를 모두 연 다음 화두를 잡게 하고 활구선을 수행토록 한다. 요가의 호흡법을 특히 쿰바카(Kumbaka)라 하여 호흡을 오래 멈추는 것을 중시하는데 들이마시고 참고 내쉬는 비율을 1:4:2 정도로 한다. 내쉬는 숨은 들이쉬는 숨의 2배, 그리고 참는 시간은 내쉬는 숨의 2배가 된다. 출식장 입식단이다. 내보내는 숨을 길게, 받아들이는 숨을 짧게 하는 것이다. 이 비율이 절대적인 것은 아니다. 그러나 호흡은 매우 민감하고 또 위험요소가 있기 때문에 특별한 경우가 아니면 자연스럽게 하는 편이 좋다. 요가의 수행은 외부의 대상에 영향을 받지 않도록 감각의 통제를 통해 마음을 하나의 대상에 집중하고, 집중 상태가 지속되는 단계로 나누어 설명된다.

명상의 대상은 의도적으로 시각적이나 청각적 대상이 될 수도 있고 내적으로 자신의 관념 또는 신체의 일부가 될 수도 있지만, 특히 프라나가 집결되는 차크라에 의식을 집중하는 것이 요가의 일반적 명상 수행이다. 이러한 명상을 통해 사마디(Samadhi)에 이르게 되는데 사마디는 주관과 객관의 합일(合一) 상태를 의미한다. 요가는 성스러움을 잃어버린 삶은 고통이자 미망이며, 영원을 향한 전망이 막혀있다고 말한다. 현실적인 인간의 삶의 양태를 바꾸지 않으면 안 된다는 것이다. 그 같은 인간조건의 해결이 바로 해탈(Moksa)이다. 해탈된 존재양식은 시간을 벗어나고, 개아(個我)를 초월한 존재로 거듭남을 의미한다.

반드시 죽음을 필요로 하는 것은 아니고 초월적 의식으로의 전변을 의미한다. 요가는 아사나(좌법), 프라나야마(호흡법), 에카그라타(집중) 등 삼요소를 통해서 인간적인 조건을 극복하는 가운데 성공할 수 있다고 가르친다. 미동도 없는 몸의 정지 상태, 부드러운 호흡, 시선과 주의의 집중을 통해 수행자들은 세속적 차원을 뛰어넘는 초월적 차원을 체험한다. 그는 세속적 차원으로부터 독립되고 외계와의 긴장 관계가 끊어진다. 그는 해탈자가 되는 것이다.

요가에서는 자재신(自在神)이라 불리는 이슈바라(Isvara)의 존재를 인정한다. 불교의 관세음보살과 유사하다. 고대의 샹키야(Samkhya) 학파에서는 어떤 신(神)도 인정하지 않는 데 반해, 요가에서는 삼매(Samadhi)의 경지에 이르는 데 도움을 주는 이슈바라 신(神)을 인정한다. 이슈바라는 영원히 자유롭고 번뇌에 오염되지 않은 하나의 푸루샤(Purusa)이다.

도교 수행의 전통

　수행은 신뢰성 있는 텍스트와 또 믿을만한 스승에 의지해야만 한다는 특성이 있어 그 어려움은 배가 된다. 중국의 도교 수행의 경우, 프랑스인 중국학 학자인 앙리 마스페로(Henri Maspero 1883~1945)[90]의 탁월한 도교 연구서가 있어 도교와 불교와의 관계, 도교 교단, 도교 경전의 형성과정, 기독교적 관점에서 벗어나 도교의 본질을 찾아내려는 노력이 크게 부각되고 있는 점이 이채롭다.

　그는 방대하고 치밀한 문헌 연구를 바탕으로 고대 중국 및 아시아의 언어, 문학, 사회, 역사, 종교, 사상, 예술 전반을 연구하였으며, 도교를 독립된 연구 대상으로 삼아 본격적으로 연구한 최초의 학자이기도 하다. 객관적 시간과 광범위한 자료 섭렵, 설득력 있는 논리 전개로 차분히 중국문화의 심층을 더듬어 가며 오랜 세월 연찬한 연구결과는 오늘날에도 시간의 벽을 넘어 이 책에 생기를 불어넣어 준다.

　마스페로의 도교는 난해한 전문술어와 용어를 현대인들이 이해하기 쉬운 언어와 표현법으로 번역, 해석해 무엇보다 먼저 수행법의 실천 배경이라 할 수 있는 '한의학'의 원리로부터 설명해 들어가고 있다. 요가가 차크라나 마르마라든지 하는 인체 내 경락, 경혈에 대한 설명을 통해 수행체계를 펼쳐 나간 논리와 비슷한 대목이다. 무릇 모든 수행은 인체의 연구, 몸과 마음의 상관관계에 대한 연구를 도외시하고 존재가치성을 입증받을 수 있을 것인지가 의문이다. 우리의 참선, 간화선 등의 수행법은 이 같은 점에 좀 더 유념해야 하지 않을까 생각된다. 부처님도 인도 사람이었고 참선법을 중국에 들여왔던 달마 스님 역시 인도에서 건너온 사람이 아니었던가? 요가의 토양에서 컸던 그들의 몸과 마음이 중국 불교 수행의 체계를 확립하는 데 크나큰 기여를 했으리라 생각하지 않을 수 없다.

특히 달마 스님의 소림사 권법 등이 요가와 대단한 관련을 맺고 있다는 사실은 무엇을 의미하는가? 당시 중국에 노장사상이 태동했고, 인도의 요가와 일맥상통하는 교류가 있었으리라는 점을 어렵지 않게 짐작할 수 있는 대목이다. 마스페로의 도교 연구는 도교 명상은 물론 노장사상, 신선술 그리고 기공 관련의 내용들을 망라, 오늘날까지 그것을 뛰어넘을 저술이 없다. 도교 연구의 고전으로 자리매김하고 있다. 그 뒤 1991년 린지우(任繼愈)교수가 중심이 되어 중국 사회과학 출판사에서 『도장제요(道藏提要)』를 출간해 도교의 문헌과 성격 내용을 대략이나마 살펴볼 수 있게 되었고, 도가 수행의 전통을 대략이나마 일별해 볼 수 있게 된 점은 그나마 다행이라 하겠다.

모든 종교는 지향하는 바가 있다. 그에 대한 이론적 체계가 있고 그를 성취하는 실천 수행법이 있다. 전자는 교리이고 후자는 실천적 수행체계라 할 수 있다. 어느 측면을 강조하는가에 차이가 있을 수 있으나 양면이 수레의 두 바퀴와 같이 함께 나아간다. 상호의존적이다. 추상적 교리를 구체적 인간의 삶 속에 구현하는 길이 수행론이어서 후자는 전자에 종속적이다

교리가 수행의 내용을 반영하고 영향을 받는다고 볼 때, 전자가 후

자에 의존적이기는 하다. 일반적으로 수행과 수행론은 특정 종교의 이상을 실현하려는 도정이요 수단이라 할 수 있다. 당연한 일치라 하겠는데 요가에서나 동양의 심신수련 체계에서나 모두 조신(調身), 조심(調心), 조식(調息)을 얘기하고, 중국 수당대의 천태지의(天台智顗 538~597)대사도 이와 같은 수행체계를 따랐다. 기공(氣功)에서도 이와 유사한 개념으로 형(形), 기(氣), 의(意) 삼자로 표현하였다. 요가의 수련 역시 '몸'과 '호흡' 그리고 '마음'의 수행으로 구분해 설명할 수 있다는 점에서 동일한 같은 패턴으로 수용할 수 있겠다. 겉보기에는 다양한 방법이라 하더라도 수행론의 공통되는 특성은 이들 세 가지 요소가 상호의존적으로 관계를 맺고 있다는 점이다. 세 가지 측면을 이해하면서 특히 의식적, 심리적 측면에 보다 많은 관심을 두는 것이 의미 있으리라는 판단이다. 수행이란 궁극적으로 우주와 하나가 되기 위해 의식의 전변을 도모하려는 수련이기 때문이다.

노자는 "학문을 하면 날로 보태는 것이고, 도(道)를 함은 날로 덜어내는 것이다." [위학일익 위도일손(爲學日益 爲道日損)], "덜고 또 덜어서 힘이 없음(無爲)에 이르면 함이 없으면서도 하지 못하는 것이 없다."[손지우손 이지어무위 무위이무불위(損之又損 以至於無爲 無爲而無不爲)]라고 했고, 장자[91] 역시 배움(學)과 사유(思)에 의한 방법으로는 인간의 본성을 회복할 수 없다고 한다. 『장자』에서는 자아를 잊는다는 의미의 상아(喪我), 좌망(坐忘), 무기(無己) 등의 수행법이 자주 언급되는데 특히 좌망은 인의예락(仁義禮樂)의 관념을 버리고 무아(無我)의 경지에 몰입하는 것을 뜻한다. 이러한 수양방법을 거쳐 덕과 간격이 없는 경지인 천인합덕(天人合德)의 경지에 이를 수 있다는 것이다.

장자는 이상적 인간을 성인(聖人), 지인(至人), 신인(神人) 등으로 표현하였다. 이들은 어떠한 외물에도 얽매이지 않고 자유스럽게 살아가는, 정신의 자유를 구현한 도가(道家)의 이상적 인간상이다. 이러한 도가의 사상은 종교로서의 도교와는 많이 다르고 때로는 상반되기도 한다. 단적인 예로 생사를 둘로 보지 않는 노장사상과 생명의 연장을 추구하는 도교의 가치관은 어떻게 보면 배치되지 않는가 생각되기도 한다. 그러나 양생(養生)의 측면으로 받아들인다면 그렇게 크게 상반된다 할 것도 아니다. 도가는 도교와는 달리 육체적 수련이나 또는 단약(丹藥)[92] 등을 통해 생명연장을 꾀했다.

신선가(神仙家), 신선도(神仙道)로 불리던 부류가 있다. 전한 초기 유행한 황노학파(黃老學派)[93]는 원래 진나라가 멸망하고 한나라가 중국을 통일했을 때, 새로운 정치사상을 정립하려는 시도로 등장했다. 후한 말 단순한 도가(道家)의 일파로 변모되고 그 내용은 변질되어 노장사상에 의탁한 신선설(神仙說)로 불리게 되었다. 신선사상(神仙思想)은 인간이 이 세상에서 육체를 지닌 채 불노불사(不老不死)할 수 있다는 가르침이다. 대체로 불로장생을 추구한 신선술이나 방술을 행하고 일종의 신비주의 계열의 수련집단을 신선가(神仙家)라 했다.

처음엔 복잡한 절차를 거쳐 광물질과 약초를 조제한 단약을 복용함으로써 소기의 목적을 이루고자 했으나, 수풀이나 유황 등 광물에 포함된 독성으로 인한 부작용이 심했다. 그러나 점차 단전호흡으로 몸속에서 그러한 단약을 빚는 방향으로 전환하게 되었다. 전자를 몸 밖에서 만든 단약이라 해서 외단(外丹)이라 명하고, 후자를 몸 안에서 만든 것이라 해서 내단(內丹)이라 했다. 외단의 전통은 그 부작용으로 일찍 끊어졌으나 내단은 오늘날까지 단전호흡, 단학, 기공 등 여러 가지 이름과 형태로 존속하고 있다. 도교의 수련법은 주로 이들 전통들이라 할 수 있다. 어느 수련법이든 지극한 집중과 수행이 요구되는 내용들인 것만은 부정할 수 없다. 다만 그것이 과연 궁극에 이르는 길인가 하는 여부는 차치하기로 한다.

그러면 도교(道教)의 도가(道家), 신선가(神仙家)는 어떻게 다르고 같은가? 도교는 후한 말 중국 민중종교인 태평도(太平道)[94], 오두미도(五斗迷道)[95]가 시발이다. 이들은 민간 전래의 수련법과 전승의 여러 수련법을 바탕으로 난세를 틈타 일어난 하나의 종교집단이었던 것으로 보인다. 처음엔 반체제적인 민중봉기의 성격을 띠었으나, 도가의 철학사상과 신선가의 수련법을 수용하여 방대한 체계를 갖추게 되었다. 서민들을 중심으로 시작됐던 세력이 점차 상류층에게까지 영향력을 갖게 되었다.

중국의 사상은 유교, 불교, 도교로 삼분할 수 있는데 전제군주 시대에 도교는 사상적으로 유교와 불교와 영향을 주고받으며 현실 세력으로 다른 두 사상과 각축을 벌였다. 도교의 수행에 신선가가 포함돼 수행방법이 복잡하고 다양한 술법적 측면이 있어 도교에 모두 포함시키기에는 애매한 측면이 있기는 하다. 불가와 유가의 경우도 마찬가지지만 도교의 수련법도 신선술, 기공, 선도, 단, 단학, 단전호흡 등으로 다양한 이름을 가지고 있고 또 유파나 전통에 대한 많은 차이가 있지만, 일관하여 도교의 수행으로 묶는다.

도교의 수련은 기본적으로 고대 양생법에 근거한다. 양생이란 '생명을 기른다'는 의미인데 여기서 생명이란 육체적 정신적 영역을 아우르는 내용이다. 고대 양생법이 근거하고 있는 기본사상은 인간이 소우주로서 대우주인 자연의 일부라는 것이다. 이것은 지구를 생명체로 파악하는 가이아(Gaia) 이론[96] 내지는 우주유기체론과 같은 맥락이다. 인간이라는 이름의 자연은 거대한 자연계와 연결돼 있으며 동일한 법칙에 지배를 받고 있다는 것이다. 인간의 생명력은 곧 우주의 생명력과 그 뿌리를 같이하고 있는데 이 생명력을 기(氣)라고 부른다. 양생의 요체는 인간의 근본적 생명 에너지인 기를 기르고 그 순환을 원활하게 하는 데 있다. 도교적 신관(神觀)에 의하면 우리 몸에는 수많은 신(神)들이 거주하며 그러한 신(神)들에게 마음을 집중해 보존하고 기르는 것이 '양생(養生)의 도(道)'이다.

도교의 세계관에서 사물의 변화를 설명하는 데 흔히 사용되는 세 가지 요소가 정(精), 기(氣), 신(神)이다. 거칠게 표현하면 정(精)은 물질적 토대에 가깝고 신(神)은 마음 혹은 정신에 근접한 개념이며, 기는 양자의 중간쯤에 해당된다. 정은 기가 없으면 구실을 할 수 없고, 생명력인 기는 물질적 기초인 정을 필요로 하며, 기가 없으면 신은 없다. 이 삼자는 어느 방향으로도 변화가 가능하지만 변화의 중심에 있는 것은 기이므로 기를 도교의 수련 중심에 두는 것이다. 기의 중요 집결처인 단전은 상, 중, 하, 세 곳이 있고, 기가 흘러가는 통로가 경락이며 경혈은 경락상의 주요지점이다. 이미 앞부분에서 언급한 대로 생명 에너지인 기는 모든 경락에 골고루 조화롭게 흘러야 한다. 도교 수련 전통에서 몸의 수련인 행공(行功)은 각 경락에 기가 이상적으로 잘 흐르고 경락의 근(筋)이 튼튼해지도록 고안되어 있다.

중국의 유력한 도교유파인 오류선종(五柳仙宗)에서는 정과 기와 신을 중심으로 하는 수련법을 정형화 했는데 이를 연정화기(練精化氣), 연기화신(練氣化神), 연신환허(練神還虛)라고 한다. 이 세 단계가 오류선종 수련법의 핵심이라 할 수 있다.

첫째, 연정화기는 정을 기로 변화시키는 단계이다. 일반적으로는 도교의 정, 기, 신에 대한 설명을 보면, 사람의 경우 신이 기로 바뀌고, 기가 정으로 바뀌어 끊임없이 소모되는데 이것이 노화와 죽음의 길이 되는 것이다. 이렇게 기가 정으로 바뀌는 것을 막고, 정을 강화하기 위해서는 단전에 기를 모아야 한다. 도교의 호흡을 단전호흡이라고 말할 수 있는 것은 이 때문이다.

도교의 호흡법은 그 일차적 목적이 기를 모으고 돌리고 정화하여 궁극적으로 몸을 변화시키는 데 있는 것이다. 이렇게 단전호흡을 통해 단전에 기가 충분히 축적되면 그것을 경락으로 순환시키는 운기(運氣)[97]를 행한다. 운기를 해서 작은 우주인 몸을 도는 소주천(小周天)이라는 단계가 있고, 다음에 대주천(大周天)이란 단계가 있는데 상단전, 중단전, 하단전에 기의 응집체인 단약을 완성하는 단계까지가 연정화기 수련이다. 몸에 단을 만든다고 하는 것을 보면 불가에서는 흔히 고도의 수행 끝에 생성되는 '사리'라 부르는 것을 연상케 한다.

둘째, 연기화신은 기(氣)를 신(神)으로 변화시키는 단계이다. 상, 중, 하 단전에서 단약이 완성되면 그것을 정화시켜 양신(陽神)을 만든다. 단전에서 도태(道胎)를 길러 신으로 이루어진 형상을 만들어내는 것이다. 이것이 지나면 정수리를 통해 밖으로 내보내서 임의로 다닐 수 있게 한다. 흡사 유체이탈 같은 양식이 아닌가 한다. 밖으로 나와 성장한 양신(陽神)은 출입과 신축이 자유로워 의식만으로도 어디든 갈 수 있다고 한다. 몸은 죽어도 이 양신은 살아남아 영생하므로 이것이 바로 신선(神仙)이라는 말의 의미이다.

셋째, 연신환허는 오류종의 면목을 그대로 보여주는 단계로 양신마저 초월하는 태허(太虛)로 되돌리는 경지이다. 여기서 허(虛)는 허공이라기보다는 도(道)의 근원 또는 모든 존재의 궁극이라고 할 수 있다. 도교의 도 개념이나 불가의 법성(法性) 내지 불성(佛性)의 개념에 근접한다는 것을 알 수 있다. 도교 수련의 궁극적 목표가 신선이 되는 것이라면 연신환허는 그를 뛰어넘은 것이라 할 수 있다. 따라서 이론체계만으로는 선불교와 신선술을 구분하는 것은 어렵기도 하거니와 무의미하다.

이렇듯 불가와 요가, 그리고 도교 수련에서 호흡법이 대단히 중요한 위치를 차지한다고 볼 수 있다. 그래서 전래의 호흡법만 50여 종에 달한다고 한다. 모두가 오랜 전통을 가진 호흡법으로 그 효과에 대해 함부로 얘기할 바는 아니지만, 자칫 잘못된 호흡법으로 인한 몸과 마음의 손상은 잘못된 자세로 인한 부작용에 못지않다.

호흡은 기본적으로 산소와 이산화탄소의 교환이며 생명의 에너지를 받아들이고 불필요한 탁기를 배설하는 중요한 작용이다. 새로운 기운을 성취하는 것도 중요하지만 몸 안에 누적된 나쁜 기운을 호흡을 통해 배설하는 것도 중요하다. 이러한 신진대사가 원활하게 이루어지지 않을 때, 병이 생기는 건 자연의 이치다. 수련은 어디까지나 자연의 이치를 거스르지 않는 범위 내에서 이루어지는 것이 자연스럽고 안전하다. 호흡은 몸과 마음이 하나 되는 숭고한 작업이고, 호흡에 따라 생명력의 강화와 약화가 초래될 수 있다. 몸과 마음이 중심을 잘 잡아야 호흡도 안정된다. 몸과 마음이 혼란스러우면 호흡도 따라 얕고 거칠어지며 혼란스러워진다. 도교의 호흡법도 결국 몸과 마음을 안정시켜 중심을 잘 잡아 축기(蓄氣)[98]와 운기(運氣)에 마음과 몸을 다하는 수련법이라는 점은 분명하며 중심을 향해 나아가는 작업임에 틀림없다.

초기 불교 수행의
목적과 체계

　불교 수행의 목적은 열반의 경지에 이르는 것이다. 열반의 사전적 의미는 불이 꺼진 상태이며, 그것은 곧 갈애와 갈애로부터 야기된 일체의 괴로움이 사라진 상태를 뜻한다. 탐진치 등 삼독의 근본적 번뇌가 사라져 평화롭고 행복한 상태이다. 불길이 꺼졌으므로 시원하고 괴로움이 소멸되었으므로 평화롭고 행복한 상태가 열리는데, 이 경계가 곧 열반이라 할 수 있다. 석가모니가 출가한 목적이 인생의 괴로움으로부터 벗어나는 것이라고 할 때, 괴로움의 완전한 소멸인 열반이야말로 불교의 궁극적 목적인 동시에 최고의 가치라 할 것이다.

　불교 수행방법은 초기 경전이나 태국, 미얀마, 스리랑카 등 남방불교의 경우 기원 전후에 전래된 이래 최소 천여 년 이상 자체적인 변화를 겪어 왔기 때문에 순수한 석가모니 부처님의 수행법이라 부를 수 있을지는 모르겠으나, 초기 경전과 비교 검토해 볼 때, 근본적 차이가 없다는 것이 일반적 견해다.

　부처님은 성도 후 녹야원 설법의 첫머리에서 "감로는 얻어졌다. 가르치는 대로 수행하면 오래지 않아 위없이 청정한 삶의 완성을 현세

(現世)에서 스스로 알고, 실증하고, 도달하여 머묾에 이르리라."고 성취한 바를 천명하였다.

진리의 세계란 석존에 의하면 "옴도 없다. 감도, 머묾도, 죽음도, 재생도 없다. 의지처도 없다. 그곳은 고통의 끝이다."고 했다. 유위(有爲)에는 생주이멸이 있지만 무위(無爲)에는 생주이멸이 없다. 이것은 모든 행(行)의 고통이 적멸한 열반이라고 한다. 석존이 수행을 통해 성취한 감로의 세계는 "참으로 있다."고 하였으므로 환상이 아닌 실재(實在)이다. 태어나지도 않고 자라지 않는다고 하였으므로 변화와 생명이 없는 항상과 불멸의 차원이다. 구경궁극이다. 의지처가 없다고 하였으므로 상대와 의존이 아닌 절대와 독존이다. 왕래가 없다고 하였으므로, 차이와 차별이 아닌 평등과 전체의 차원이다. 조건 지워지지 않는다 했으므로, 무한정의 세계이며 속박이 없는 자유이다. 일체의 고통이 없는 안락이다. 우리 생명본체의 차원이라 생각된다. 열반과 감로의 대응 개념인 연기의 세계에 대해서는 다음과 같이 설하셨다.

"선정에 들어 있는 바라문이 제법을 깨칠 때 저 연기의 법을 깨달았기 때문에, 저 모든 연(緣)의 멸진(滅盡)을 깨달았기 때문에 그의 모든 의혹은 소멸되었다."

"연기법이란 내가 지은 바도 아니요, 다른 이가 지은 것도 아니다. 부처가 세상에 나오거나 나오지 않거나 이 인연법과 연생법은 항상 머물러서, 여래는 이법을 자각하여 등정각(等正覺)을 이루었다."

"여섯 가지 6내입처(內入處)와 6외입처(外入處)가 있을 때 세간은 생기한다."

세상은 6근작용에 의해 생성된다. 6근작용이 무명, 행의 6입처가 되면 착각 속에서 중생고의 세상이 환작(幻作) 생성되고, 탐욕이 없어 6근작용이 청정해지면 실재하는 열반락의 본성이 드러난다. 석존은 수행을 통해 우주와 인생의 본성을 깨닫고 일체의 고통을 떠난 불사(不死) 해탈의 열반락을 성취하였다고 했다. 우리가 수행을 하는 목적은 일체의 고통의 완전한 소멸에 있다. 그 같은 수행의 길이 사마타(Samatha)와 위빠사나(Uipassana)를 닦는 것이라고 한결같이 말씀하셨다.

초기 불교의 수행법은 이와 같이 사마타와 위빠사나 이른바 지관(止觀)을 닦는 것이다. 지관법은 과연 어떠한 것인지 여타 수행법과 어떠한 점이 같고 다른지 살펴보려고 한다. 이 같은 지관법은 또 중국 불교에 들어와 묵조선과 간화선으로 또 갈라지며 분열하게 된다. 여러 가지로 갈라진다 해도, 결국 백천 가지 이름을 가진 강이 있다 하더라도 결국 바다에서 만나듯 하나가 될 수밖에 없다.

초기 『잡아함』 등의 경전들은 한결같이 "성인의 제자는 지와 관을 닦아 모든 해탈의 세계를 얻는다."고 했다. "사마타(止)를 닦아 탐욕을 끊고 해탈하여 계율을 성취하고 위의를 잃지 않으며 도덕적으로 금지된 행위를 범하지 않고 모든 공덕을 짓게 된다. 지(止)는 마음을 고요히 맑혀 나가면 궁극적으로 본래 그 자리, 열반의 자리를 있는 그대로 보고 알게 되는 열반지를 이룬다."

관(觀)이란 무엇인가? 법의 참모습, 즉 인연 따라 연생 연멸하는 현상계의 다양한 내용들을 있는 그대로 직관하여 알아차리는 것을 의미한다. 이렇게 통찰 지혜를 밝혀 감으로써 우리 생명의 작용이라 할 수 있는 인연과보의 법칙성인 인과법에 따라 일체세간이 생멸하는 이치를 깨닫게 되고 마침내 무명을 끊고 4성제의 이치를 통찰해 인생과 우주의 진리에 대한 미혹에서 해탈한다.

지관의 관계는 "지를 닦아 익히면 마침내 관을 이루게 되고 관을 닦아 익히고 나면 지를 이루게 된다." 『잡아함』. 양자의 관계는 불이

(不二)의 관계로 설해지고 있다. 미혹이 고요해진 만큼 지혜가 저절로 드러나고, 지혜가 드러난 만큼 미혹은 저절로 그치게 된다는 의미다. 그런데 지관과 더불어 중요한 용어가 정념(正念)이란 말과 정지(正知)라는 단어다. 정념과 정지는 각각 사티(Sati)와 삼빠자나(Sampajanna)로 거의 같은 말이라고 한다.

Sati(정념)의 사전적 의미는 Recognition(알아차림)또는 Consciousness(의식하기) 또는 Intentness of mind, Mindfulness(마음챙김) 등으로 '마음속에 어떤 것과 합치된다' 또는 '이미 알고 있는 것을 자각하거나 인정한다'는 뜻이거나 '정신을 차리고 무엇이든 알아차릴 수 있는 정신 상태'라 할 수 있다.

삼빠자나(Sampajanna)의 삼(Sam)은 결합 또는 완전을 뜻하며 빠(pa)는 앞으로 나아간다는 뜻이고 자나(janna)는 알다는 뜻으로 앞을 내다보는 탁월한 앎이란 의미라 할 것이다. 즉 체험적 직관에 의해 대상과 결합되어진 탁월하고 바른 앎이라 할 수 있다.

결국 정념(正念)은 지(止)에 해당하고, 정지(正知)는 관(觀)에 해당하는 것으로 생각하면 큰 잘못이 없겠다. 정념에 의해 찰나에 분별 집착을 그친 지(止)가 이루어지고 지(止) 상태로부터 직관적 알아차림인 정지가 일어나면 다음 찰나에 본성을 분간해 알아차리는 관이 있게 되는 것으로 판단된다. 정념정지에 의해 증상심[99]을 얻고 4성제를 깨닫게 된다. 아라한도 계속 정념정지한다고 하는 경전의 가르침을 보면 정념정지(正念正知)와 지관(止觀)은 같은 뜻으로 쓰인다고 볼 수 있다.

지관을 수행하는 방식에는 먼저 (1) 지를 수행한 다음 관으로 전환하여 수행하는 방식, (2) 먼저 관을 수행한 다음 지로 전환하여 수행하는 방식, (3) 지와 관을 한 쌍으로 결합하여 동시에 수행해 나가는 방식, (4) 교법(敎法)을 듣던 중 수행자의 마음이 고양되고 견고히 진행되어 저절로 선정을 이루며 깨치게 되는 방식의 4가지가 있다.

지를 닦는 것은 미혹한 마음이 분별하고 집착하는 것을 그쳐 정화하는 것이고, 관을 닦는 것은 인과의 이치를 참되게 통찰하는 지혜를 계발하는 것이다. 지를 닦고 나면 지를 보다 잘 닦을 수 있는 상태가 되지만, 지를 닦았다 해서 관도 저절로 닦아져 있거나, 관을 닦았다 해서 지도 저절로 닦아지는 것은 아니다. 지와 관은 서로 영향을 주고받는 것이어서 동일한 작용이 아닌 것이다. 그렇기에 지와 관 가운데 어느 하나라도 빠뜨리지 않고 모두 다 닦아야 한다.

남방불교 상좌부 불교[100] 국가들에서 위빠사나라는 이름으로 왕성하게 행해지고 있는 사념처관(四念處觀)은 지관이 함께 수행되는 예라고 할 수 있다. 염불, 염송, 주력 등이 여기에 해당된다. 사념처관은 관신부정(觀身不淨), 관수시고(觀受是苦), 관심무상(觀心無常), 관법무아(觀法無我), 4가지 종류로 구분된다. 몸은 부정한 것이고 감각은 고통의 원천이며 마음은 항상 하지 않고 만상은 내 것이 될 게 없다는 가르침으로 요약될 수 있다.

좀 더 구체적으로 살펴보면 몸에 대한 관찰에 있어 (1) 몸의 상태, (2) 몸의 움직임, (3) 몸의 요소, 세 부분의 관찰로 나눈다.

(1) 몸의 상태에 있어서는 흔히 아나파나사티(Anapanasati)라 하여 『대안반수의경』에 잘 정리되어 있는데, 출식과 입식에 대한 마음의 집중이다. 호흡의 출입에 마음을 집중하는 수행이라 할 수 있다. 호흡에 마음을 집중하게 되면 호흡이 고르게 되고 마음이 가라앉는다. 마음을 고요하게 하기 위해 호흡의 출입에 마음을 집중하는 것이다. 마음이 고요해짐과 동시에 매번 호흡하는 순간 빈틈없이 호흡에 마음을 집중한다. 이렇게 함으로써 마음이 초조해지거나 산만해질 기회를 갖지 않게 되는 것이다.

특히 앞에서 언급한 바와 같이 사티(Sati 念)가 중요하며 고도의 집중(Attention) 또는 주의 깊음(Mindfulness)이 요구된다. 관찰하는 방법은 전심전력 노력하는 정진력(精進力), 올바른 파악 지혜(Clear Comprehension), 강한 마음 집중, 주의력을 바탕으로 고(苦)의 원인인 욕망을 극복하는 것이다.

(2) 몸의 움직임(行住坐臥)에 대해서는 몸의 자세와 몸의 움직임을 매 순간 빈틈없이 관찰하여 번뇌 망상이 끼어들지 않고 항상 올바르고 깨어 있는 행동이 되도록 하는 것이다. 몸의 움직임은 마음이 몸을 움직여 일어난다. 마음은 운전사이고 몸은 자동차이다. 마음 집중이 되지 않은 몸은 번뇌 망상의 노예가 될 수밖에 없다. 마음 집중이 잘 되어 있는 행동은 마음 집중으로 말, 생각, 행동을 잘 다스려 성자처럼 고요하게 거동한다.

(3) 몸의 요소는 지(地), 수(水), 화(火), 풍(風) 4대로 이루어졌고 이 같은 무상한 조건으로 몸의 일어나고 몸이 사라짐을 관찰하는 것이다. 부정관, 백골관 등이 이에 해당된다.

몸에 대한 관찰이 지속적인 마음 집중과 분명한 앎, 그를 일으키는 정진력과 하나가 될 때 비로소 고(苦)를 일으키는 슬픔, 괴로움, 비탄 그리고 욕망을 극복하게 된다. 몸에서 몸을 전심전력 마음 집중하여 분명한 앎으로 지속적으로 관찰해 나갈 때 이 세상에서의 욕망과 고뇌에서 벗어나게 된다.

감각에 대한 관찰은 6근이 6경을 만날 때 일어나는 것으로 매혹적이거나 또는 추한 대상을 만날 때 마음이 흔들리지 않고 초연하게 행동하는 것이다. 이것이 정신적 무심(無心)이요, 비고비락(非苦非樂)의 감각 수행이다. 감각에 대해 감각을 전심전력으로 마음 집중하여 분명한 앎으로 관찰하면서 욕망과 슬픔을 극복하는 것이 감각 수행자의 자세이다. 마음 집중은 의식이 일어나는 모든 순간에 필요한 중요 요소다. 현자는 어떠한 경우에도 기쁨과 슬픔을 보이지 않는다.

마음에 대한 관찰 역시 마음을 집중해 정진력을 바탕으로 분명한 통찰을 통해 악심, 질투, 증오, 탐진치 등을 모두 스쳐가는 마음이 무상(無常)한 것으로 관하는 것이다. 6근이 6경을 접촉해 일어나는 6식에 대한 무상을 관하는 수행이 마음에 대한 수행이다. 탐진치를 탐진치로 알아차리고 탐진치를 떠난 마음을 탐진치를 떠난 마음으로 알아차리는 것, 자신의 마음을 항상 주의 깊은 마음, 집중력으로 알아차리는 것이다.

법(法)에 대한 관찰이란 법이란 오온이나 연기의 상태에 지나지 않는 것, 그 같은 법에 대해 전심전력으로 마음을 집중해 분명한 통찰을 통해 계속 관찰하면 세상의 모든 욕망과 슬픔을 극복하여 주하게 된다. 법(法)이란 존재가 있는 것이 아닌 무아(無我)인 것으로 특히 5장애(탐, 진, 치, 불안, 회의), 5온, 6근, 6경, 6식 등이 무아임을 관하는 것이다. 그 밖에 7각지, 4성제, 8정도 등을 관하는 것을 통해 무아(無我)를 철견한다.

이 같은 사념처 수행을 통해 수행은 깊어지는데 7년 이상 사념처를 수행한 결과를 통해 9차제정(九次第定)의 선정의 단계로 나아가게 된다는 것이다. 내용이 간단하기에 전문을 소개한다.

초선 : 수행자는 감각적 욕망과 부적절한 정신 상태로부터 벗어나 초선에 들어가 머문다. 초선은 한거(閑居)에서 얻어지는 즐거움(Joy)과 행복감(Happiness)이 충만한 상태로서 분석적, 반성적(Vitarka 尋)이고 탐색적(Vicara 伺)인 사유 과정과 함께한다. 앞서 가졌던 욕구는 사라진다. 즐거움과 행복감에 대한 미묘하고도 확실한 자각이 동반된다.

2선 : 수행자는 분석적이고 탐색적인 사유 과정에서 벗어나 제2선에 들어가 머문다. 제2선은 마음의 집중에서 얻어지는 즐거움과 행복감이 충만한 상태로서 내적인 평정심과 마음을 한 지점에 집중함으로써 얻어진다. 초선의 한거(閑居)로부터 얻는 즐거움과 행복감에 대한 섬세하고도 확실한 자각은 사라지고, 마음의 집중으로부터 얻은 즐거움과 행복감에 대한 섬세하고도 확실한 자각이 일어난다.

3선 : 수행자는 즐거움의 느낌으로부터 떠나 마음이 중립에 있다. 그는 자각적이고(Mindful 마음 챙김), 주의력 깊은 상태에서 몸속에서 행복감을 느낀다. 여래가 "중립적이고 자각적인 상태에서 행복감에 노닌다."고 묘사하듯이 이렇게 수행자는 제3선에 들어가 머문다. 앞의 집중으로부터 얻는 즐거움과 행복감에 대한 섬세하고도 확실한 자각은 사라지고 평정심에서 오는 행복감에 대한 섬세하고도 확실한 자각이 생겨난다.

4선 : 수행자는 기쁘다거나 불쾌한 느낌으로부터 떠난다. 전에 가졌던 편안함과 고뇌에 대한 느낌은 사라진다. 그는 제4선에 들어가 머문다. 제4선은 괴로움도 즐거움도 없는 평정과 자각(마음 챙김)의 순수 상태이다. 앞의 평정심에서 오는 행복감에 대한 섬세하고도 확실한 자각은 사라지고 괴로움과 즐거움으로부터 자유롭다는 섬세하고도 확실한 자각이 생겨난다.

공무변처정(空無邊處定) : 수행자는 색에 대한 생각(想)을 초월한다. 감각적 반응에 의존한 생각은 사라진다. 다양성에 대한 생각은 더 이상 인지되지 않고 이렇게 생각한다. "공간은 무한하다." 이렇게 그는 공무변처정의 단계에 진입해서 머문다.

식무변처정(識無邊處定) : 수행자는 공무변처의 차원을 초월하고 이렇게 생각한다. "의식은 끝이 없다." 이렇게 그는 식무변처정에 들어가 머문다.

무소유처정(無所有處定) : 수행자는 식무변처의 차원을 초월하고 이렇게 생각한다. "아무것도 존재하지 않는다." 그는 무소유처정에 들어가 머문다.

비상비비상처정과 상수멸정[101](非想非非想處定, 想受滅定) : "그후 나는 비상비비상처의 차원을 초월해 생각(想)과 감수(感受)가 없는 선정(想受滅定)에 들어가 머문다. 그리고 이해를 통한 통찰을 얻었을 때 번뇌는 사라졌다. 그러나 내가 이러한 아홉 단계의 선정(九次第定)의 성취에 들고 또 그로부터 벗어났을 때 나는 내가 최고의 통찰(지혜)을 얻었음을 완전히 이해하게 되었다. 최고의 지혜는 어떤 신이나 인간 중에서도 능가할 자가 없는 것이었다. 그리고 이러한 이해와 통찰이 생겨났다.", "내 마음의 해방은 흔들림이 없다. 나의 마지막 삶이다. 다시는 돌아오는 일이 없을 것이다."

이 같은 단계들은 붓다의 특정 심리적 과정을 묘사한 것이다. 초선에서 수행자는 욕정이나 산란심이 사라져 마음이 고요해지며 안정된다. 그러나 여전히 미세한 욕구가 움직이고 있다. 욕계의 거친 욕구와 증오심이 사라진 즐거움이 있으므로 이생희락지(離生喜樂地)라고 불린다. 제2선에서는 사고 과정이 사라져 선정의 즐거움을 느끼므로 정생희락지(定生喜樂地)라고 한다. 제3선에서는 위와 같은 즐거움은 사라지고 평정심에 이르러 바른 지혜로 인한 고요하면서도 고양된 즐거움을 느낀다. 이를 이희묘락지(離喜妙樂地)라고 한다. 제4선에서는 이전까지 느꼈던 고양된 즐거움조차 사라지고 마음은 더욱 순화되어 망념의 작용이 없는 맑고 깨끗한 상태에 이르므로 사념청정지(捨念淸淨地)라고도 한다.

여기까지가 소위 색계정(色界定)으로써 육체적 구속을 완전히 떠난 세계는 아니다. 이후부터는 소위 무색계정(無色界定)으로 공무변처정[102]에서는 물질, 관념을 초월하므로 일체의 물질적 욕구와 감각으로부터 자유롭게 된다. 모든 차별상을 떠나 무한한 허공을 선정의 대상으로 마음속에 그린다. 그러나 이것은 여전히 외적이다. 그래서 식무변처정[103]에서는 내적인 것으로 대체된다. 의식이 무한함을 마음에 그린다. 그러나 이것은 마음속의 심상(Visualization)이요, 생각(Idea)이다.

우리가 흔히 6근6식 할 때의 식(識)의 세계가 바로 여기에 해당하는 것으로 우리는 이 땅에 살면서도 식무변처정의 세계와 연관을 맺고 있다고 할 수 있다.

일곱 번째, 무소유처정은 물질뿐만 아니라 생각, 의식으로부터도 자유롭다. 그러나 가장 미묘하고 깊고 텅 빈 것일지라도 이 또한 관념의 흔적이다.

여덟 번째, 비상비비상처정[104]은 생각도 떨어지고, 생각이 아닌 것도 떨어지는, 번뇌도 떨어지고 번뇌가 아닌 것도 떨어지는, 생각이 일어나는 상대세계에서 절대세계로 넘어가는 중간단계다. 의식과 절대무의식이라는 차별이 사라져 하나로 된 마음의 상태, 즉 부처님 나라에 드는 단계라 할 수 있다. 드디어 하나에 드는 단계다.

마지막의 상수멸정 혹은 멸진정[105]은 여덟 번째의 단계 비상비비상처정이 사라질 때 비로소 열린다. 상수멸정은 흔히 생각하듯 무의식의 상태가 아니며 신비경(Trans)도 아니다. 그것은 절대적인 고요(Stillness)와 명징(Clarity)의 상태이며 주객의 분별이 완전히 사라져 분별, 차별을 떠난 무분별의 총체적 각성 상태(Undifferentiated Holistic Alertness)다. 이 경지는 심의식의 주체와 대상이 함께 공한 상태이므로 거의 열반의 경지와 흡사한 상태다.

그러나 무소유처정에 든 성자가 무여열반에 이르기 전 그 절대고요에 머물기 위해 멸진정에 든다는 설명이 있는 것으로 보아 이 선정이 완전한 열반을 의미하는 것은 아닐 수도 있다.

"이러한 아홉 단계의 선정의 성취에 들고 또 그로부터 벗어났을 때 최고의 통찰을 얻었음을 완전히 이해하게 되었다."고 말한다. 즉 선정이라는 수단을 통해 통찰력을 얻게 된 것이라고 이해한다면 멸진정은 열반의 수단 내지는 전단계가 된다. 이들 9차제정은 모두 마음의 집중을 그 수행의 시작으로 한다. 끊임없이 집중력을 증장시켜 중심을 향해 나아가는 길, 중도(中道)의 길을 진전시켜 나감에 따라 통찰과 지혜가 강화돼 멸진정에 이르게 되는 것이다.

9차제정의 선정은 언급한 대로 사마타 선정과 위빠사나 선정이 있는데, 사마타 선정은 40가지에 달하는 명상주제들 가운데 한가지를 선택해 거기에 완전히 집중 몰입하는 형태의 삼매이고, 종국에는 마음이 대단히 평화롭고 고요한 집중 상태에 도달하게 된다. 위빠사나 선정은 흔히 사티, 언급한 대로 주의 깊음(Mindfulness), 마음 집중, 알아차림, 마음 챙김 등으로 얘기되는데 한 대상에만 고정되어 있는 것이 아니고, 한 대상에서 다른 대상으로 자유롭게 이동하며 모든 만상의 공통성인 무상과 무아의 삼법인을 철견하게 되는 것이다. 위빠사나는 평온과 집중만을 성취하기보다 오히려 통찰지혜가 수행의 중요한 결실이라 할 수 있다. 위빠사나 선정은 궁극적 실상에 마음을 집중해 직접적으로 체험할 수 있게 하는 것이다. 중지희락정(中持喜樂定), 즉 대상에 집중하는 마음(中), 그를 끊임없이 지속시켜 나가는 정진력(持), 끊임없이 지속적으로 계속해 나가다보면 점차 열반의 환희심과 즐거움이 비쳐들고(喜) 점차 행복감이 가득해지고(樂), 결국 삼매(定)에 드는 과정을 밟아 나가게 된다.

이와 같은 다섯 가지 요소가 갖추어지면 마음의 집중이 고도화되고 점차 날카로워지고 정확해지는 경계를 체험할 수 있다. 충만감, 환희, 행복감, 평안함이 몸과 마음 가운데 가득해지고 자칫 여기에 집착할 수도 있게 된다.

사마타 선정은 평온과 평안으로 마음을 유도하지만 위빠사나 선정은 궁극의 실재를 철견하는 통찰지혜로 유도하는 것이 분명한 차이라 할 수 있다.

위빠사나 선정 때의 유의할 점으로 (1) 과거와 미래에 머물지 말며 오로지 현재 현상의 당처에 집중하는 것이며, (2) 게으름과 방임은 금물이며, (3) 균형을 잃은 과도한 노력도 수행에 방해가 된다. (4) 감각적 유혹에 집착하거나 빠지지 말 것이며, (5) 대원력을 세워야 한다.

삼매의 길은 계행(戒行) 투철한 길이다. 일상생활 속에서 계행에 철저해야 한다. 자비관이라든지, 진참회를 할 때 선정은 향상된다. 현재 당처의 현상에 순일 무잡한 집중을 지속적으로 유지해낼 때 망상은 사라지고 선정이 이루어진다.

삼매의 길에는 5장애가 가로막고 있는데 등불이 없을 때 어둠이 오는 것처럼, 대상을 올바르게 통찰하지 못할 때 어리석음과 미혹이 일어난다. 어리석은 마음은 6근의 감각을 통해 즐거움을 찾아 헤매며 집착으로 인한 감각의 즐거움을 넘어선 곳에 영원한 궁극의 행복이 있음을 간파하지 못한다.

집중(中)으로 해태심과 혼침, 무기를 극복하며 지속(持)하는 다음으로 회의, 의심을 극복하며 환희심(喜)으로 성냄을 극복한다. 행복감(樂)으로 근심, 걱정, 불안정을 극복하고 사마디(定)는 감각적 욕망을 극복하게 한다.

사마타 선정과 위빠사나 선정은 모두 상대적인 현상의 영역을 대상으로 하고 이를 초월하면 궁극의 행복, 대열반(Pari·Nirvana)을 증득한다. 사마타와 위빠사나 선정을 통해 초선에서 말이 고요해지고, 2선에서 사려가 깊어지며, 3선에서 기쁜 마음이 가득하고, 4선에서 숨길이 멎고 공무변처에서 색이라는 생각을 떠나고, 식무변처에서 식처라는 생각이 떠나고, 무소유처에서 무소유처라는 생각이 떨어지고, 비상비비상처에서 대상이 있음과 없음이 떠나게 되고, 상수멸정에서 대상을 통해 일어나는 생각과 느낌이 모두 떨어져 멸해진다.

신통력과 열반의 상관관계

강한 집중과 중심을 향해 나가는 중도(中道)의 행진은 결국 영원과 하나가 될 수밖에 없다. 그 같은 과정을 사선팔정 상수멸정(四禪八定 想受滅定) 등의 경계를 통해 신(神)의 세계, 수다원, 사다함, 아나함, 아라한의 단계를 거친다. 시공(時空)을 뛰어넘는 세계로의 전진을 의미한다. 나아가면 나아갈수록 영원에의 즐거움과 행복감을 느끼게 하고 열반의 그림자를 만나게 된다. 그 같은 과정 가운데 자연히 인간을 뛰어넘는 능력이 나타나게 되고 이른바 신통력이라 불리는 초능력적인 위신력이 드러난다.

우주의 중심, 영원, 절대의 세계가 우주전반에 펼치는 무한 능력의 발현이 가능하게 되는 것이다. 초능력의 세계는 그를 달성하고자 하는 열망 가운데에서도 펼쳐지지만, 몸과 마음을 다하는 정진 가운데 자연히 따라오는 것이라 볼 수 있다. 이 같은 초능력이 사람들의 마음 가운데 반향을 일으키는 측면이 있었으나 붓다는 그 같은 초능력의 발현을 그다지 크게 중요시하지 않았다. 이른바 6신통으로 알려진 초능력은 불교가 중국에 도입되던 초기 중국 사람들을 크게 놀라게 하는 역할을 하기도 했다.

시공을 초월하고 영원과 하나 되는 세계에 들고 보면, 시공을 떠난 세계, 즉 과거, 현재, 미래가 함께 전개된다는 (삼세숙명통) 경계, 일체 공간이 장애가 되지 않고 산과 강, 돌, 바위, 벽 등이 전혀 장애되지 않는 (신족통) 경계, 상대의 마음을 훤히 꿰뚫어 아는 (타심통) 경계, 천리만리를 한눈에 볼 수 있는 (천안통) 경계, 먼 거리의 소리를 들을 수 있는 (천이통) 경계, 번뇌가 다해 열리는 (누진통) 경계 등 그 밖에 탁월한 초능력을 펼쳐 보일 수 있는 수행자들이 다수 등장했었다는 사실이 『요가 상키야』 등에 소개되고 있다. 모든 사람들의 마음 가운데 발해지는 소망을 간파하고, 자신의 전생을 꿰뚫어 알 수 있는 경계는 그리 어려운 일이 아니었던 듯싶다.

그러나 전생을 안다는 사실은 시공을 초월하는, 즉 시간을 이기는 차원으로 수행의 중요한 부분이라 얘기할 수 있다. 자신의 과거생을 영상처럼 볼 수 있음은 물론 타인들의 과거생 또는 앞날을 영상의 형태로 볼 수 있다는 사실이 대단히 경이로운 일이었음이 틀림없을 것이다.

이 같은 능력을 바탕으로 인도의 수행자들은 일찍이 인간이 신(神)이 될 수 있음을 강조했다. 그들은 세속적인 삶을 포기하고 기꺼이 그 같은 세계로 몸과 마음을 향하는 것이 오히려 더욱 가치 있는 일이라는 사실을 깨달았다. 이를 방해하기 위한 마왕들의 유혹에 대한 얘기 역시 흔히 등장하는 힌두성전의 내용이다. 그러나 이 같은 신통력은 열반에 이르기 위한 단계에서 자연스럽게 등장하는 능력이지 이를 추구하는 것이 수행자의 목적은 아니라고 말한다. 파탄잘리의 『요가 경전』에는 이 같은 신통력은 삼매의 경지에서는 장애물에 불과하다고 말한다. 우리가 어떤 것을 가지고 있다 할 때 따지고 보면 그것에 속박되거나 그것에 소유당하는 측면도 생각할 수 있기 때문이다. 모든 소유는 종속이다. 굴종이다. 욕계, 색계, 무색계에 존재하는 천인들 역시 4선(禪)의 경계, 8선정(禪定)에 따른 세계로 아직 완벽한 깨달음에 도달했다 말하지 않는 이유다.

완전한 열반, 해탈의 세계는 천신들이 일정한 기간 동안 누리는 천상의 즐거움, 행복의 경계와는 궤도를 달리한다. 그와 같은 상태는 시간과 공간의 세계로부터 벗어난 영원한 현재의 상태라 말할 수 있다. 여기에서 그는 인식의 경계를 넘어 어떠한 표현도 해당되지 않는 '자신을 아는 자'가 되는 것이다. "너 자신을 알라." 는 얘기가 완성된 경계라고나 할까. 만유와 하나가 된 자신이 우주의 중심이고 전체이며 영원인 절대의 존재가 되는 것이다.

현실 속에 있으면서도 현실로부터 해방, 해탈한 존재가 된다. 시간속에 있으면서도 불멸의 존재가 되는 것이다. 하나가 전체이고, 생사와 열반이 하나이며, 색즉시공 공즉시색이며, 부분과 전체, 신과 인간이 모두 중심이다. 모두가 중심이기에 기하학적인 어떤 점이 존재하지 않는 상태라 할 것이다. 현실을 부정하며 긍정하고, 긍정하며 또 부정하는 역설적인 미학이 하나로 관통되는 세계, 한 점이 중심이자 영원인 마음의 자리로, 한 점에 대한 전심전념이 지극히 강조되는 이유이다. 엘리아데의 얘기대로 성(聖)과 속(俗)이 전혀 다르면서도 함께하는 현실 가운데의 통일, 이것이 수행자들의 영원한 과제인 셈이다.

아사나나 차크라 등이 한결같이 전체성, 영원성에의 통찰을 위한 도구로서의 가치성을 명백히 인정받는 이유는 호흡법, 차크라를 통한 영원성과의 합일(合一), 전체성의 배양 등이 붓다의 세계로 나아가기 위한 가장 중요한 수행이기 때문이다. 문자 그대로 하나의 대상을 향한 집중, 규칙적인 호흡, 육신의 통제, 차크라의 통일 등 모든 수행은 해방, 해탈, 열반을 위한 대단히 중요한 수행방법임을 입증받을 수 있는 것이다. 모든 수행의 노력은 따지고 보면 우주 전체와 하나 되는 우주화라고나 할까. 아사나와 차크라 그리고 쿤달리니 수행 등은 인간을 천체, 우주, 태양, 달 등과 하나로 인식해 수행하는 신비로운 수행방법이다.

해탈 열반은 우주화에 대한 공부와 인식 없이는 불가능하다. 삼매나 선정은 자신을 텅 비우면서 우주로 꽉 채우는 '텅 빈 충만'이라든가, 불신보변시방중 법신충만어법계(佛身普徧十方中 法身充滿於法界)의 차원이라 할 것이다.

禪,
瞑想의 향연

영원은 우리의 본성
수행은 우리의 운명

5장

각 종교 전통의
차이점과 공통점

모든 종교의 궁극적 목적지
역시 하나다

만유는 모두 하나에서 나왔다. 하나에서 둘이 되고 셋이 되고 무한
으로 벌어졌다. 일상(一相)이 무상(無相)이고 무상이 무한상(無限相)
이라 하였다. 쌀 한 톨에도 우주가 들어 있다 하고 물 한 방울에도 우
주가 들어 있다 했다. 분명히 그렇다. 화엄의 가르침대로 하나가 전
체이고 전체가 하나이니까. 항상 부르짖는 얘기이고 부처님께서 말
씀하셨듯이 '하나'는 부처님이요, 모양 없으나 무한한 모양을 두루
나타내는 고로 언제나 우리 모두의 마음과 몸 가운데 함께하신다. 바
로 그 하나의 자리에 도달하기 위해 무량중생들은 언제 어느 곳에서
든 애쓰고 있다. 본래 부처이고 지금도 부처이며 부처가 될 것이 분
명하기 때문이다. 하나에서 나왔기에 힘겨워도 고향 찾는 마음으로
나아가는 것이다.

부처님 가르침대로 무명(無明) 때문이든 타종교에서 말하듯 선악
과를 따먹고 에덴동산에서 추방되었든 간에 분명한 사실은 현실의
고통 속에서 하루하루를 힘겹게 이겨 나가는 부처들이기 때문이다.
하나의 세계는 '하나'이기에 절대요, 시간과 공간을 떠난 세계이다.

그리고 또 '하나'는 사랑의 세계이기에 그다지도 황홀한 세계를 떠나온 안타까움 때문에, 그 누구든 사랑의 세계인 부처님 나라를 고향처럼 그리워한다. 그래서 『법화경』의 '궁자의 비유'라거나 타종교의 탕자의 얘기들이 등장하는 것이다.

그런데 문제는 수많은 종교나 믿음들이 하나같이 이상향을 얘기하면서도 설명이 저마다 다르고 주장이 저마다 다르다는 데 문제가 있다. 서로 다른 것만이 문제가 아니다. 싸움박질을 하고 "나 외에 다른 신(神)을 섬기지 말라."든지 하면서 타종교는 고사하고 같은 경전을 가지고 매일 암송을 하면서도 종파가 다르다고 목을 친다. 그것도 어린아이들을 시켜 어른들의 참수를 시킨다. 참으로 안타깝고도 어처구니없는 일들이 아닐 수 없다. 모두 하나의 길, 영원의 길을 목표로 나간다 하면서 왜 이 같은 일들이 벌어지는 걸까. 부처님 가르침대로 모두가 무명 때문에 어리석어서이다. 기독교를 믿는 사람들은 불교 등 여타 종교를 '사탄의 종교'라 한다. 안타깝고 눈물이 날 지경이다. 그래서 각 종교의 수행법을 들여다본 것이다.

분명 종교 간에 차이점은 너무도 현격하게 갈라져 있다. 기독교와 불교만 하더라도 (1) 신관과 세계관의 차이, (2) 인간관의 차이, (3) 절대자의 인격성(유일신교)과 절대적 실재의 탈인격성(불교), (4) 유일신교에서의 신과 인간의 존재론적 불연속성과 불교의 평등성, (5) 원죄의식과 근본무명의 차이, (6) 계시의 종교와 이법의 종교, (7) 단선적 인생관과 윤회관 등의 현저한 차이를 보인다. (길희성)

현격한 차이점을 보이는 가운데 그래도 무언가 종교라는 이름들을 걸고 있는 한 한길로 통하는 무엇인가가 있을 것이라는 판단이다. 특히 모든 종교의 창교주들은 분명 몸과 마음을 던지는 수행을 피하지 않았을 것이란 생각을 하게 됐고, 그 결과 수행의 길은 결국 하나의 길에서 만날 수밖에 없다는 생각을 했다. 그 같은 생각은 어느 정도 타당성을 가지고 각 종교의 수행법들을 탐구하는 가운데 많은 유사점을 드러내 보여 주었다. 그러나 문제는 하나의 길을 나아가 하나의 세계에 완벽히 도달했던가, 아닌가 하는 점은 판단의 영역 저 너머에 있을 수밖에 없다. 각 종교의 문화적, 집단적 괴리감과 차이로 인해 얼마간의 이질감과 격차를 보일 수밖에 없었다. 그 같은 점을 인정하면서도 지속적으로 각 종교의 수행방법을 탐구한 이유는 인류가 하나요, 우주가 하나요, 우리가 모두 하나라는 강렬한 의지 때문이었다.

정녕 하나의 길은 본질적으로 하나인 우리 모두를 하나의 세계로 이끌 것이다. 성문4과에서도 수다원, 사다함, 아나함, 아라한으로 승화되는 가운데 지구에 7번 태어나는 사람, 한 번만 더 태어나면 색계로 가는 사람, 직접 색계로 가는 사람, 무색계로 가는 사람 등으로 나뉜다. 그러나 그들도 역시 모두 하나를 향해 가는 존재들, 성문, 연각, 보살을 거쳐 불(佛)에 이른다. 『화엄경』에 나오는 대로 "부처님은 허공을 몸으로 하는 분이시고 허공을 마음으로 하는 분이시다. 무한한 눈이 있어서 무량중생들을 다 굽어보고 계시고, 무한한 귀가 있어서 다 듣고 계시며, 무한한 코가 있어서 모든 향기를 다 맡고 계시며, 무한한 혀가 있어서 무한한 말씀을 하고 계시며, 무한한 몸이 있어서 모든 중생들을 제도하신다."고 했다.

하나의 길에도
저마다 차원이 다를 수 있다

　그런데 도무지 하나인 세계를 어떻게 이해해야만 옳을 것인가. 우리 중생들, 특히 사바세계 중생들은 눈, 귀, 코, 혀, 몸의 감각기관이 모두 갈라져 있다. 각각 색, 성, 향, 미, 촉, 법을 인연하여 식(識)을 만든다. 각각의 감각기관이 대상을 만날 때마다 만드는 상황정보라 할까. 그 같은 정보들이 안식(眼識), 이식(耳識), 비식(鼻識), 설식(舌識), 신식(身識), 의식(意識)이라 불리는데 각각의 감각기관이 나누어져 정리된다. 유식(唯識)에는 1식부터 8식 아뢰야식까지가 윤회의 근본이라 한다. 그런데 부처님은 하나이자 무한이시기에 하나로 모든 것을 받아들이신다. 『반야심경』의 무안이비설신의 무색성향미촉법 무안계 내지 무의식계인 것이다. 다시 말하면 우리는 둔탁한 물질을 대하고 둔탁한 파장으로 된 세계 속을 산다. 그러나 고차원적 파장의 세계 하나에 가까이 간 존재들, 이른바 차원이 다른 존재들은 감각이 하나가 된다. 빛으로 된 음악을 즐기고 빛을 맛보고 먹고 빛을 만지며 빛의 형식으로 된 생각이나 빛으로 된 만상을 체험하며 먹고 산다. 우리도 광합성 식물들을 먹고 살지 않는가? 광합성은 빛을 뭉친 것이다.

상상해 보라! 빛 역시 진동이고 파장이다. 우리가 대하는 파장은 거칠지만, 하늘나라, 극락이라든가 하는 세상을 설명한 『아미타경』, 『정토삼부경』 등을 보면 빛의 찬연한 세계가 전개된다. 그 같은 세계에 사는 사람들은 모든 감각기관이 분화돼 있지 않다. 육신이 없고 상념체(想念體)이기에 하나에 가깝다. 『화엄경』의 부처님 말씀대로 모든 것이 하나로 어우러진 찬연한 세계이다. 말로는 표현할 수 없는 지극히 아름다운, 모든 상황이 하나로 감지되는 세계라는 사실을 얘기하고 있다는 의미이다. 찬연한 빛을 음악으로 듣고 느끼고 보며 쉴 새 없이 변화하는 아름다운 음악이자 음식인 빛의 향연을 바라보며 맛보며 향기를 느끼고 만져보며 그 아름다움 속에 살고 있다는 상상을 해 보라. 하나의 세계, 부처님 세계, 신(神)들의 세계로 나아간 존재들, 영혼들이라 할까. 그들 영혼들이 지닌 섬세하고도 통일된 감각의 기쁨은 우리가 살고 있는 세계의 감각들과 비교가 안 된다. 그들은 차원 낮은 세계를 얼마나 숨 막히고 갑갑하게 여길 것인가 하는 점이다. 도저히 말로는 표현할 수 없는 세계가 열리기에 언어도단(言語道斷)이요, 심행처멸(心行處滅)의 세계라고밖에 달리 표현할 길이 없다.

왜 이 같은 얘기를 여기에서 끄집어내는가 하면 각 종교의 수행자들이 체험하는 세계들이 우리들의 5감으로 체험하는 세계를 뛰어넘어 있기에 그들이 평소 가졌던 상념에 따라 체험하는 경지가 천차만별일 수밖에 없고 그들의 표현양식과 체험형태가 저마다 다를 수밖에 없다는 점을 얘기하고 싶어서이다. 왜 모든 종교가 저마다 다른 소리를 내며 갖가지 다툼을 벌이고 있는 것일까? 그것은 다른 데 이유가 있는 것이 아니다.

목적지를 향해서 출발하는 것은 누구나 같다. 하나의 목적지다. 목적지는 하나다. 그러나 그 같은 행로 가운데에서도 자신들이 평소 지

넜던 상념 따라, 문화풍토 따라 다른 지견들이 있기에 그 같은 종교
상 차이를 유발할 수밖에 없다는 점 때문이다. '일체유심조(一切唯心
造)'다. 둔탁한 차원을 넘어선 세계는 오로지 상념으로만 이루어지고
그 세계의 현묘함이란 상상을 절하는 세계이기 때문이다. 만상이 모
두 마음이기에 무명과 아욕을 완전히 극복하지 못하는 한 우주의 대
해와 하나 될 수 없기 때문이다. 우리가 육체를 가지고 태어났다는
사실조차 충족되지 못한 욕망과 집착이 있음을 말해주는 것이고 그
같은 바탕 하에서의 체험은 왜곡될 가능성이 농후하다. 인간의 영혼
이 육체에 담겨있는 한, 죽음의 망치에 의해 육체가 깨어진다 하더라
도 영혼이라든지 영체 또는 상념체라고 하는 덮개가 있는 한, 영혼은
우주대해의 생명에 들어서기가 어렵다.

　우리가 수행을 감행하는 이유는 부처님의 지혜에 의해 절대의 경
지에 도달할 경우 해탈의 길이 열리고, 우리의 영혼은 헤아리기 어
려운 광대한 것과 하나가 되기 때문이다. 진실로 마음의 세계는 말로
표현이 불가능한 세계이고 우리가 살고 있는 물질적 우주는 고체인
덩어리같이 보이지만 물거품 같은 것으로 거대한 허공 가운데 떠 있
는 하나의 풍선 같다고 생각하면 틀림이 없다. 우리의 인생이 물거품
같은 것이라 하듯이 우리가 살고 있는 천체도 풍선과 마찬가지이다.

　수행하는 가운데 만나게 되는 세계는 어느 정도 깊어지면 육신이
없어지는 듯한 느낌을 받을 때가 있다. 자기의 육신이 육안으로 보이
지 않으며 오직 상념(想念)으로만 존재하는 것을 체험한다. 그때가
되면 만상, 즉 동물, 식물, 심지어 박테리아, 고체, 액체, 기체, 전기
에너지뿐만 아니라 인간, 신(神)들조차도 의식의 형태로 지각하게 된
다. 그래서 인간이 공상(空想) 속에서나 하는 일들이 상념체의 존재
들은 현실 속에서도 실현 가능하다. 탁월한 수행의 경지에 나아간 존
재들은 영원의 진리라는 양식만을 머금고 살고, 모든 것을 이겼기에

모든 것이 가능하다.

고차원적인 세계, 하나의 세계를 향해 나간 존재들은 전자로 되어 있는 존재도 아니고, 기(氣)라든가 프라나 등으로 조직되어 있는 존재도 아니다. 그들은 하나같이 법(法)으로, 진리로 이루어진 법신(法身)으로 되어 있다. 불신충만어법계(佛身充滿於法界)인 존재이다. 그들의 환희와 열락은 상상을 초월하는 세계이기에 표현이 불가능하다. 우리가 수행한다는 것은 그 같은 상황을 향해 나아가는 것인데 그 같은 세계를 체험하고 말로 표현하는 차이로 인해 너무도 많은 대가를 치르고 있는 것이다.

각 종교 전통의 신비주의는
그 목표가 같다는 사실에
주목한다

기독교와 이슬람, 불교는 여러모로 비교는 어렵지만 각 종교마다 수행의 특징을 들어보며 하나의 길로 나아가려 한다. 우선 크게 차이가 나는 점은 신(神)이 개입하는 수행과 그렇지 않은 수행으로 나눌 수 있다. 따지고 보면 불교에서도 신이란 말을 많이 쓴다. 주풍신, 주공신 등등 『화엄경』을 보라! 얼마나 많은 신들이 있는가? 그래서 불교에서는 신중(神衆)이라 부른다. 그런데 타종교에서는 '유일신'이다. 전지전능한 존재다. 불교에서는 몸과 마음을 갈고 닦아 지혜와 공덕이 쌓이면 누구나 신중들이 될 수 있다. 불교의 신관(神觀)과 전혀 다른 신관이라 볼 수 있는데, 아이들은 흔히 "부처님이 더 높아요, 하느님이 더 높아요?"라고 묻는다. 귀엽기도 하고 우습기도 하다. 어쨌든 관점의 차이를 왈가왈부할 것은 없고 분명 거룩하고 숭고한 존재가 이 광활한 우주를 궁글리고 있다는 점에서 신을 인정하고 있다고 본다면 말만 다르고 이름만 다르지 무슨 차이가 있겠나 싶다. 그러나 불교에서는 그 누구나가 부처의 분신이고 부처의 아들 딸이고 모두가 부처가 된다고 하는데, 아니 지금도 부처라 하는데, 타종교에서는 신과 인간의 이원적(二元的) 구성을 펴고 있어 분명 차이가 있긴 하다. 예수는 "너희들 마음 가운데 하느님이 계시다." 라고 했고, "너희들은 하느님의 모양을 따라 지어졌다."고 했다. 불교와 관점이 미묘한 차이가 있는 듯 느껴진다. 신을 섬기느냐 여하에 따라 나눌 수 있기도 하겠으나 각 종교 수행론의 차이는 방법상의 차이에 불과하고 산의 정상에 오를 때 길은 여러 코스가 있지 않은가 하는 생각도 든다. 과연 어디까지 얼마만큼 올랐느냐의 차이점은 있을 수 있다.

길희성은 특히 불교와 기독교의 차이를 7가지에 걸쳐 나열하면서 현격한 사상적 차이를 가진 이질적 두 종교가 어떤 사상적 접점 내지 공통점을 찾을 가능성을 종교 간의 수행 특히 기독교, 이슬람의 신비주의에서 찾으려 한다.

유구하고 풍부한 전통을 가진 종교들 가운데 특이하고 다양한 사상이 발견되는 것은 사실이다. 특히 유일신 신앙에 기초한 세 종교인 유대교, 기독교, 이슬람교의 전통 내에는 비록 주류는 아니지만, 창조주와 피조물의 이원적 대립, 그리고 하느님과 인간 사이의 괴리를 극복하고 둘의 완전한 합일을 지향하는 신비주의 전통이 면면히 흘러왔다는 사실에 주목할 필요가 있다. 유대교의 카발라(Kabbalah), 이슬람의 수피즘(Sufism) 그리고 서양 중세 기독교의 신비주의 흐름이 그것이다. 이러한 신비주의 전통의 공통점은 신비적 합일을 통해 하느님과 인간 사이의 일치, 즉 신인합일의 경지에 이르는 것으로서 동양 종교의 근본적 이념과 상통한다. 따라서 신비주의 전통에서 우리가 유일신 종교들과 불교를 위시한 동양 종교와 만남을 모색하는 것은 자연스러운 일이다. 신비주의 전통에서 우리는 '이원적' 대립성을 넘어서는 유일신 종교의 또 다른 모습을 접하게 되어 동양 전통과의 친화성 접촉점을 발견할 수 있기 때문이다.

기독교 신비주의자 가운데 요하네스 에크하르트(Johannes Eckhart)를 동양적 기독교라 부르기도 한다. 그 이유는 첫째 그가 창조주와 피조물의 이원적 질서를 지양하고 신인합일(神人合一)적 경지를 추구하기 때문이며, 둘째 이러한 신인합일을 이루고자 하는 그의 수행론이 불교의 그것과 매우 유사하기 때문이다. 에크하르트가 강조하는 초탈(超脫 Abgeschiedenheit) 혹은 초연(Gelassenheit)은 인간이 영혼의 본성을 회복하여 참사람(ein wahrer Mensch)에 이르는 길로서 온갖 종류의 심상(心相)과 욕망을 제거해야만 한다. 즉 욕심과 집착을 떠나고 그것들의 근원인 아집으로부터 떠나는 자기방하(sich selbst lassen)가 그의 수행론의 핵심이다. 그가 말하는 초탈과 불교의 방하(放下) 내지 무념(無念)은 놀랍도록 유사한 개념이라는 것을 알 수 있다. 특히 그의 참사람은 임제선사의 무위진인(無爲眞人)과 매우 흡사하다. 실제로 에크하르트가 말하는 초탈과 소외된 개체로서의 자기부정은 '하느님 없는 자유'에까지 나아간다. 이러한 점에서 에크하르트는 가히 유신론과 무신론의 대립은 물론 인격신관과 탈 인격신관의 대립까지도 초월하고 있다. 그의 기독교는 역설적이게도 '하느님 없음 속에서 하느님의 현존을 사는 것'이다.

물론 에크하르트가 유일신교의 수행 전통을 대표하는 것도 아니요, 선불교가 불교 수행법을 대표하고 있는 것도 아니다. 그러나 에크하르트를 정점으로 하는 기독교 신비주의가 그 내용과 체험의 특징에 있어 선적 체험에 상당히 근접하고 있다는 것만은 분명하다. 이러한 점이 적어도 두 종교 간에 넘을 수 없는 심연이 존재하는 것만은 아니라는 증좌로 받아들일 수 있을 것이다. 수피즘 역시 요가와도 비슷한 점이 너무도 많다. 특히 수피들의 언행을 보면 어떤 경우 선불교의 선사들과 구분할 수 없을 정도이다. 이것 역시 두 전통의 궁극 목표가 개체의식을 초월하여 우주의식과 하나 되는 경지를 추구하기 때문이다. 수피들 가운데 우주의식과 하나가 되는 체험을 한 자들은 "나는 알라다." 라고 선언한다. 수피의 명상법인 '디크르'가 불교 수행법의 하나인 만트라와 같이 궁극적으로는 삼매를 구현하는 길 중의 하나라는 것 역시 모든 신비주의 전통의 유사성을 말해주는 것이다.

요가와 불교명상

불교와 힌두이즘의 차이는 관점에 따라 다양하다. 관용과 융화의 종교이자 철학인 정통 인도사상 쪽에서 볼 때 불교는 베다를 정점으로 하는 거대한 물결의 한 지류에 불과하다. 그러나 불교에서는 불교의 무아론과 힌두이즘의 아트만사상 사이에 간과할 수 없는 차이를 들며 차별성을 주장한다. 그러나 붓다 자신의 교설을 보면 인도 전통사상과 자신의 가르침을 구분하고자 하는 노력을 하지 않았다. 붓다는 그 자신 그의 교설에서 이상적인 인간상을 가리킬 때 "사려 깊은 바라문들은 이러이러하게 행한다." 는 식으로 말하였다. 그리고 자이나교의 유력한 장자의 귀의를 거부하고 교주인 마하비라에게 돌려보낸 것을 볼 때 후세에 생각하는 것만큼 종파의식을 갖지는 않았던 것으로 보인다.

언어적으로는 무아론적 입장을 표명하더라도 심리적으로 무언가를 붙잡고 있는 경우도 있을 것이며, 그 반대의 경우는 상정할 수 있다. 요가의 궁극적 목표는 아트만(Atman 개아)와 브라만(Brahman 우주아)의 합일(合一)이다. 유신론적 입장에서 신인합일(神人合一)

이라고 말할 수도 있겠지만, 개체와 전체성의 융화라는 표현으로 받아들일 수도 있다. 그런 점에서 불교의 견성체험이나 열반의 상태와 어느 정도 접점을 찾을 수 있다. 그러나 붓다는 우파니샤드의 사색의 결과인 아트만과 브라만의 합일을 부정했다. 원론을 부정했지만 현상세계를 초월한 궁극적이고 절대적인 실체를 완전히 부인하지는 않았다.

불교가 비상비비상처정까지는 외도와 공유하지만, 그 이상의 상수멸정(想受滅定)과 불교적 열반은 오직 불교 고유의 경지라 주장했다. 이러한 주장 역시 개아적 차원에서 전체성의 차원, 그것을 신(神)이라 하든, 도(道)라고 하든, 열반이나 해탈이라고 하든, 하나로 나아간다는 점에서 여타 종교전통과 큰 차이가 없다고 말할 수밖에 없다. 실제로 유신론과 무신론적 특성을 제외하면 불교와 요가의 수행 가운데는 상당히 유사한 행법이 많다. 붓다가 자신 스스로 요가행법을 수행했기 때문이기도 하지만 궁극적으로 목적하는 바가 비슷하기 때문이다.

요가 수행은 우리에게 익숙한 자세와 동작(아사나)으로 흔히 알려져 있지만 실로 수행의 백과사전이라고 할 만큼 모든 수행법이 망라되어 있다는 점에서 여타 종교 전통과 동이(同異)를 요구한다는 것 자체가 난센스에 가깝다. 불교의 유가철학(瑜伽哲學 Yogacara-Vada)의 명칭 역시 요가 수행에 근거한 사상인 것처럼 요가 수행의 전통은 불교 깊숙이 자리 잡고 있다. 수행법에 관한 한 불교의 여러 수행법 역시 결국 요가의 변용인 만큼 넓게 보아 요가 수행의 범주 안에 있다 해도 틀린 말이 아니다. '차크라 참선'이란 용어 역시 전혀 불교와 이질감 있는 용어라 말할 수 없다.

그러나 요가가 불교에 수용되었다 해서 불교 수행법의 특성이 중요하지 않다는 것이 아니다. 요가 수행을 거친 붓다가 자신의 깨달음을 토대로 개발한 수행법인 사념처 수행이나 기타 다양한 지관법은 그 나름으로 특정목적을 효과적으로 성취하기 위해 고안된 것이다. 특히 불교의 관법은 붓다가 깨달은 바 있는 그대로의 진실인 '연기(緣起)를 본다.'는 점에 불교적 특성이 있음이 분명하다. 이는 중국의 천태지의가 집대성한 『마하지관』과 중국 불교의 특성을 약여하게 보여주는 선불교 수행의 경우도 마찬가지이다. 도가사상과 불교의 혼합이라고 일컬어지는 선 수행법이 외양상 독특하게 보여도 결국 있는 그대로의 진리에 계합하고자 한다는 점에서 불교적이며, 묵조건 간화건 구체적 방법론의 차이는 지엽적인 것에 불과한 것이다.

기(氣)와 프라나(Prana)

불교가 전래된 기원 전후에 중국에는 이미 세련된 문명과 철학사상이 발달해 있었다. 그들의 문화적 자부심은 외래 종교인 불교를 그들 나름대로 소화 흡수하는 저력을 보여 주었다. 제자백가 중에 불교적 세계관에 견줄 만한 것으로 도가사상(道家思想)이 있었다. 철학적인 측면에서 불교를 수용한 결과가 소위 격의불교(格義佛敎)였다. 그들은 공사상을 이해하는 데 노장의 무(無)를 원용하는가 하면 나름대로 다양한 해석법을 제시하고 논쟁하기도 하였다. 불교의 좌선법은 도교 계열의 정좌법과 혼용되었다. 그러던 것이 수(隋)대의 천태지의가 등장하여 불교의 명상법을 지관(止觀)으로 체계화하며『마하지관』및 『소지관』이라는 저술을 통해 집대성하였다. 이 저술들은 특히 수행론을 중심으로 정리된 것으로 중국 고유의 선불교 수행법도 그 연원이 여기에 있다고 할 수 있다.

불교나 요가의 수련이 마음을 중심에 두는데 반해 도교 계열의 수행은 몸을 위주로 한다는 것이 일반적인 생각이지만 이분법적으로 구분해낼 수 있는 것은 아니다. 예컨대 도교의 수련도 마음이 따라가지 않으면 축기(畜氣)나 운기(運氣)가 되지 않기 때문에 언제나 의수(意守 마음지킴)를 중시할 수밖에 없다. 의수는 결국 마음을 한데 모으는 것인 만큼 마음 집중이며 일종의 삼매라고 말할 수 있다. 그러나 도교의 의수는 상당한 경지에 이르기까지도 기를 모으고 운용하는 보조적인 역할에 머물 수도 있다.

기의 수련이 반드시 정(精)의 강화로 일방통행하는 것은 아니기 때문에 도교의 수련이 몸의 수련에 국한된다고 단정할 수는 없으나 대개 몸과 현실세계가 중시되는 것이 도교 수련의 일반적 특징이라고 할 수 있다. 몸의 건강과 장생불사를 바라는 것은 몸의 건강이 마음의 건강과 직결된다는 점에서 긍정적 요소가 없지 않지만, 간혹 신비현상이나 초능력을 추구하는 쪽으로 발전하기도 해 위험성을 안고 있다.

이러한 병폐를 줄이기 위해 수련의 철학적 기초를 확고히 다질 필요가 있는데 그 결과 도교 수련법에 선불교의 사상, 행공법 등이 많이 채용돼 상호 깊은 영향을 주고받게 되었다. 그러다 보니 양자 간에 정체성까지 모호한 경우도 많이 볼 수 있다. 가장 대표적 도교 수련이라 할 수 있는 중국 오류종(五柳宗)의 경우 용어와 수련취지 등에서 선불교의 절대적 영향을 읽을 수 있다. 대부분의 도교 계열 수련법의 경우 상대적으로 치밀하고 체계적인 불교사상을 적극 도입해 철학적 취약점을 보완하였다.

도교 수련에서도 조신(調身)과 조식(調息)이 결국 조심(調心)을 위한 것이며 마음의 잡념을 떨치고 상단전의 기(氣)와 중단전의 신(神)이 하단전의 정(精)과 하나가 되는 것을 이상으로 삼고 있다. 따라서 도교의 행공도 몸과 호흡과 의념이 조화를 이루도록 구성되어 있다. 국선도의 경우 하단전은 경락이 처음 생겨나는 곳이라 하여 '본래자리'라 일컫고 무념무상의 평화로운 마음이 깃든다고 하여 '무심의 자리'라 하여 중시하고 있다. 그러나 도교 수련의 이론적 기초를 강화하기 위해 선불교를 적극적으로 수용한 경우는 논외로 하더라도 여타 대부분의 도교 수련에 있어서 마음의 수련에 대한 이론적 근거와 지향점은 매우 모호한 것이 사실이다. 이것은 수련의 대전제에 관한 문제로서 사전에 수행의 의의와 목적이 명확하게 인식되지 않는 것은 큰 문제이다. 그럴 경우 수련이 욕망을 성취하기 위한 수단으로 전락하거나 자아에 대한 집착을 강화시키는 역작용을 낳을 우려가 있다.

도교적 수련법이 기초하고 있는 미세한 생명 에너지인 기(氣)에 해당하는 것이 요가에서는 프라나(Prana)라고 할 수 있다. 기가 의념(意念)에 의해 움직이듯이 프라나 역시 의식에 의해 각성되는 것으로 이해된다. 그러니까 요가 수행법을 구성하는 아사나와 프라나야마 호흡법 역시 프라나를 각성시키기 위한 것이므로 궁극적으로 도교 수련과 요가 수련의 지향점은 일치한다고도 말할 수 있겠지만, 각론에 있어서는 많은 차이가 있다.

도교와 선불교
그리고 요가

우선 요가에서 말하는 7개의 차크라는 단전이나 경혈과 정확히 일치하지 않거나 일치하더라도 중요도에서 차이가 난다. 즉 도교에서는 상중하 단전이 중요한 경혈인데 반해 이 위치가 요가에서는 그저 다른 차크라와 다를 바 없는 쿤달리니의 통로일 뿐이다. 또 하나의 차이점은 요가와 탄트라의 수행에서 중시되는 쿤달리니라는 것에 대응하는 개념이 도교에는 없으며 요가 시스템에는 도교에서 가장 중시하는 기해(氣海) 단전에 대한 인식이 크게 중요시 되지 않는다. 요가에서도 마니프라 차크라라 해서 하나의 중요 차크라라 얘기하지만, 그 위치가 도교와는 다르고 그저 7개의 차크라 중 하나로 꼭 '기해'와 같이 중요한 자리로 강조되고 있지도 않다. 또 상중하 단전에서 형성되는 단약(丹藥)과 쿤달리니는 그 기능과 의의 및 발현되는 위치가 전혀 다르다.

일반적으로 쿤달리니를 성 에너지(Sexual Energy)라고 하지만 확대 해석하면 기를 지칭할 때 흔히 쓰이며 생명 에너지(Vital Energy)로 볼 수도 있다. 따라서 프라나나 기는 거의 같은 것을 가리킨다고 보아도 무방하다. 인류의 정신문화와 신체구조의 유사성에 비추어 볼 때 궁극적으로 지향하는 바가 다르다고 볼 수는 없겠다.

　요가나 도교는 모두 미세한 생명 에너지를 일깨워 의식의 전변을 추구한다는 점에서 그러하며 두 전통을 따르는 수행자의 정신적 성취 또한 매우 유사한 것으로 관찰되기 때문이다. 그렇다면 그 차이는 어디에서 오는 것인가? 차크라와 경락이 어느 정도 일치한다는 사실에서 양자가 모두 수련자의 체험으로부터 추론된 개념이라는 결론을 내릴 수 있겠다. 다시 말하면 어느 정도 객관적인 관찰의 결과이며 동시에 인종과 문화적 배경과는 관계없는 보편적 현상이라는 사실이다. 그럼에도 불구하고 다른 점이 발견되는 이유는 그 체험을 기술하는 문화적, 종교적 배경의 차이 때문일 것이다. 인체 내에서 느껴지는 현상이나 감각은 매우 미묘하기 때문에 기술의 틀이 얼마든지 상이한 방식으로 이루어질 수 있는 것이다. 실용성을 중시하는 도교의 수련법과 종교적 차원에서 접근한 요가 수행의 차이점이 그 같은 차이를 만들어 내는 데 일조했는지도 모른다.

　박석은 이 문제를 집단주관의 틀의 차이로 설명하고 있다.

　왜 요가와 단학은 이렇게 차이가 심한가? 인도인이나 동북아시아인 중에서 어느 한쪽이 잘못 보기 때문일까? 만약 그렇다면 어느 쪽이 착각일까? 혹시 인도인의 기(氣)의 통로나 기의 집결처와 동북아시아인의 그것이 전혀 서로 다르게 되어 있는 것일까? 이것 또한 설득력이 없다. 원래부터 서로 다르다고 한다면 동북아시아인은 처음부터 요가 수행을 할 수 없고 반대로 인도인은 단학 수행을 할 수 없었을 것이다.

　그러면 왜 차이가 나는 것인가? 답은 무엇일까? 그것은 미세한 몸 자체가 원래 서로 다른 것이 아니라 각기 자기가 속해 있는 문화권의 '집단주관' 이라는 색안경을 통해 다르게 보고 있기 때문이다. 요가나 단학의 프라나, 기에 해당하는 미지의 생명 에너지가 존재한다는 것은 객관적인 사실이라고 할 수 있다. 그러나 그것이 흐르는 나디(Nadi) 내지는 경락, 그리고 그것이 모이는 센터인 차크라 내지는 경혈 등은 객관적 실체가 아니다. 우리는 양자를 서로 대립적인 것이 아니라 상호적인 것으로 보면서 보다 완전하고 실제에 가까운 틀을 창출해야 할 것이다. 그것이 바로 집단주관을 극복하는 길이다.

여기서 '집단주관'이란 위에서 말한바 유사한 체험을 기술하는 언어, 문화적 틀이라는 개념과 유사하다고 볼 수 있다. 집단주관이란 지역에 따라 문화를 공유하는 집단단위로 '동일한 체험'을 서로 다르게 해석하거나 이해하고 있다는 것이다.

추구하는 바가 다르면 강조점이 달라진다. 단거리 선수에게 역도 선수와 같은 어깨 근육의 발달이 필요치 않은 것과 같다. 마찬가지로 목적이 다르면 그 방법도 달라진다. 도교는 원래 불로장생하는 존재인 신선을 지향한 종교라 할 수 있다. 불로장생을 위해 외단(外丹)을 빚다가 그 부작용으로 내단(內丹)을, 즉 호흡을 통해 단전(丹田)에 원기를 응축하는 방법으로 전환한 것은 앞서 설명한 바와 같다. 그리고 늙지 않을 뿐 아니라 더 젊어지는 소위 반노환동(返老還童) 비법으로 기해(氣海) 단전의 중요성이 부각되었다. 그것은 태아 때부터 모체로부터 영양과 기를 공급받던 터미널로서 젊음을 되돌리기 위해 본래의 상태로 회귀하고자 하는 염원과 생리적 이치가 결합된 결과였다.

반면, 요가의 목표는 여타 힌두이즘의 전통과 마찬가지로 궁극적으로는 윤회로부터의 완전한 해방인 것이다. 요가 수행을 통한 완전한 해방이란 결국 우주의식과 하나가 되는 범아일여(梵我一如)의 깨달음이다. 7개의 차크라는 개체의 생명 에너지가 정수리의 사하스라라 차크라에서 우주 에너지와 합일하기 위해 상승하는 통로인 것이다. 이렇게 다른 세계관과 목적에 따라 상이하게 개발된 것이 경락과 경혈이나 차크라와 나디, 마르마라 볼 수 있다.

도교는 도교사상을 수용한 후, 선불교와의 상호교섭을 통해 사상의 폭과 깊이를 더욱 넓혔다. 오류선종의 경우 연신환허(練神還虛)의 단계는 태허와의 합일(合一) 혹은 신인합일(神人合一)의 경지를 추구한 것으로 요가 수행의 목표인 범아일여의 경지와 일맥상통하는 점이 있다. 두 전통이 추구하는 목표가 같다고 단정할 수는 없다. 그러나 양자 모두 강한 집중, 몸과 마음의 단련을 통해 하나의 길을 가는 과정에 있다는 사실만은 부정할 도리가 없다. 하나의 목적지로 가는 다른 등산로를 오르고 있다고나 할까?

집단주관이란 말은 칼 융의 '집단무의식'을 연상케 한다. 신을 인정하는가, 아닌가에 따라서 그들의 궁극적 목적은 다를 수밖에 없다. 신을 인정하는 사람들은 당연히 그들의 궁극적 목적이 신과의 만남 또는 신의 임재(臨在)라거나 신인합일일 것이고 신을 인정하지 않는 사람들의 수행상 궁극적 목적지는 언어도단 심행처멸(言語道斷 心行處滅) 또는 불이(不二)라거나 해탈(解脫) 또는 망아(忘我), 무아(無我)라 할 것이다.

그 집단이 신을 인정하느냐 아니냐에 따라 수행의 목적지가 다를 수 있으나 그들 모든 수행에 있어 하나의 공통점이 있다면, 그 어느 종교 전통도 공통적으로 쓰는 단어가 사마디(Samadhi)란 점에서 어느 정도 일치를 볼 수 있지 않을까 한다. 왜냐하면 모든 궁극의 과정은 지극한 삼매(三昧)의 세계이기 때문이다.

윌리엄 제임스는 '본능이나 이성에게는 전혀 알려져 있지 않은 사실을 직접 마주 대하는 상태'가 사마디라 정의했다. 언어나 사유를 통해 가는 길이 아니라 그것들이 끊어진 상태의 경험이기 때문이다.

민족, 문화 등 집단무의식 또는 집단주관 하에서 펼쳐지는 종교 전통의 궁극은 하나같이 사마디와 유사한 상태임이 이미 드러나 있기 때문이다. 유대교의 카발라, 가톨릭의 묵상, 이슬람의 수피, 요가 수행, 도교 명상, 불교의 선불교 등이 모두 명칭은 달리하고 종교 전통은 다르지만 그들 모두가 사마디를 통해 하나의 길을 가고 있음을 다시 한 번 확인할 수 있다. 모두가 하나의 길을 가고 있다는 점에서는 대차가 없다. 신(神)을 인정하는가 아닌가에 따라 신현적(神顯的) 차원 그리고 신을 인정하지 않는 비신현적(非神顯的) 차원으로 나누어 그들의 수행도정을 따라가 본다.

신현적(神顯的) 명상

합일(合一 Union)

유일신 종교의 명상법 가운데 형식적 틀로부터 비교적 자유로운 것은 이슬람의 수피즘이라 할 수 있다. 수피즘은 유대교의 카발라보다 교리적인 면에서 더욱 자유롭고 가톨릭의 묵상보다 규범적인 면에서 얼마간 자유롭다. 수피즘의 '큐브르'는 '디크르' 명상을 지속하는 중에 신과 함께 있음을 느끼는 경지를 가리킨다. 그러나 수피즘의 명상은 여기에서 더 나아가 '마합바(Mahabbah 사랑)'라고 불리는 신과의 완전한 합일(合一)의 경지를 추구한다. 그러나 모든 수피들이 반드시 이렇게 정형화된 단계를 거쳐 궁극에 이르는 것은 아니다. 수피들의 기도는 신에 대한 완전한 헌신과 신앙의 표현이다. 11세기 페르시아에 살았던 위대한 철학자요, 신학자인 동시에 수피였던 알 가잘리(Al-Ghazali)는 그의 자서전에서 이렇게 말하고 있다.

그래서 나는 나 자신의 약함을 느끼고 나 자신의 의지를 완전히 포기한 후 아무것도 가진 것이 없는 궁핍한 사람처럼 하느님에게 나아갔다. 하느님은 그에게 간청하는 가엾은 사람에게 말하듯이 대답하셨다. 나의 마음은 더

248 •

이상 영광과 부, 그리고 나의 아이들을 단념하는 데 그 어떤 어려움을 느끼지 않았다. 그래서 나는 바그다드를 떠났다. 그리고 재산 가운데 생존에 필요한 것만을 남겨두고 나머지는 모두 다른 사람들에게 나누어 주었다. 나는 시리아로 가서 2년을 머물렀다. 그곳에서 나는 은거와 고통 속에 살며 욕망을 정복하고 열정과 싸우며 나의 영혼을 순화시키고 나의 성격을 완전케 하며 하느님을 명상할 마음의 준비를 가다듬었다. 이 모든 것은 내가 읽었던 수피의 방법에 의한 것이었다.

수피의 첫 번째 조건은 그의 마음을 하느님 아닌 모든 것으로부터 정화하는 것이다. 명상의 다음번 열쇠는 뜨거운 영혼에서 나오는 겸손한 기도와 마음을 용해시켜 버리는 하느님에 대한 명상에 있다. 그러나 이것은 실제로는 수피적 삶의 시작에 불과하다. 수피의 목적은 하느님 안에 전적으로 흡수되는 것이다. 직관과 이에 선행하는 모든 것들은 이를테면 단지 하느님 안으로 들어가는 입구에 불과하다. 계시는 처음부터 천사와 예언자들이 영혼을 보게 될 정도로 무도하게 나타난다. 그들은 천사의 목소리를 들으며 그들의 은총을 얻게 된다. 그러나 본 형태와 형상에 대한 자각이 사라지고 모든 표현을 뛰어넘는 경지가 펼쳐진다. 그 누구도 죄를 짓는 말을 하지 않고서는 이러한 경지를 설명할 수 없다.

알 가잘리의 기록은 수피로서의 삶의 전형을 보여준다. 이러한 기도와 명상을 통해 수피들은 알라에게 다가가고 마침내 알라와 하나가 되는 체험에 이른다. 명시적으로나 묵시적으로 수피 스스로 알라와 하나 됨을 토로한 경우가 적지 않다. 그러나 이것은 유일신교의 틀 속에서는 분명 용납될 수 없는 신성모독으로서 이것이 또한 하나의 한계이기도 하다. 그 때문에 수피들은 신과의 합일이라는 궁극적 체험을 하면서도 그것을 우회적으로, 상징적으로 표현하려고 노력한다.

유일신의 종교에서 신과 인간과의 관계는 교리상의 문제요, 이성적

논리의 문제일 뿐이다. 그러한 전제를 갖고 출발한다고 해서 실제 명상 체험까지 그러한 논리에 종속되는 것은 아닐 것이다. 명상 체험이란 이미 그러한 이원성이 극복된 상태를 가리키는 것이기 때문이다. 유대교 경전에서 신을 독특한 방식으로 정의하는 것도 어쩌면 체험과 교리와의 갈등을 해소하기 위한 방편인지도 모른다. 카발라 경전에 의하면 인간은 창조주를 어떤 형상이나 상징 심지어 상상으로도 할 수 없다. 신은 이성적 판단의 영역 너머에 존재하는 규정 불가능한 존재임을 강조함으로써 교리가 안고 있는 모순을 해소하려는 것이다.

일반적으로 말해서 인도 요가의 삼매는 범아일여(梵我一如) 혹은 신인합일(神人合一)의 경지를 일컫는다. 범아일여란 개체(Atman)가 우주의 주재자(Brahman)와 하나 됨을 말한다. 사마디와 범아일여에 대한 요가의 가장 충실한 보고를 들어본다.

마음 그 자체는 더 높은 상태의 존재를 갖는다. 마음이 이러한 상태에 다다르면 이성을 넘어서는 지식이 주어진다. 요가의 다양한 단계들은 우리를 사마디 또는 초의식적 상태로 인도하는 것을 목적으로 삼는다. 의식 아래 무의식의 움직임이 있는 것과 같이 의식 위에는 또 다른 움직임이 존재한다. 이것은 에고이즘의 느낌에는 동반되지 않는 것이다. 나에 대한 느낌은 그 어떤 것도 존재하지 않는다. 그러나 마음은 작용하고 있다. 욕망이 없어지고 불안에서 자유로우며 대상이나 몸도 느끼지 못하게 된다. 그러면 진리가 그의 충만함 가운데 우리에게 내려진다. 그리고 우리는 우리 자신에 대해 알게 된다. 사마디는 우리 모두에게 잠재되어 있다. 본래의 우리는 자유롭고 불멸하며 전능하다. 본래의 우리는 유한한 것과 선과 악의 대립을 벗어난 존재이며 아트만 또는 우주적 영혼과 동일한 존재이다. (윌리엄 제임스)

이성을 넘어서는 지식이 어떻게 가능한가. 우리가 무엇을 안다고 할 때 앎은 이성의 사유작용과 그 대상과의 관계 내지는 부딪힘을 가리킨다. 그리고 이러한 상호작용은 이성의 영역 내에서 이루어진다. 논리적으로 말한다면 만약 이성을 벗어난 것이 있다고 한다면 그러한 인식이 있는지 없는지 적어도 이성은 알 수가 없고 결국 우리는 그것이 무엇인지 알 수 없다는 결론에 이른다. 여기서 요가는 일반적 이성의 작용보다 더 높은 이성의 작용으로 무의식 상태를 설정하고 있다. 이는 지식의 계위에도 층차가 있으며 그것이 자아의식이 동반되지 않는 총체성의 인식임을 암시하고 있다. 하나의 세계, 부처님 세계의 5안(眼), 5지(智)의 차원과 맥을 같이 하는 내용으로 이해된다.

대면(對面 Communion)

카발라 수행의 궁극은 신의 현존을 느끼는 것이다. 수행의 단계마다 신과 함께하는 것이다. 이것은 수행의 방법론에 있어 효율적인 측면이 있는 것도 사실이지만 한편으로는 유일신 일반의 한계로 지적되기도 한다. 개념의 정의상 초월자요, 무한자인 신은 인간의 활동을 제한하는 존재가 아니다. 신의 존재가 수행의 한계를 가져올 수가 없다. 인간이 아무리 해도 거기에 도달할 수 없는 신의 영역이 따로 존재한다는 것을 전제하는 세계관과 그러한 초월적 존재를 상정하지 않는 종교적 세계관의 차이는 간과할 수 없다.

가톨릭 또한 명상의 모든 단계의 중심에 신이 있다. 그뢰셀의 '일치기'는 신 앞에 '완전히 항복'하는 것으로 묘사된다. 일반적으로 신에 대한 관념은 사람의 의식 수준이다. 신앙 혹은 수련의 단계에 따라 다를 것이다. 일반적으로 초보적 단계에서는 성경에 대한 축자적 해석을 통해 인격적 요소가 현저한 존재로 이해될 것이고, 많은 교인이 이러한 신관을 가지고 있는 것이 사실이다. 다음으로는 다소 자연신이나 범신론에 가까운 비인격적 원리다. '이법'으로 이해하기도 한다. 이 경우에도 여전히 형상과 심상의 자취가 남아 있어서 명상의 궁극적 단계에서 드러나는 신격으로서는 미진하다. 마지막으로 표현할 수 없고 생각할 수조차 없는 초월적 존재로서의 신을 상정하는데 일부 기독교 신비주의자들은 이것이 진정한 하느님이라고 생각한다. 초기 기독교 신비주의자인 디오니시우스(Dionysius Exiguus)의 말을 들어보자.

그분은 수나 질서나 광대함이나 미소함이나 평등이나 불평등도 아니시고 움직일 수 없는 존재도 아니시며 운동이나 정지 상태에 계시는 존재도 아니시고 어떤 전능도 갖지 않으시며 전능이나 빛도 아니시고 생존하지도 않으시며 생명체도 아니시다. 또한, 그분은 인격적 본질이나 영원한 시간도 아니시고, 지식이나 진리가 아니시기에 이해에 의해 포착될 수 없는 존재이시며 일자(一者)도 아니시고 통일도 아니시며 신성이나 미덕도 아니시고 자식이나 아버지의 신분도 아니시기에 정신도 아니시며, 비존재의 범주에도 존재의 범주에도 속하지 않으신다.

디오니시우스는 하느님의 관념으로부터 인격적 요소를 배제했을 뿐만 아니라 생명 자체도 박탈하고 마침내 존재와 비존재의 구분조차 모두 불허하고 있다. 이것은 마치 대승불교의 불성이나 여래장에 대한 설명을 보는 듯한 착각을 일으킨다. 모든 심상과 형상을 배제한 후에 남는 것은 무엇인가? 이것이 선불교의 요체이기도 하다. 그렇다면 가톨릭의 묵상도 불성을 봄으로써 주객이 합일하는 선 수행과 마찬가지로 궁극적으로는 신인합일, 혹은 주객불이(主客不二)의 명상에 근접한 것으로 볼 수 있을 것이다.

유일신의 일반적인 특성인 신에 대한 절대적 헌신, 즉 믿음에 관한 문제를 생각해 본다. 신과 인간 사이의 존재론적 위상 차이와 철저한 복종을 전제로 한다는 점에서 기독교적 믿음은 무신론적 종교인 불교와 근본적인 차이가 있지만, 대승불교에서 발달한 정토신앙은 기독교적 믿음과 매우 흡사한 측면이 있다. 특히 신의 은총을 희구하는 특성은 일본 정토종의 대성자인 신란(親鸞 1173~1262)의 정토사상과 놀랍도록 유사하다. 물론 신란의 정토사상이 정토사상 전반을 대변하는 것은 아니다.

염불은 특히 신심을 강조하는 측면이 있다. 말세중생은 다른 수가 없이 오로지 염불에만 전념해야 함을 주장한 것은 일본 정토종의 비조인 호넨(法然 1133~1212)이다. 그 제자인 신란는 염불마저도 어려운 길이라고 생각해서 자신의 해탈을 위한 주체적인 노력을 포기하고 오직 아미타불의 본원에 의지해야 한다는 신심 제일주의를 선언하기에 이른다. 신심조차도 자력으로 성취할 구원의 조건이 아니라 아미타불에 의해 주어진다는 극단적인 타력신앙을 주장했다.

신란은 오직 아미타불의 은총으로 구원받는다는 타력신앙의 진리를 역설적으로 표현하여 "선한 사람도 왕생하는데 하물며 악한 사람이야 말할 것 있겠는가." 하고 말할 정도였습니다. 바울 사도의 "죄가 많은 곳에 은혜가 더욱 넘치게 되어 있습니다." (로마서 5:20)라고 하는 말을 연상케 하는 표현이지요. 그는 또 아미타불이 말한 자비의 원을 곰곰이 생각해 보건대 오직 신란 자기 한 사람 때문이었다고 고백할 정도로 깊은 죄의식과 은총에 대한 감사함을 갖고 산 사람이었습니다. 90세 고령으로 입적할 때까지 한편으로는 깊은 죄악으로부터 헤어나지 못하는 자기 자신의 모습에 절망하면서 다른 한편으로는 아미타불의 은총으로 주어진 구원의 기쁨을 증언하면서 살았습니다. 신란이 '일본의 루터'라 불리게 된 것도 쉽게 이해가 가는 일이지요. (길희성)

어떤 점에서는 기독교의 원죄의식이나 최후의 심판과 같은 교리는 불교의 말법사상이나 인과응보설과 비교될 수 있다. 신란이 말세의 박복한 중생들은 아미타불의 은총에 기댈 수밖에 없다고 보는 것이나 기독교에서 피조물은 창조주의 섭리와 은총에 매달릴 수밖에 없다는 것은 두 종교의 현격한 차이를 잊게 만드는 요소들이 아닐 수 없다.

비 신현적(非 神顯的) 명상

주객불이(主客不二)

주객불이는 모든 명상법의 궁극적 경지에서 직간접적으로 언급되는 특성이다. 주객불이의 체험은 일단 일상적 이성의 영역인 언어와 논리를 초월하므로 유일신 종교에서는 신화적 표현을 쓰기도 하고 앞서 인용한 디오니시우스가 간파한 바와 같이 일체의 언설을 거부하거나, 수피 알 가잘리가 말한 것과 같이 '죄를 범하지 않고는 이 경지를 말할 수 없는' 그 무엇인 것이다. 말하자면 주객불이의 유신론적 표현이 신인합일이라 볼 수 있다. 이들의 불교적 표현 역시 언어와 사유의 영역이 아니어서 말과 글이 끊어졌다는 언어도단이거나 마음의 작용이 사라진 심행처멸(心行處滅)의 경지로 표현하는 것이다. 그러나 비신현적 명상의 범주에서 논하자면 역시 선불교의 불성체험을 주객불이의 사례로 들겠다. 선불교 특히 간화선의 전통에서 가장 보편적인 화두는 시심마(是甚麽)이다. 풀이하면 이것 시(是)는 무엇인가 하는 심마(甚麽)이다. '이것'이 가리키는 것은 불성으로서 진여(眞如), 한 물건 일물(一物), 법성(法性), 일심(一心), 무심(無心), 본래면목(本來面目) 등 다양한 언어로 표현한다. 불성에 대한 전형적인 묘사는 다음과 같다.

여기 한 물건이 있는데 (有一物於此)
본래부터 밝고 신령스러운 것인데 (從本以來 昭昭靈靈)
생겨난 것도 아니고 없어지는 것도 아니며 (不曾生不曾滅)
이름을 붙일 수도 없고 모양을 그려낼 수도 없다.(名不得相不得)

『선가귀감』

여기서 이것(是)이 가리키는 불성, 혹은 진여는 일체의 사량 분별
을 떠난 것이어서 형상이나 관념으로 찾아지는 대상이 아니다. 그렇
게 향하게 되면 문득 어긋나기(向卽乖) 때문이다. 사유나 감각의 대
상이 아니면서 그 사유와 감각의 기능을 포함한 총체성(Totality)을
찾는 것이 화두수행의 요체이다. 주객이 둘이 아님, 주객불이는 바로
총체성 속에서 서로를 받아들이는 동시에 버리는 무분별지를 가리킨
것이다. 경허선사의 게송으로 알려진 다음 시구는 주객불이 상태에
서도 모종의 인식이 존재함을 암시하고 있다.

마음달 홀로 밝으니 (心月孤圓)
그 빛이 만상을 삼켰네 (光吞萬象)
마음과 대상을 함께 잊었으니 (心境俱忘)
이것은 또한 무엇인고? (復是何物)

마음과 대상을 함께 잊는다는 것은 인식작용을 잊었다는 것인데
이 게송은 주객을 다 잊었을 때에도 아무것도 없거나 모르는 상태가
아니라 모종의 신령스러운 '앎'의 작용이 없지 않다는 것이다. 선가
(禪家)에서는 흔히 이러한 앎의 작용으로 드러나는 불성은 다른 사물

과 같은 방식으로 존재하는 것은 아니어서 존재한다고 할 수도 없지만 그렇다고 해서 완전한 무(無 Nothingness)도 아니기 때문에 맥락과 관점에 따라 다양한 이름을 얻고 있다.

정신적 자유

정신적 자유는 특정한 명상법에만 국한되는 특징적 요소는 아니다. 비신현적 명상에서 주객불이나 망아의 체험이 무제한적 자유를 허용한다는 것은 앞에서 지적한 바 있거니와 신현적 명상에서 그것이 합일이든 대면이든 그 안에서 무한한 평화와 자유를 경험한다는 것 역시 잘 알려진 사실이다. 특히 정신의 자유를 명시적인 목표로 삼는 명상 수행은 요가 수행을 들 수 있다. 요가의 경우 궁극적 목적은 해탈이다. 해탈이란 윤회의 굴레로부터 벗어난다는 의미와 더불어 더 포괄적이고 근원적인 뜻은 자아의 굴레 혹은 자아에 뿌리박은 오염으로부터 자유롭다는 의미이다. 이러한 부정적 요소들의 속박이 윤회전생의 동력이기 때문이다.

그곳(해탈)에 이르기 위해서는 그는 이 세상에서 '죽어야' 하며 그리고 무상함에서 유래했고 역사에 의해 창조된 '인격성'을 희생해야만 한다. 요가의 이상, 생해탈(生解脫)의 상태는 시간을 벗어난 '영원한 현재'에서 산다는 것을 의미한다. 생해탈자는 더 이상 개인적인 의식, 즉 그 자신의 역사에서 조

장된 의식이 아닌 명징성과 자유를 지닌 능건적 의식을 지닌다. 요가에서의
입문적인 재생은 불멸성 혹은 절대적인 자유의 획득인 것이다. (엘리아데)

　엘리아데에 의하면 요가 수행의 이상은 그의 책 부제가 말해주듯
이 불멸성(Immortality)과 자유(Freedom)이다. 여기서 불멸성은
자유의 한 속성이다. 유한성과 개인에의 속박으로부터 자유롭게 되
는 것(해탈)이 바로 불멸에 이르는 길이 되기 때문이다.
　마음의 활동을 감소시켜 내면의 순수의식 상태에 드는 것이 명상
의 일반적 특성이라면 초월명상이나 동적명상 역시 그 방법은 다르지
만, 궁극적으로는 정신적 평온과 자유를 구가하는 수행이라 볼 수 있
다. 예컨대 초월명상 중에 육체적 이완에 정신적 각성 상태가 동반되
는 것은 불교에서 말하고 있는 성적등지(惺寂等持)에 비견될 수 있다.

망아(忘我)

열반을 가로막는 번뇌는 인간과 세계에 대한 바르지 못한 견해 때문이다. 따라서 초기 불교의 수행론은 사물의 연기적 진실을 바로 보는 데 초점이 맞춰져 있다. 이것이 소위 위빠사나로서 세간의 진실한 모습을 본다. 혹은 분석적으로 본다는 뜻이다. 이것은 석가모니가 궁극적인 깨달음을 얻은 수행법으로서 초기 불교부터 매우 중요시되어 왔다. 위빠사나 수행의 특성은 우선 현재적 성격에 있다. 예컨대 호흡에 마음을 집중하는 경우 호흡이야말로 현재의 매 순간에 명멸하고 있는 가장 현재적 사건이다. 이미 지나간 호흡이나 미래에 하게 될 호흡은 결코 관찰의 대상이 될 수 없기 때문에 호흡에 집중하는 것만으로도 바로 지금 이 자리를 벗어나지 않는 선정이 되는 것이다. 초기 불교에서 현재성을 강조하는 것은 경험적으로 존재하지 않는-예컨대 자아나 유일신 같은-대상에 대한 탐구를 거부한다는 의미가 있다. 현존재가 당면하고 있는 괴로움으로부터 벗어나기 위해 필요한 것은 괴로움의 원인이자 그 구조, 연기(緣起)에 대한 이해에 있기 때문이다. 그렇기 때문에 명상의 대상은 반드시 구체적으로 경험되는 대상이 되어야 한다. 있는 그대로의 실상을 관찰하여 일체의 사물이 무상하고 무아이며 따라서 괴로움이라는 것을 직관해내는 것이 이 수행의 핵심이다. 이때 직관을 가능하게 하는 것은 물론 대상에 대한 명확한 인지이다.

경전에서 말하고 있는 위빠사나의 대상은 몸(身), 감각(受), 마음(心), 생각의 대상(法), 네 가지이다. 그 어떤 경우에도 현재 순간에 일어나고 있는 하나의 현상에 마음을 집중하여 사물의 연기적 진실을 관찰하는 것이다. 연기적 진실은 사물이 영속적이고 자기 동일성을 가진 실체가 아니라 직간접적 조건들의 무상한 이합집산에 불과하다는 것이고 그것은 '나'라는 존재도 마찬가지이다. 이것이 무아(無我 Anatman)의 교설이다. 무아란 현상적인 자아까지 부정하는 것은 아니다. 영속적인 실체로서의 자아란 허위관념과 그러한 관념에 대한 그릇된 집착을 벗어나는 것이다. 그런 의미에서 무아의 자각은 자아를 잊는 것(忘)이라기보다는 자아에 대한 집착으로부터 자유로워지는 것이라고 할 수 있다. 자아에 대한 집착을 버림으로써 수행자는 비로소 전체성으로 복귀할 수 있으며 이러한 총체성을 대아(大我), 진아(眞我)라 하는 것이다.

망아에 관한 언급은 노장사상에 나타난다. 철학사상으로서의 도가(道家)는 노장사상이라는 지칭과 별 차이가 없다. 즉 노자의 『도덕경』과 장자의 『장자』사상을 중심으로 형성된 일단의 사상조류를 가리키는 것이다. 도가(道家)사상은 인간과 자연을 포함한 만물의 존재론적, 생성론적 근원이자 보편적 원리인 도(道)와의 합일(合一) 내지 인간정신 속에서의 도의 내적 실현을 궁극적 목표로 하고 있다. 도는 스스로 그러한 자연으로서 인위조작이 가해지기 이전에 본래 상태 이외의 다른 것이 아니다. 이것이 노자의 무위자연(無爲自然)사상이다. 무위는 아무 일도 하지 않는 것을 말하는 것이 아니라 도의 존재를 인정하고 도의 기능을 일체화하는 것을 뜻한다. 다시 말하면 인간과 천지 만물은 도를 공통의 근원으로 삼는다. 그러나 주나라의 사상과 문물의 근본을 이루던 인의예지(仁義禮智)의 덕목이 형식화하여 인간의 천진한 자연성을 구속함으로써 점차 도와 멀어지게 되었다. 장자는 도가의 인간관을 다음과 같이 말하고 있다.

무릇 지덕(至德)의 시대에는 사람들이 금수(禽獸)와 더불어 같이 거주하였으며 만물과 똑같이 무지(無知)하되 그의 덕에서 벗어나지 않았으며 똑같이 무욕(無慾)하였으니 이것을 소박(素樸)이라 한다. 소박하면 백성들의 본성이 얻어질 것이다. 후세에 성인이 힘들여 인(仁)을 행하고 의(義)를 행하게 되자 천하 사람들이 비로소 의혹하게 되었다. 『마제편』

그는 인의(仁義) 등 작위적 도덕을 버리고 무지 무욕한 본연의 덕을 회복하는 것을 주장하고 있다. 그럼으로써 도 혹은 자연과 하나 되는 것을 이상적 인간상으로 보았다. 그런 의미에서 인간이 도나 자연과 합일하는 것으로 판단했다. 자연과 하나 됨은 인간이 인위적 속성을 버리고 탈인간화함으로써 비로소 가능한 것으로 보았다. 이것이 좌망(坐忘)이다.

선불교의 무심(無心)이나 장자의 좌망은 이른바 가톨릭의 '무지의 구름'과 가까운 것으로 여겨진다. '무지의 구름'은 피조물과 나라는 생각까지도 '잊음의 구름' 속에 집어넣고 나서 하느님과 나 사이에 '무지의 구름'이 있게 하라는 의미이다. '무지'의 의미는 무엇을 알려고 하지 말고 '어둠의 구름' 속에 들어가 하느님을 기다리라는 의미가 내포되어 있다. 이것은 나와 하느님의 관계에서 하느님에게 주도권을 맡긴다는 의미이다. 이러한 '잊음'과 '무지'의 상태에 마음을 잡아두기 위해서 하나의 단어를 선택하라고 얘기한다. 그것은 '하느님'일 수도 있고, '사랑'일 수도 있고, '죄'일 수도 있다. 동방교회에서 전통적으로 쓰이는 "주 예수 그리스도여! 저를 불쌍히 여기소서." 라는 기도와 근본적으로 같다고 볼 수 있다.

이렇듯 각 종교 전통의 명상 수행법을 통해 볼 때 지말적인 얼마간의 차이는 인정한다 하더라도 그것은 등산을 할 경우 목적지는 하나이나 등산로가 다르고 환경과 집단적인 주관들이 다르고, 신(神)을 인정하느냐 그렇지 않은가의 차이에 따라 부분적인 차이가 있고 용어만 다를 뿐 하나의 목적지를 향해 가고 있다는 사실을 부정할 도리가 없다. 물론 신을 인정하는가, 아닌가에 따라 목적지의 차이가 있을 수 있다. 수준과 차원의 차이라 할까? 그러나 계속 나아가다 보면 결국 각 종교 전통의 궁극은 하나의 목적지에서 만나게 되어 있고 결국 '하나'의 아들 딸인 것이다. 궁극을 보지 못하고, 전체를 보지 못하고, 부분적이고 지엽적이며 문화적, 지역적, 역사적 전통에 따라 생겨난 차이점들의 노예가 되어 있는 것이다.

거룩하고 장엄한 대우주의 위신력을 하느님으로 보든, 부처님으로 보든, 알라로 보든, 그 무엇으로 보고 그 무엇으로 노래 부르든 하나에서 갈라져 나온 형제들이요, 아들 딸들인 것이다.

궁극의 존재가 어리석은 무명중생들의 미망으로 인해 각양각색의 이름으로 불리는 탓에 혼돈과 다툼이 끊일 날이 없는 것이다. 참으로 안타까운 중생의 실존일 수밖에 없다. 결국 모두가 물거품 같은 것일진대……

禪,
瞑想의 향연

영원은 우리의 본성
수행은 우리의 운명

6장
선의 역사

요가는 아틀란티스의 유산인가

인류 역사상 해탈 열반을 성취한 유일무이한 존재는 석가모니 붓다라는 사실에 이의를 달 사람이 있을까. 타종교에서는 인정하지 않을지도 모르겠다. 석가모니는 모든 수행의 완성이고 또 모든 수행방법의 궁극을 이루신 분이다. 구경열반이란 말이 뜻하듯 구경궁극을 체험하시고 무량중생들에게 깨달음의 문을 열어주신 분이다. 중생제도를 위해 이 세상에 오신 분이다. 석가모니는 도솔천에 계시다가 이 지구란 별에 오시면서 "중생의 고통을 해탈케 하러 왔다."고 선언했다. 부처님은 이 땅에 오실 때 『불본행집경』이 언급한 대로 우주적 계획 따라 인도에 태어나셨고 오백 생 동안 보살의 어머니셨던 마야부인의 태를 빌어 나셨다.

인도는 과연 어떤 땅인가, 지금 가난하다. 그러나 신비의 땅으로 불리기도 한다. 요가의 땅이기도 하다. 지구상에 투철한 수행방법인 요가가 존재하는 곳, 인류는 지금껏 인체우주의 완벽한 파악은 물론 인간의 우주화(Cosmicization)에 있어 그처럼 엄청난 수행의 대계를 가진 나라를 찾기 힘들다. 지금도 요가의 시스템 자체를 불가사의로 부르는 세계적인 석학들이 부지기수다. 대표적 인물로 그 자신도 요가에 빠져 인도에서 필사적인 연구를 거듭했던 세계적 종교학자 엘리아데를 비롯, 전 세계적으로 요가의 연구가들은 헤아릴 수 없다. 우리가 불교 그리고 석가모니를 제대로 알려면 그분의 수행생활을 거슬러 보지 않을 수 없고, 그렇다면 요가에 대한 연구를 얼마간이나마 하지 않을 수 없다. 우리는 너무도 중국 불교에 매몰돼 있는지도 모른다.

과거 한국 불교는 오랜 세월 중국과 일제 시대 일본의 영향으로 중국 불교가 대종을 이루었다. 또 과거 정권 치하에서 비구와 대처의 치열한 다툼 가운데 탄생한 조계종이 선을 표방한 때문에 중국 선종의 영향력을 받아들이지 않을 수 없었다. 그러나 선의 종장들이 제대로 등장하지 못하고 불교가 예전처럼 대중들의 호응을 얻지 못하다 보니 많은 수행자들이 방향을 제대로 잡지 못하고 우왕좌왕하는 경우가 다반사였다. 끝없는 종단 내 갈등 그리고 점점 위축되어가는 승단의 현실 가운데 어떤 새로운 활로를 열기 위해 남방불교의 태국, 미얀마, 스리랑카 또는 티베트 불교 등에 몸을 던진 수행자들이 여럿 있었다. 그 결과 위빠사나니 사마타니 하는 술어가 회자되고 또 요가가 수행방법이라기보다 건강법 비슷하게 도입되기도 했다.

그런데 명백한 사실은 석가모니를 낳게 된 결정적인 토양이 요가였다는 사실이다. 그의 스승인 바가바, 알라라 칼라마, 우드라카 라마푸트라 등은 당시 탁월한 요기로 평판이 나 있던 요가의 대가들이었다. 지금도 고대 요가 전승기록에는 그들의 이름이 남아 있을 정도로 탁월한 구루들이었다. 부처님은 왕자의 몸으로 출가했던 분이었기에 당연히 당시 최고의 수행자들을 만날 수밖에 없었으리라. 알라라 칼라마는 석가모니에게 요가의 고전 『샹키야』를 가르쳤고, 우드라카 라마푸트라는 요가의 근본과 목적을 가르쳤다. 붓다가 이러한 대가들의 가르침을 통해 수행의 첫걸음을 디뎠기에, 그의 가르침의 바탕에는 요가의 정신이 흐를 수밖에 없었다. 불타 자신이 『아함경』에 "나는 고래의 방법을 보았으며 그 길을 따랐다."고 선언한 것으로 보아도 요가와의 관련성을 알 수 있다.

내가 참선을 해오면서 선병으로 고통받고 또 수행에 진전을 제대로 느끼지 못하는 가운데 과연 부처님이라는 존재는 어떠한 수행의 길을 가셨으며, 과연 내가 가고 있는 길이 올바른가 생각하던 중에 자연히 부처님과 요가와의 관련성을 알게 된 것이다. 그 결과 요가를 연구하게 되고 요가와 참선과의 관련성을 통해 수행의 새로운 전기를 맞이할 수 있었다. 내가 찾아내고 수행을 이끌어 부처님 세계를 열어가게 했던 많은 수행자들이 그를 증명하고 있다. 차크라와 아사나를 경험하고 화두, 활구 참선을 하나로 묶은 수행법에 대단한 신뢰감을 표하고 있는 현실이다. 아무튼 부처님은 당시 요가를 바탕으로 수행을 시작하셨다. 고타마 붓다는 당시 인도에 유통되던 요가 수행을 통해 나름대로의 수행방법을 터득하고 그를 발전시켜 완성의 단계에 올려놓은 분이다.

요가가 왜 인도에만 있는가에 대해서는 여러 가지 설들이 난무하지만, 흔적도 없이 사라져 버린 태고의 문명 모헨조다로와 하라파의 발굴지에서 나온 인장에 요가 수행의 아사나가 새겨진 것을 놓고 볼 때, 우리의 문명이 아닌 태곳적 문명 아틀란티스 시대의 유물이라는 주장을 펴는 학자들도 있다. 모헨조다로와 하라파는 과연 누가 건설했는지 도저히 알 수 없는 문명으로, 지금도 그 주변에서 방사능이 다량 검출되고 있는 참으로 기괴한 장소로 평가된다. 아무튼 요가는 현대문명이 도저히 파악하지 못한 인체 내 우주 그리고 영원과 현실을 투철하게 파악한 수행체계로 불가사의한 측면이 있다는 사실을 많은 학자들이 증명하고 있다.

붓다는 요가의 틀에서 출현해서 성장했으므로 그의 사고가 요가와 관련되어 형성될 수밖에 없었다. 경전에도 부처가 출가하기 전, 항상 명상과 참선에 몰입했다는 기록이 있다. 어린 시절부터 끊임없이 수행한 면모를 읽을 수 있다. 붓다는 어린 시절의 수행을 통해 당시 바라문들의 제사의식 일변도의 종교행위와 고행주의 또는 수정주의(修定主義) 등에 대해서 부정적이고 비판적인 자세를 견지했던 것으로 보인다.

그러나 요가철학의 근간이라 할 수 있는 고(苦)로부터의 해방이라는 점에 대해서는 일치된 견해를 보여주고 있다. 샹키야 요가, 베단타 등의 제철학파에서 유래한 이른바 육사외도[106] 등에 대해서도 비판적 입장을 취했지만, 니르바나의 성취에 대해서는 투철한 의지를 보이며 강조했다. 누구나 니르바나를 체득함으로 인해 구제될 수 있다고 가르쳤다. 죽음 너머의 초인간적인 해탈의 길을 설파했다. 고통 속에서의 삶, 환과 같은 인생을 이겨내고 니르바나에 이르는 길로 붓다는 요가기법을 수용했다.

『장아함경』에 보면 초선, 이선, 삼선, 사선 등 사선팔정을 얘기한다. 이 같은 단계는 모두가 요가의 수행방법과 동일하다. 그런데 이를 넘어 9번째의 멸진정, 상수멸정의 단계에 있어서는 요가와 자신의 가르침이 다르다고 가르쳤던 점이 특이하다. 붓다는 9차제정을 설하며 체험을 구제에 절대 필요한 것이라 얘기하면서도 지혜의 조명을 받지 못하면 니르바나로 인도되지 못한다고 강조했다. 또 혜해탈[107]과 심해탈[108]의 양면성과 해오(解悟)[109], 증오(證悟)[110]의 양면을 얘기했다. 수행의 과정을 통해 필연적으로 얻어지는 신통력, 초능력 등이 영적 발전의 징표가 되기는 하나 그에 속박된 대중들을 미혹되게 할지 모른다는 우려를 표명하기도 했다. 제자들에게 초능력, 신통력 등이 탈속의 과정에 있음을 증명하는 것으로 자연법칙을 멈추게 하는 등 초능력 신통력 자체는 해로운 것이 아니지만 그 같은 유혹에 빠지지 않도록 신중할 것을 강조했다. 그러한 능력을 대중들 앞에서 드러내는 것은 엄격히 반대하셨다. 제자들의 신통은 요가행자들이 갖는 능력과 전혀 다르지 않았다. 그리고 그 같은 힘을 얻는 수행방법조차 거의 같다 해도 과언이 아니다.

인도의 모든 요가 고대 문헌이나 불경에 항상 신통력에 대해 같은 내용이 등장하는데 한결같이 이런 양식이다.

고요한 마음가짐으로 순수하고 투명하고 악을 피하고 영민하여 안정된 마음으로 신통력을 닦는다. 그는 다종다양한 방식으로 그 능력을 발휘한다. 한 몸을 무수한 몸으로 나투고 무수한 몸을 다시 한몸이 되게 하는 분신술, 눈에 보이거나 보이지 않게 할 수도 있는 둔갑술, 어떤 장애도 공기 속을 뚫고 지나가듯 통과한다. 땅 위를 걷듯 수면을 걸으며 가부좌의 자세로 새처럼 하늘을 난다. 달과 태양을 손으로 만질 수 있으며 원근에 상관없이 모든 소리를 들을 수 있다. 타자의 마음을 환히 들여다보며 자신의 전생을 모두 기억할 수 있다. 『아함경』

붓다는 이러한 기적의 능력에 유혹된다는 것은 위험에 노출되는 것이며 궁극의 목적을 망각하는 위험이 따른다는 점을 제자들에게 강조했다. "오, 비구들이여! 너희들은 대중들 앞에서 신통을 보여서는 안 된다. 누구든지 그렇게 하는 자는 사악한 죄를 짓는 것이다." 고 신통력 발휘를 금하셨다.

Hemakuta, India

부모미생전진면목
父母未生前眞面目

부처는『본생경』에서 "자신이 깨달음을 얻자, 과거 팔천 생이 한 눈에 보이더라."고 했고, 『아함경』에서는 "우주가 상전벽해 되는 것을 여러 차례 목격했다."고 하셨다.

수행을 통해 얻어지는 신통력 가운데 삼세숙명통의 경계가 있다. '과거의 나', 즉 '전생의 나' 그리고 '미래의 나'를 훤히 꿰뚫어 안다는 것이다. 그리고 '현재의 나'가 왜 여기에 와 있는지를 훤히 알게 된다는 것이다.

몇몇 사문이나 바라문들은 무수히 많은 자신들의 전생의 거처를 다시 체험하는 황홀경에 들어간다. 그래서 그는 자신에게 말한다. 영혼은 영원하고 새로 탄생하는 것은 아무것도 없다. 영원의 세계는 단단히 고정된 기둥처럼 불변한다.

그러나 부처는 자신이 전생을 보고 우주의 생멸을 얘기했음에도 이들 체험의 가치성을 거부했다. 수백만, 수천만 번의 전생을 보았다

해서 그 모두가 시간과 공간 속의 것들이며 환과 같은 것이어서 영원하지 않다고 가르쳤다. 부처의 깨달음은 그 궁극이 해탈, 즉 시공간의 벗어남이었던 것이다. 윤회전생을 떠난, 시간과 공간을 떠난 실상의 세계를 체득하는 것이다. 그러나 그 같은 과거생에 대한 기억은 어떤 면에서는 아주 의미가 없지 않다는 자세를 취했다. 스스로가 기억을 할 수 있어야만 기억을 거슬러 올라가 기억이 끊어진 세계를 체험해 알 수 있다는 점은 인정했다.

이른바 부모미생전본래면목(父母未生前本來面目)이니 천지개화미분전(天地開花未分前)이니 하는 등의 화두가 그를 의미한다. 부처는 그들이 과거생을 철저히 기억하지 못하고 본질을 제대로 깨닫지 못할 때 전락하게 된다고 가르쳤다. 자신의 과거생을 모조리 기억해야 그 이전의 나, 부모를 만나기 전의 나, 물질계의 나, 시공 속에 처하게 된 이유를 분명히 알 수 있다고 얘기했다. 자신들의 본질에 대한 무지, 기억능력의 결함 때문에 천계(天界)에서, 불계(佛界)에서 전락했다는 것이다. 과거 부처였거나 신(神)이었던 존재들이 인간으로 전락한 뒤 금욕과 명상을 통해 또는 요가 수행을 통해 자신의 과거생을 기억해낸다는 것이다. 그러나 그들은 자신들의 무수한 전생 가운데 최초로 시작한 생(生)을 제대로 기억해내지 못한다는 사실을 지적했다. 이 같은 망각으로 인해 이 세계와 신들이 영원히 존재한다는 그릇된 견해를 갖는다. 그래서 부처는 과거생을 기억하는 능력에 대해서는 나름대로의 가치를 부여했다. 과거생에 대한 기억능력은 시간의 처음으로 돌아가게 할 수 있으며 시간의 처음은 바로 부모미생전 진면목이고 시간으로부터의 벗어남이라 할 수 있다.

중생들의 무명은 다름 아닌 과거생에 대한 망각, 무지, 타락을 의미한다. 대아라한들은 8만 대겁을, 대보살이나 각자(覺者)들은 무량수 겁을 기억한다. 『구사론』에는 자신의 전생을 기억해 내고자 하는 수행자는 우선 이제 방금 사라진 생각, 상념의 순간으로부터 시작해 그의 상념이 잉태된 시초까지 거슬러 올라가 마침내 시작에 도달하게 된다. 시간을 역으로 거슬러 올라가는 것이다. 수행자들은 결국 초월지를 성취하게 되는 것이다. 시간의 시작에 도달하게 되면 영원과 만나게 되는 것이다. 이와 같은 상태가 바로 니르바나다. 부처와 아라한들의 차이는 바로 여기에 있다. 부처는 자신의 과거생을 모두 알고 있음에 비해 아라한들은 아직 전부를 알지를 못한다는 얘기다. 어느 순간 깨달음에 의해 이 같은 현상이 벌어질 수 있음을 부처는 체험을 통해 가르치셨다.

중국 불교 초기의 상황

인도의 불교는 중국으로 흘러든다. 가장 초기에 번역된 『수행도지경(修行道地經)』[111]은 요가 실습과정에 관한 『유가사지론(瑜伽師地論)』으로 더 잘 알려져 있다. 그 내용은 요가 수행자들의 수행 자세에 관한 것들이다. 초기 불교가 중국에 들어왔을 때 요가명상의 내용이 당시 장자의 '천지동근만물일체(天地同根萬物一體)'라는 자연과 상관관계가 있는 사상으로 이해되었다. 심산유곡의 수도 장소를 찾아들어 도사의 풍모를 연상케 했던 그 시대의 수행자들은 모두 산에 살면서 도를 닦았기에 승(僧)이란 이름으로 불리었다. 산에서 도를 닦으며 안빈낙도하는 산승(山僧)들이 선을 즐겼는가 하면 경전의 번역, 교의의 연구 등에 매진한 승려들도 있었다. 특히 그들 중 신통력을 발휘하는 것으로 대중들에게 다가가는 승려들도 있었다. 도가에 영향을 받은 신선술이나 불로장생의 영향으로 초인간적 능력의 배양을 도모하는 수행자들도 있었다. 그들은 사선팔정의 단계에 대해 깊은 관심을 보였는데 이들의 신통력 발휘는 중국인들에게 깊은 영향을 미쳤다. 『안반수의경』 등에 등장하는 호흡에 의한 신통의 예는 중국인들에게 명상과 선에 대한 관심을 크게 불러일으켰다.

그 밖에 아미타불을 독송하는 것만으로도 크나큰 신력(神力)을 얻고 불로장생한다고 믿어 정토교 역시 크게 유행했다. 중국 불교가 점차 왕성해질 수 있었던 이면에는 그 무엇보다 불교 도입 초창기에 활약했던 타국 출신 승려들의 영향이 컸다. 특히 페르시아의 왕자였다고 전해지는 안세고(安世高 ?~170) 그리고 서역 쿠차국에서 중국에 온 불도징(佛圖澄 232~348) 등의 기록을 보면 그들의 영향력을 미루어 짐작할 수 있다. 페르시아의 왕자였다고 하는 안세고는 전생을 훤히 보고 새나 짐승의 소리를 들을 수 있는 신통이 자재했다는 기록이 『해동고승전』에 등장한다. 불도징 역시 마찬가지의 신비(神秘)한 능력을 펼쳐 중국인들을 사로잡았다. 『고승전』에 보면 오호십육국 가운데 하나인 선비족의 왕 석륵이 "불법의 영험은 어떠한가?" 묻자 불도징은 식기에 물을 담고 향을 사르며 주술을 외어 즉시 물속에서 찬란한 푸른 연꽃을 피웠다고 한다. 사실이라면 얼마나 놀랐겠는가? 그 결과 석륵을 불교에 귀의케 하고 비를 뿌리게 하기도 하고 고질병을 고쳐주는 등 갖가지 신령스런 기적을 일으켜 큰 신임을 얻었다. 『고승전』에서 불도징은 갖가지 비법으로 6신통을 자재하게 펼쳤다고 기록돼 있다. 그가 117세의 나이로 입적한 뒤 이웃 나라에서 침입해와 석륵의 아들 석호를 죽이고 불도징의 묘를 파보니 밥그릇과 지팡이만 남았을 뿐 불도징의 시체가 없었다고 한다. 어떤 사람은 불도징이 사막을 넘어 인도로 돌아가는 것을 보았다고 전한다. 보리달마와 유사한 얘기다. 아마도 그는 불교를 중국에 전하기 위한 보살의 화현이었던 듯싶다. 이와 같은 신통의 배경이 된 명상에 대한 연구가 중국에서 다양하게 펼쳐진 것은 자연스런 귀결이다. 관법(觀法)의 등장이 그것이다.

이미 여러 번 언급된 『안반수의경(Anapanasati)』, 『수행도지경』등은 모두 명상에 대한 관심서이다. 특히 구마라습의『좌선삼매경』이 대승의 선법으로 알려지면서 반야 등 교리의 뒷받침이 없었던 명상이 지식층에 수용될 수 있었다. 계(戒), 정(定), 혜(慧) 삼학을 주장하고, 바라밀을 주장했다는 자체가 의미 있는 발전이라 할 수 있겠다. 이후『반야경』에는『유마경』에서와 같이 '고요한 곳 산과 들에 홀로 머무는 일을 악마의 길'이라 했다. 성문과 연각의 마음을 떠나는 일을 보살의 조건이라고 하며 출가자들의 독선적 명상의 길을 반대하며 마음 가운데서 본래의 모습을 찾을 것을 강조한다. 이 같은 대승의 자세는 천태지관에 이르면서 선의 모습이 점차 드러난다. 선을 통해 욕망의 세계를 떠나 불가사의한 즐거움의 세계를 열어 부정(不淨)을 떠나 즐거움을 얻게 하면서 이윽고 불도(佛道)에 이르게 했다.

중국에 불교가 들어오던 무렵 당시 중국에는 대종을 이루던 유교가 약화되었다. 자유로운 노장사상에 대한 관심이 고조되고 왕필(王弼 226~249) 등에 의한 이른바 현학(玄學)운동이 일었다. 이를 이어 죽림칠현[112] 등이 등장하면서 반야의 '공(空)사상'과 노장의 '허무'에 대해 많은 관심이 쏠렸다. 당시 불도징의 제자 도안의 반야사상의 전개는 유명한 번역자 구마라습과 그의 제자 승조에 이르러 비약적 발전을 이룬다. 승조는 중국 불교의 원류로 인정받고 있는 사람으로 용수의『중론』을 인용해 "사물은 인연 따라 생겨난 것이어서 유(有)도 아니고 무(無)도 아니다."라고 얘기한다. 중국의 현학과 불교를 하나로 합쳤다는 평가를 받은 승조는 "피차의 대립이 사라지고 대상과 나는 곧바로 하나가 되며 마음 편안하여 동요의 조짐이 없다. 이를 니르바나라 부른다."고 했다. 흔히 '천지동근만물일체' 사상은 장자의『제물론』에 나오는데 승조는 이를 '물아동근만물일체'로 받아들인 것이다.

불교가 노장사상과 하나 되어 변질됐다고나 할까, 하나가 되었다고 할까, 참으로 미묘한 변화라 하겠다. 열반과 반야바라밀이 노장사상의 허무와 통하면서 불교와 노장사상이 하나로 어우러지는 가운데 불교의 중국화에 한층 더 다가갔다.

불교가 중국화되면서 중국 불교는 분화되기 시작한다. 그 같은 분화 가운데 대표적인 것이 천태계와 달마계의 대립이라 할 수 있다. 천태지의는 『마하지관』에서 지관의 실천을 강조했다. 지관이라는 내용만을 보아도 우리가 흔히 말하는 사마타, 위빠사나의 지관과 같은 글자와 내용으로, 인도 요가와 불교의 영향을 받았음이 드러난다. 구마라습에 의해 전해온 인도 대승불교의 공사상과 그 실천을 중국화한 최초의 수행론이었음을 읽게 한다. 그 같은 공을 바탕으로 한 명상법을 체계화했다. 신비한 인도 불교의 수용을 통해 천태종의 창립에 이르렀고 명실상부하게 중국 지식인의 종교로 정착되었다. 붓다의 명상 수행이 중국적으로 승화된 것임을 인정하지 않을 수 없다. 천태지관의 수행법은 앉는 것인 좌(坐)와 걷는 것인 행(行)을 중심으로, 앉아서 명상하다가 불상 주위를 염불, 예경하며 도는 것을 중심으로 이루어져 있다. 상좌삼매(常座三昧), 상행삼매(常行三昧)가 그 것이다. 좌선과 염불이 주된 수행법이었음을 알 수 있다. 천태가 활약하던 당시, 선과 아울러 정토사상이 함께 성행하던 상황이라 염불을 받아들였던 듯하다. 실제 참선만 하는 것보다 행하는 자의 관심에 따라 둘 중 하나를 선택해서 행하게 했다.

천태 불교의 지관법과
선불교의 태동

    천태 불교가 인도 불교의 전래를 통한 정통적 발전이었다면 선종의 경우 인도 불교와의 차이가 너무 크다고 말하지 않을 수 없다. 여기에서 붓다의 선정 수행방법과 중국 선종이 태동하면서 생긴 중국 선 수행에 대해 정리해 보는 것도 선 수행에 있어 큰 의미를 갖는다고 볼 수 있다. 우리가 참선을 하면서 화두를 든다고 할 때 간화선을 언급하지 않을 수 없는데, 간화선 하면 또 묵조선(默照禪)을 떠올리지 않을 수 없다. 간화선과 묵조선 그리고 화두의 의미를 천착하기 위해서는 중국 불교의 선종사를 더듬어 봐야 한다.

    앞서 언급한 대로 선(禪)과 교(敎)는 불가분의 관계다. 어떤 종교이든 교리체계가 있고 그 교리에 따른 수행체계가 있을 터인데 교리체계는 수행을 바탕으로 나왔고 결국 수행의 완성은 교리를 실천함으로써 성취될 수 있는 것이다. 교와 선은 표리의 관계랄까 서로 보완적인 관계라 할 것이다.

    누구든지 말을 떠나 꽃을 든 것이나, 빙긋이 웃는 것 모두 교의 자취에 불과할 것이요, '마음'에서 얻으면 세상의 온갖 잡담이라도 모두 교 밖에 전한 선지(禪旨)가 되리라. 『선가귀감』

　이것은 서산대사(1520~1604)의 『선가귀감』의 일절이다. 꽃을 드는 행위나 미소 짓는 행위는 언어적 표현을 떠나 있지만, 언어적 가르침의 흔적을 보여주는 것이며 마음을 통해 직관적으로 얻은 앎은 그것이 언어로 표현된 것이라고 할지라도 언어의 한계 이상을 드러내는 것이다. 언어적 매개를 통한 가르침이 교학이며 수행을 통한 직관적 앎을 가르치는 것이 선이다. 이 둘은 서로 대립된 것이 아니라 서로 공존하는 상호불가분의 관계이다. 생각과 직관 없이 언어적 표현이 있을 수 없고, 언어적 표현은 마음에서 나오기 때문에 교는 붓다의 말이고, 선은 붓다의 마음이라 할 수 있다.

　그러나 교와 선은 조화로운 관계보다 긴장과 대립의 관계에 처하는 경우가 많았다. 모든 종교 전통에 공통적으로 나타나는 양상이겠지만 인도 초기 불교에서도 이러한 갈등의 단초가 보인다. 인도의 요가 전통을 깊이 있게 연구한 엘리아데는 『증일아함경(Anguttara Nikaya)』 속에서 선과 교의 대립관계의 원형이라 할 수 있는 지성과 신비체험의 대립을 읽고 있다.

　"엑스타시의 체험에 몰두하는 수도승들과 교의에 집착하는 수도승들은 서로를 비난한다. 그러나 이들은 오히려 서로를 존중해야만 한다. 실로 니르바나를 실현하는 자는 거의 없다. 마찬가지로 오묘한 실재를 지혜로 투철한 자도 거의 없다."라고 말한다.

　이 경전은 교리와 명상을 통한 체험의 두 노선의 어려움을 강조하고 있다. 시간이 흐름에 따라 불타에 접근하는 모든 경험적인 방법은 동등한 가치를 가지게 된다.

　불교 초기 단계에서 야기된 이러한 문제점, 즉 지성과 체험 중 어느 쪽이 우월한가의 문제점은 샹키야와 요가 사이에서 생긴 문제와 같다. 붓다가 지성을 요가형태의 명상적인 체험에 항상 밀접하게 연관시켰던 점은 충분한 이유가 있다. 그에게는 개인적인 체험 속에서 실현되지 않는 지식은 하찮은 것이었다. 붓다가 제시한 모든 진리는 요가적 양식에서 시험된 것, 즉 명상하고 체험된 것이어야만 했다.

붓다의 태도에서 우리는 문자로 기록된 불교의 모든 교설은 수행을 전제로 한 것이며 수행을 돕는 수단으로서의 진리라는 것을 알 수 있다. 수행은 우리를 중도(中道)의 행로를 통해 고통에서 해방시키고 고통스러운 세상에서 벗어날 수 있게 한다. 붓다는 사변적인 물음보다는 지금 현재의 고통을 벗어날 수 있게 해주는 경험할 수 있고, 실천할 수 있는 가르침을 중시하였다. 『전유경』에 14무기의 일화로 살펴볼 수 있는 그의 태도에서 불교의 실천론적 특성을 규정할 수 있다. 이러한 실천론적 특성이 전 불교사를 관통하는 불교의 중요한 정체성이다. 특히 선불교는 교학이 제시하고 있는 궁극적 진리에 이르는 실천적 방법론을 강조하고 있다는 점에서 불교의 정체성을 가장 잘 드러낸 종파라고 할 수 있다.

그러나 불교의 가르침은 실천 수행만으로 구성될 수 없다. 이론적인 부분이 뒷받침되지 않을 경우, 확립된 종파란 이루어질 수 없기 때문이다. 초기 불교의 수행은 사념처와 무아사상의 뒷받침이 없이는 설명할 수 없다. 교외별전과 불립문자를 표방하며 실천을 중시하는 선불교 역시 그 철학적 근거를 교학에 의존하지 않을 수 없다. 선불교의 견성성불은 불성사상을 빼놓고 이야기할 수 없다. 그뿐만 아니라, 실천 수행을 정리해 놓은 경전에 대한 연구 없이 실천만을 얘기할 수는 없는 것이다. 초기 중국 불교 시대에 수행을 중시했던 구마라습의 제자 도안(314~385)은 수행에 관련된 경전들을 모으고 주석을 달았으며 천태지의는 당시 수행론을 정리하여 이미 언급한 대로 지관(止

觀)의 실천 수행법을 정리했다. 이렇게 수행의 방법론이 이론적으로 정립되었기에 선불교의 실천 수행이 형성될 수 있었던 것이다.

선불교는 수행 중심의 종파라는 점이 특징이지만 이처럼 교학과 긴밀한 관계를 맺고 있다. 그래서 선불교의 독자성이란 선가에서 주장하는 것만큼 절대적인 것은 아니다. 이러한 점이 간과될 때 선불교의 독주, 즉 교학과 계율을 무시하는 절대화의 위험성이 상존하게 된다. 일반적으로 선불교는 수행 중심의 종파이기에 경전, 사찰, 의례 등 물적 토대의 훼손에 영향을 비교적 적게 받는 특성이 있었다. 그래서 중국의 전제왕권에 의한 수차례의 탄압에도 불구하고 존속할 수 있었다. 또 경전의 연구와 강독을 주요 수행법으로 택하지 않는 이심전심의 전수방식 때문에 불교의 가르침을 몸과 마음 가운데 체화하며, 서 있는 그 자리에서 불교의 가르침을 수행하고 적용시킬 것을 요구하였다. 그렇기에 당송대에도 살아남아 중국 불교의 전성기를 구가할 수 있었다.

한국 불교의 경우를 잠깐 살펴보면 전래 초기 화엄종의 토대에서 선을 수용했다. 화엄 등의 교학 전통이 이어지고 있는 가운데 구산선문 이래로 선의 전통이 계속되었다. 그러나 상호 화합적인 모습을 보이지는 않았다. 고려 무신집권기 지눌(1158~1210)이 교와 선의 조화와 겸수를 주창한 이래 오늘날에 이르기까지 적어도 표면상으로는 공존을 당연시하는 분위기라고 할 수 있다. 실제로 한국의 선사들은 염불과 간경 등 대승불교의 제반 수행을 함께 닦아왔다. 그러나 근대 이후 선불교가 한국 불교의 수행과 교학의 중심을 이루고 있으며 특히 간화선 수행이 강조되면서 간화선 수행이 주류 수행법으로 실천되고 있다.

선은 해탈과 구원에 이르는 수행방법이면서 동시에 해탈의 보편성을 바탕으로 하는 이론적인 면도 포함하는 객관적 철학적 체계이다. 객관성과 보편성의 추구는 학문이 학문으로서 존립할 수 있는 근거이다. 불교학 또한 아무리 실천을 강조하더라도 그 실천까지도 학문적으로 정립될 수 있어야 한다. 그런데 흔히 깨달음뿐만 아니라 깨달음에 이르는 수행마저도 언어가 미칠 수 없고(言語道斷), 마음으로 사량할 수 없는(心行處滅) 초월적인 영역, 불가지의 영역으로 치부하여 심한 경우 의도적으로 신비화를 조장하는 경우도 적지 않다. 언어란 그것이 가리키는 대상 그 자체는 물론 아니더라도 현실적으로 의사소통을 가능케 하는 유용한 기호이자 상징이기 때문에 제한적으로 그 공능을 인정하지 않으면 안 된다. 문제가 있다면 언어에 대한 과도한 신뢰 또는 언어에 대한 이해를 바로 대상에 대한 이해로 속단하는 습성이다.

선은 언어가 가진 한계를 정확히 파악하고 그에 대한 맹신을 경계한다. 하지만 그렇다고 해서 언어가 가진 효용마저 간과되어서는 안 된다. 굳이 달과 손가락의 비유를 든다면 달은 손가락이 아니지만, 손가락이 얼마나 정확히 달을 가리키느냐 하는 것도 그만큼 중요하다. 손가락만 쳐다보고 있는 것도 문제이지만 달만 강조하는 것도 또하나의 극단이다. 선불교는 손가락보다 달만을 지나치게 강조해 왔기 때문에 오히려 본래 의도와는 달리 추상화되고 관념적이 될 소지를 안고 있다.

선불교는 수행에 중점을 둔 종파로 지성보다는 신비 체험을 중시하는 가르침으로 인식되어 왔다. 그러나 교학의 토대 없이 수행이 있을 수 없으며 지성 없는 신비 체험은 선불교의 본래 의도와는 달리 관념화될 수 있다. 이 점을 유념한 상태에서 교와 선의 두 바퀴를 잘 몰고 나갈 때 선불교가 가진 내부적 한계를 극복할 수 있을 것이다.

붓다의 수행법은 부파 불교를 거치면서도 거의 각종 기록을 바탕으로 그 원형을 유지해 스리랑카, 동남아로 전해져 오늘날에 이르기까지 소위 남방불교의 주된 수행법이 되어왔다. 그 어떤 경우에도 현 순간, 하나의 현상에 마음을 집중함으로써 사마타(止)를 얻고 사마타의 힘을 바탕으로 사물의 진실성을 보고자 하는 것이 남방불교의 위빠사나(觀)이다. 붓다의 수행법은 지관법을 통해 동북아는 물론 중국으로도 전해졌고 비록 중국적 풍토에서 변형되었지만, 본래의 성격은 계속 이어져 중국 선불교의 핵심적 정신이 되었다.

선불교와 보리달마

전통적으로 전승되어온 바에 따르면 선불교는 보리달마(6세기경)에게서 시작된다. 마하가섭이 붓다로부터 받은 가르침을 달마가 중국인들에게 전수했다는 것이다. 그 같은 이야기에서 선불교는 역사적 변천과정과 상관없이 붓다로부터 순수하게 전달되어온 정통적 불교인 것으로 묘사되어 있다. 달마에 대해서는 여러 가지 설이 난무하기는 하나 달마에 대한 가장 오래된 전기는 7세기경의 『속고승전』이다. 거기에서 달마 이름은 보리달마이며 『능가경』을 중시하였고 '이입사행'[113]의 가르침을 전했다고 기록돼 있다. 『경덕전등록』[114]의 달마는 '보리달마'이며 면벽 수행을 했고 불립문자의 가르침을 전했다고 한다. 수행의 방식과 가르침의 내용으로 볼 때 둘 사이의 연관성은 쉽게 찾을 수 없으며 학자들은 달마에 의해 선종이 만들어진 것이 아니라 선종에 의해 달마가 만들어졌다는 주장을 펴기도 한다.

최초로 중국의 6대 전등설과 달마의 전기가 실린 『능가사자기』[115]에 의하면 『능가경』에 기반한 달마의 사상은 구나발타라(394~468)에서 시작하여 달마를 거쳐 혜가-승찬-도신-홍인을 거쳐 신수

(605~706)에게 이어졌다고 한다. 그러나 이들의 사상을 비교해 보면 과연 계승되었다고 할 수 있을지 의문이 든다고 말하는 학자들도 있다. 달마의 이입사행(二入四行)은 불교의 대의를 깨달은 것(理入)과 깨달음에 따르는 방법(行入)에 대한 가르침이다.

행입(行入)의 네 가지 방법은 사행(四行)으로 이는 인연과 과보의 결과에 따라 나쁜 일을 원망하지 않고(報怨), 좋은 일을 갈망하지 않으며(無所求), 인연 따라 행하고(隨緣), 법을 따르는(稱法) 것이다. 이렇게 하면 법의 이치는 서로 화합할 수 있게 되어 이입(理入)할 수 있다는 것이다. 반면 도신의 핵심적 가르침은 수일불이(守一不移)[116]이다. 이는 일심(一心)의 한결같음, 달리 말하면 진심(眞心)이나 불성(佛性)에 대한 주의집중을 지속하는 것이다. 달마는 벽관을 중시했다고 전하는데 달마의 수행방식이 도신에게 계승되었다고 볼 수 없는 대목이라는 얘기다. 『능가사자기』의 기록도 달마를 동산법문[117]과 연결시키기 위한 방편으로 지어진 책이라고 주장하는 학자들도 있다. 어쨌건 동산법문은 홍인을 거쳐 묵조선의 신수와 남종선의 혜능(638~713)에게 연결된다. 이후 혜능의 제자인 하택신회에 의해 본격적인 달마의 왜곡이 시작되어 달마로부터 육조 혜능에 이르는 전통으로 내려온 전법상승의 이야기가 갖추어졌다.

이에 비로소 선불교는 구체적 종파로 나타나게 된다. 중국에서 종파로서 제일 먼저 성립되었다고 알려진 것은 천태이며 그 이후 화엄, 선종이 형성되었다. 발달 순서로 보면 선불교의 수행론이 형성되는데 천태지의의 영향이 있었으리라 생각해 볼 수 있다. 앞에서도 말한 바와 같이 천태의 지관은 제법의 실상을 보는 수행법이다. 지의는 『소지관』에서 『열반경』을 인용해 다음과 같이 말하고 있다.

성문승들은 선정에 기울어 불성을 보지 못하고, 십주의 보살은 지혜에 치우처 불성을 보더라도 명료하지 못하다. 모든 붓다와 여래만이 선정과 지혜가 균등하기 때문에 불성을 제대로 본다.

　지관을 닦는 것이 궁극적으로 불성을 보기 위해서라는 점이 중요하다. 이러한 입장은 이후에 중국 불교가 하나같이 견지해온 관점이다. 인도 수행론이 지각할 수 있는 대상의 관찰에서 시작하는 반면 선불교는 지각의 경험으로 파악할 수 없는 불성을 보려고 한다. 이러한 선불교 수행론이 형성되는 데에는 사물의 참된 모습, 달리 말해 불성을 관하는 지의의 지관 수행법의 영향이 컸다고 할 수 있다.

　선불교는 여러 종파들 가운데 중국적 특징이 현저한 종파이다. 중국적이란 말은 현세적 태도와 노장사상의 특징을 말한다. 중국인들은 내세보다는 현세를 중시하는 태도를 가진다. 그 때문에 지금 와 있는 이 자리에서의 깨달음이 강조된다. 인위적 행위를 거부하고 자연스러운 일상행위 속에서의 깨달음을 중시한다. 또 언어가 본질을 온전히 표현할 수 없다는 노장사상의 언어관에 입각한 선사들은 본질과 직접 대면할 수 있는 방법을 모색한다. 그 결과 나타난 것이 선사들의 기행이다. 우리는 붓다나 그의 제자들이 제자들을 가르치기 위해 덕산이나 임제와 같이 몽둥이로 때리고 고함을 지르는 모습을 상상할 수 없다. 이러한 태도들은 언어의 한계를 넘어서서 제자들이 본질과 마주 대할 수 있게 하기 위한 선불교만의 독특한 교수법이다. 마찬가지로 붓다는 어떤 존재인가를 묻는 말에 '똥막대기'라고 대답을 하는 선불교의 답변은 천지간에 도가 깃들어 있지 않은 곳이 없다는 노장사상의 현장 중심의 세계관의 영향을 받았다고 할 수 있다.

　불성은 저 멀리 붓다에게만 존재하는 것이 아니며 우리가 마주 대하는 곳곳에서 바로 찾아볼 수 있다. 선의 독특한 수행법이나 어법, 문답방식의 형성배경에는 이처럼 노장적 사유가 깔려있다고 할 수 있다.

이처럼 선불교는 천태지의의 수행론, 노장적 사유의 영향 속에서 태동하였다. 중국 불교 가운데 천태종, 화엄종은 치밀한 형이상학적 관념체계를 통해 궁극적으로 법계의 실상을 드러내고자 하였다. 그러나 선불교는 인도 불교의 사념처, 즉 수행의 동작, 호흡, 감각, 생각, 생각의 대상 같은 구체적 대상 대신 진여, 불성, 마음 등의 관념을 대상으로 삼아 수행한다. 그들은 논리와 사유를 넘어 깨달음의 세계를 직접적으로 통찰하고 체득하고자 했다. 실상 그 자체를 통찰하는 방법을 모색했으며 그 방식은 선불교 역사를 따라 변화하였다. 그 변화 과정에서 그들은 관념보다는 구체적으로 잡을 수 있는 대상을 필요로 했으며 그리하여 화두를 그 수단으로 활용한 간화선으로 발전하였다고 볼 수 있다.

중국 선 수행의 역사적 고찰

중국 선종의 시기 구분은 서술의 편의상 육조혜능을 중심으로 그 전과 후를 살펴보자. 그것은 혜능과 육조단경의 출현 이후 5가7종으로 전개된 선불교사상에서 중요한 전환점이 되기 때문이다. 혜능 이후 육조와 간화선의 등장을 다시 구분한 것 역시 대혜의 선사상이 철학과 방법론에 있어 새로운 지평을 열고 있기 때문이다. 그러므로 (1) 달마에서 혜능 이전까지(5세기~8세기), (2) 혜능과 남종의 선사상(8세기~11세기), (3) 남종 이후 묵조선과 대혜의 간화선 시대(12세기 이후)로 삼분하고자 한다.

초기 중국 선 수행론의 시작

중국 선종의 초조로 일컬어지는 달마에 대해서는 이설이 많다. 그의 행적과 사상을 분명히 알 수 없지만, 일반적으로 그의 사상이라고 인정되고 있는 것은 이입사행론(二入四行論) 정도이다. 이입사행론에 나타나는 특징은 공관(空觀), 육바라밀 등 대승불교의 선관(禪觀)의 특성을 보여 준다는 점에서 화두 참구를 중시하는 후대의 간화선 사상과 상당히 거리가 있다. 능가종[118] 및 도신과 홍인의 동산법문의 전통은 정좌 수행과 점수(漸修)로 특징지어진다. 『능가사자기』에 의하면 달마의 제자 혜가의 수행론에 대해 다음과 같이 전한다.

해가 사라진 것이 아니라 구름과 안개에 가리어 있을 뿐이다. 일체 중생의 청정한 마음도 그와 같다. 인연을 따라 일어나는 망념과 사건 같은 번뇌의 구름이 성스러운 빛을 덮어서 막으므로 드러나지 않는 것이다. 만약 망념을 일으키지 않고 묵언정좌 한다면 대열반의 태양은 저절로 빛나게 될 것이다. 속서에 말하기를 얼음이 녹으면 다시 물이 흐르게 된다고 하였다. 이와 같이 망념도 참된 본성(眞性)에서 생겨나지만 망념이 진성을 가려서 미혹하게 하고 망념이 사라지면 진성이 드러나는 것과 같으니 즉 마음의 바다는 본래 맑고 깨끗하며 법신은 텅 비고 깨끗하다.

마음은 해와 같고 번뇌 망념은 구름과 같다. 위의 인용문은 해와 구름의 비유를 들어 구름과 같이 태양을 가리고 있는 번뇌 망념을 제거함으로써 본래 청정한 마음을 회복할 수 있음을 말하며 그 방법으로서는 묵언정좌를 권한다. 여기서 수행관은 본래 청정심과 객진번뇌의 이원론적 관점에서 객진번뇌를 일으키지 않도록 앉아서 마음을 고요하고 맑게 하는 행법을 쓰고 있다. 망념을 제거하기 위해서는 마음을 거두어 고요히 머무르는 벽관법(凝住壁觀), 마음을 집중시켜 지키는 방법(凝然守心)이 주로 활용된다. 여기서 응(凝)자는 마음을 한 곳에 집중시키는(心一境) 삼매의 수행을 가리킨다. 동산법문의 창시자인 제4조 도신 역시 그의 선사상을 『능가사자기』에 의거해 살펴보면 역시 좌선관심(坐禪觀心)을 중시하고 있으며, 구체적 방법론으로 다섯 가지 수행방편을 제시하고 있다. 이 중에서 특히 다섯 번째 방편은 수일불이로 하나의 대상(一物)에 집중하는 수행이다. 이 일물은 일심 혹은 진심이요 곧 불성을 가리킨다. 이 수일불이의 수행방편은 제5조 홍인의 수본정심(守本淨心)과 일맥상통한다. 깨끗한 마음의 근본을 지킨다는 것은 곧 일심 내지 불성에 마음을 집중하는 것이기 때문이다.

일반적으로 초기 선종의 사자상승 관계가 명확하지 않지만, 특히 제3조 승찬과 제4조 도신의 연결고리가 확인되지 않기 때문에 도신이 누구의 사상을 이었는지는 분명하지 않다. 다만 기주 쌍봉산에 들어가 제5조 홍인 이하 걸출한 선사들을 배출함으로써 당시부터 '동산종'으로 불리게 된 것이다. 앞서 살펴본 바와 같이 '능가종'이라 불린 초기 조사들의 사상과 동산법문의 사상적 차이는 수심(守心)이라는 측면에서 본다면 그다지 멀지 않다고 할 수 있다.

북종선과 남종선의 분리

남종선이라 함은 북종선을 염두에 둔 명칭이다. 일반적으로 알려진 바에 따르면 제5조 홍인의 문하에서 남종과 북종이 갈렸다고 전한다. 후세에 가탁되고 첨삭된 『육조단경』에 의존해서 신수와 혜능, 즉 북종의 점수사상, 남종의 돈오사상을 가르는 지표로 자주 인용되는 두 게송은 초기의 『육조단경』에는 나타나지 않는다. 오히려 도신의 수행이 정적이고 점수적인 데 반해 신수의 사상이 동적이고 돈오적이라 주장하는 학자들도 있다.

이 시기 혜능의 제자인 신회 이후 마조의 홍주종과 석두의 석두종으로 양분되고 다시 홍주종은 임제종과 위앙종으로 그리고 석두종은 조동종[119], 운문종, 법안종으로 갈려서 오가를 이루고 임제종에서 양기파와 황룡파가 분리됨으로써 칠종(七宗)이 성립된다.

소위 5가7종이 전통이다. 후세 가탁을 감안한다 하더라도 『돈황본』, 초기 『육조단경』과 혜능의 선사상의 특징을 몇 가지로 정리하는 것은 어느 정도 가능하다. 혜능의 선사상은 『금강경』계통의 반야공사상에 입각해 있으며 정혜불이(定慧不二)사상으로 요약할 수 있다. 그리고 이 시기를 전후해서 소위 선문답이라고 할 만한 법거량이 사자상승의 수단으로 등장한다.

선 수행과 관련해서 주목할 것은 혜능에 의해 강조된 돈오견성사상이다. 돈오법이란 언하에 불이법(不二法)의 깨달음을 말한다. 여기서 불이란 진망, 번뇌와 보리, 윤회와 열반 등 온갖 이분법적 분별심을 여읜 진리를 가리킨다. 『육조단경』에서 혜능은 다음과 같이 불이법을 설한다.

번뇌가 곧 보리이며 이 둘은 다른 것이 아니다. 만약 지혜를 비추어 번뇌를 부순다고 한다면 이것은 이승의 견해로서 양이나 사슴같이 둔한 근기의 말이고 상근기는 이와 같은 견해를 취하지 않는다. 설간이 물었다. "대승의 견해는 어떻습니까?" 혜능선사가 답했다. "범부는 지혜와 번뇌를 둘로 보지만 지혜로운 자라면 그 성품에 둘이 없다는 것을 안다. 무이지성(無二之性)이 곧 실성(實性)이다." 『육조법보단경』(덕이본)

여기서 혜능은 '망념을 버리고 진심을 찾는' 수행의 이분법적 사유를 불이론에 근거해서 비판하고 있다. 이렇게 불이의 입장에서는 미혹과 깨달음이 따로 있지 않아서 중생의 망심이 그대로 깨달음이므로 본질적으로는 수행은 깨달음과 따로 있지 않다. 이것이 돈오선법의 근거이다. 다시 말해서 수행론으로 볼 때 혜능 이전의 선이 진(眞)과 망(妄), 진(眞)과 속(俗), 보리와 번뇌 등을 이원화해서 후자를 멸하고 전자를 드러내는 것을 강조했다면 혜능의 돈오선은 반야공사상에 입각해 양자가 본래 둘이 아님을 강조한 것으로 볼 수 있다. 그러나 공은 곧 중도이기 때문에 일원론이라고 단정할 수는 없다. 왜냐하면 진과 망 둘이 아니면서 또한 인연 따라 둘로 나타나기(不二) 때문이다. 엄격한 이원론을 거부한 혜능은 좌선 자체도 절대시하지 않았다.

이 가르침 속에서 어떤 것을 좌선이라 하는가. 이 법문 가운데 일체의 걸림이 없어 밖으로 모든 경계에 대해 생각이 일어나지 않는 것이 좌(坐)이며 안으로 본성을 어지럽히지 않는 것이 선(禪)이다. 어떤 것이 선정인가. 밖으로 현상을 떠나는 것이 선이라 하고 안으로 어지럽지 않은 것을 정이라 한다. 『육조단경』

밖으로 현상을 떠난다는 것과 안으로 어지럽지 않다는 것은 결국 이원론적 분별심을 떠난다는 말이다. 이러한 불이사상은 실 수행에서 진여자성과 중생의 망념을 둘로 보지 않는 체용불이(体用不二)로 구체화된다. **즉 진여자성은 망념의 본체이고, 망념은 진여자성의 작용이라는 것이다. 자성이 망념을 일으켜 보고 듣고 알고 느끼더라도 온갖 경계에 오염되지 않고 항상 자재함을 바로 보는 것이 수행의 요체인 것이다.**

혜능에게 있어 선이란 밖으로 대상세계에 미혹되지 않고 안으로 자성을 깨달아 흔들림이 없는 것이다. 이것이 무념의 의미이다. 그리고 이러한 불이론적 관점에 입각한 무념행은 혜능 이후 마조와 석두를 거쳐 5가7종에도 그대로 계승되고 있다.

묵조선 비판과 간화선의 등장

12세기에 이르러 조동종 계열의 굉지정각(宏智正覺 1091~1157)이 주창한 묵조선과 임제종 계열의 대혜종고(大慧宗杲 1087~1153)[120]가 선양한 간화선법이 등장하게 된다. 송대 초기 선 불교의 특색은 지식인들의 참선 열기라고 할 수 있다. 이것은 불교의 대중화라는 측면에서 고무적이지만 다른 한편으로는 소위 문자선(文字禪)의 폐해를 낳게 된다. 대혜가 간화를 주장하게 된 것은 이러한 문자선의 경향에 대한 공안선 본래의 위상을 되찾으려는 의도였다고 할 수 있다. 대혜가 『벽암록』을 불사른 것도 그 때문이었다. 대혜가 생각한 공안선의 특징은 공안에 의식을 집중하여 의심을 동반하는 것이었다. 이러한 의심이 없이 단지 정신집중에만 그치고 심지어 깨달음조차 인정하지 않는 묵조의 선법을 통렬히 배척하고 있다. 과연 묵조와 간화의 행법은 분명히 구분되는 것이며 양립 불가능한 것인가?

대혜와 묵조의 논쟁

대혜의 간화선은 묵조선에 대한 비판에서 나왔다. 그리고 묵조선은 무사선과 문자선의 비판에서 나왔다. 대혜의 묵조의 논쟁에 앞서 무사선과 문자선에 대해 간단히 살펴본다.

무사선이란 우두법융(牛頭法融 594~657)의 '본래무사(本來無事)' 사상에서 기인한다. 본래무사란, 본래 마음은 무심하기 때문에 본래 마음을 회복하여 일체의 일을 짓지 않는 무사의 상태로 돌아가게 해야 한다는 무심무사의사상을 말한다. 이는 번뇌 망념을 닦아 저 너머의 해탈을 추구하는 입장이 아니다. 본체성불의 입장이므로 따로 닦을 것이 없다는 입장으로 남종선의 혜능에게 계승되어 선종의 핵심적 사상이 된다. 혜능의 제자인 마조도일은 '평상심이 도'라는 조사선의 무사종지(無事宗旨)를 주장하며 실제적으로 무사선의 선풍을 정립한다. 무사선의 수행은 무념의 닦음으로 배고프면 밥 먹고, 졸리면 자고, 공부할 땐 공부하여 일체의 분별심과 집착 없이 그 순간의 행위에 집중하고 마음을 비우는 것이다. 보고 느끼는 순간에 마음의 본래 모습을 보는 것이 조사선이 추구하는 최고의 경지이다.

문자선이란 선종의 전적을 배우고 연구하여 선의 이치를 파악하는 선풍이다. 문자선이라는 표현을 사용한 것은 송대 선사인 혜홍각범(1071~1128)이다. 그에 의하면 선종의 전적은 깨달음을 표현한 것으로 이는 언어문자를 여의지 않고, 언어문자에도 집착하지 않는 합리적이며 선과 분리될 수 없는 것이라는 것이다. 그런 까닭에 이에 대한 연구가 필요하다고 판단한 것이 문자선이다. 문자선의 개창자는 그보다 앞 시대의 분양선소(汾陽善昭 947~1024)로 그는 고대로부터 내려오는 공안들을 모아 『송고백칙(頌古百則)』과 『공안대별(公案代

別)』이라는 책을 지었다. 이 책에서 그는 공안들에 대한 해설을 덧붙였으며 그의 설명방식은 직접적이기보다는 돌려 말하는 방식을 취했다. 그 이후 다른 문자선사들은 선소를 따라 송고[121]를 지었으며 그처럼 직설법보다는 비유나 은유적 표현을 사용하여 설명하였다. 그중에서 가장 유명한 것이 설두중현의 『송고백칙』이다. 그의 책은 비유적이며 화려한 문체를 사용하였다. 이 책을 보충하여 만들어진 것이 원오극근의 『벽암록』이다.

묵조선은 무사선과 문자선이 실질적 수행을 소홀히 하는 것에 대해 비판하기 시작하였다. 즉 평상심과 문자에 얽매여 실질적 수행을 행하지 않는 기존의 선풍에 대해 묵조선은 달마의 면벽 수행으로 돌아갈 것을 주장한다. 묵(默)이란 묵연히 좌선함을 말하는 것이며 조(照)란 깨끗하고 영묘한 마음을 비추어 보는 것이다. 즉 좌선을 행하고 조용히 마음을 비춰보는 수행이며 전통적인 선종의 수행방법인 모든 생각을 집중하여 자신을 관하는 방식이다. 이는 본래 묵조는 선정과 지혜의 다른 말이며 지관의 다른 표현이라고 할 수 있다. 이 수행법은 공안을 파고들지 않는다. 좌선 그 자체가 바로 현성공안(現成公案)이기 때문이다. 좌선해서 부처가 되는 것이 아니다. 좌선행위 그 자체가 바로 부처이기 때문에 완성 위에 있는 '나'에 대한 관을 행하는 것이 바로 수행이므로 따로 공안을 필요로 하지 않는 것이다. 황룡혜남(黃龍慧南 1002~1069)은 『황룡사가어록』에서 묵조선법의 수행론적 배경을 다음과 같이 말하고 있다.

도는 수행을 필요로 하지 않으니 다만 더럽혀지지 않으면 될 뿐이다. 선은 배움, '학'을 필요로 하지 않으니 마음을 쉬는 것(息心)을 중히 여긴다. 마음이 쉬기 때문에 마음마다 생각이 없고 닦지 않기 때문에 발걸음마다 도량이다. 생각이 없으니 벗어날 삼계는 없고 닦지 않으니 구해야 할 보리(菩

提)도 없다.

　도가 수행을 필요로 하지 않는다는 것은 진여본성에 더 보탤 것이 없음을 확인한 것이지 수행을 부정하는 것은 아니다. 즉 용은 체의 그림자이므로 문제 삼을 것이 없고 오직 체를 분명히 인식하는 것이 수행의 요체라는 것이다. 마음을 쉬는 것은 분별심을 쉬는 것이고 마음작용 자체를 죽이는 것은 아니다. 무심한 채로 생각 없이 사물에 걸림 없이 응할 수 있는 것이다. 또한 얻을 것이 없기 때문에 닦을 것도 없다. 그렇기 때문에 보리를 구할 것도 없다고 말한 것이다.

　중관철학의 공사상에 따르면 번뇌가 곧 보리요, 생사가 곧 열반이다. 모두 공성으로 평등하기 때문이다. 또한 깨달음이란 본래 갖추고 있는 불성을 확인하는 것일 뿐 달리 얻을 것도 없다는 것이 대승불교의 열반 이해이다. 그렇게 본다면 혜남의 말은 나무랄 데가 없다. 그러나 대혜는 묵조선이 '도달해야 할 깨달음'마저 부정하는 방향으로 흐를 수 있기 때문에 이를 비판적으로 바라본다. 기존의 선풍이 가져온 수행의 부재에 문제제기를 했던 묵조선이지만 깨달음이란 따로 수행이 필요 없으며 좌선행위 그것이 바로 깨달음의 상태라는 묵조선의 주장은 목적을 잃게 하는 것이며 자칫 오만과 아집을 갖게 하는 문제를 낳는다. 특히 대혜는 황룡의 선이 갖는 반주지주의적, 적정주의적 성격에 대해 신랄한 비판을 가한다.

　근래 삿된 무리가 묵조선이란 것을 설하는데, 사람들에게 하루 종일 일에 관여하지 말고 쉬고 쉬어 소리도 내지 말라고 가르친다. 때로는 총명한 사대부들은 시끄러운 논쟁에 지쳐서 고요히 앉아있으라는 가르침을 따라 해온 후에 그것이 쉽다고 생각해서 다시는 묘한 깨달음(妙悟)을 구하지 않고 침묵만이 절대적 법칙인양 생각한다.

대혜는 묵조선 수행자들이 부모미생시소식(父母未生時消息)을 구하고 고요히 비추는 묵이상조(默而常照)만을 강조하는 것을 무사선(無事禪)이라 하며, 그 적정주의를 강하게 비판한다. 그러나 부모로부터 태어나기 전의 소식, 즉 생각 이전의 소식을 적정주의로만 치부하는 것은 지나치다고 볼 수 있다. 그것은 불성자리요, 마음의 본체이며 법성 자체이므로 본래 움직임이 없고 (제법부동본래적 諸法不動本來寂), 두 모습이 아니다 (법성원융무이상 法性圓融無二相). 그리고 그것을 확연하게 아는 것이 곧 깨달음이기 때문이다.

이것은 진제요, 공성이다. 단지 법성에 머무는 경우라거나 공성에 빠져 연기적 현상계를 몰각해 중도를 얻지 못한다면 문제가 될 수 있다. 대혜는 묵조선자들이 법성만 강조할 뿐 일상성을 완전히 외면하고 있다고 말한다. 또한 묵조선이 힘을 쓰는(用力) 수행이므로 정통이 될 수 없다고 말한다. 힘을 쓴다는 말은 분별심으로 분별심을 제어한다는 의미로 받아들여진다. 즉 묵조선이 고요함만을 구하는 것은 시끄러운 세간에 대한 불만 때문이고 그러한 세간을 떠나고자 해서 마음을 쓴다는 것이다.

또 고요함에서는 잃는 것이 없고 소란스러움에서는 잃는 것이 있다고 하니 어찌 세간을 무너뜨리고 실상을 구하는 것이 아니겠는가……. 생사가 도래하면 고요함과 소란스러움이 모두 쓸모가 없다. 많지도 않고 적지도 않으며 고요하지도 않고 소란스럽지도 않으며 얻는 것도 없고 잃는 것도 없는 일상 속에서 '이 뭣고'를 잡아 살펴라. 『대혜보각선사어록』

대혜는 흔히 간화선의 주창자로 거론되지만 실제로 그의 어록을 살펴보면 본성을 돌이켜 비추는 회광반조(廻光返照) 공부를 자주 강조한다. 본성이란 바로 여기서 작용하고 있는 불성의 당체로서 그것을 바로 체득하라는 것이다. 인용문에서 '시심마(是甚麼)'의 시(是) 역시 그 당체를 가리키는 것으로써 그것이 무엇인가 의심하고 살피라는 것이 시심마 화두의 기능이다. 이것은 묵조가 고요한 곳을 비추어 보는 것과 근본적으로 다를 바가 없어 보인다. 그러나 묵조에서 말하는 본래 참모습인 내가 좌선 속에서 자신의 참모습을 본다는 것은 깨끗한 마음에 분별심을 내어 다시 깨끗함을 추구하는 것이므로 논리적인 모순을 낳는다. 정법에 대한 바른 안목 없이 좌선에만 집착하는 것은 지혜에 의한 깊은 믿음을 낼 수 없다. 그렇기에 지혜를 기르기 위해 공안의 참구가 필요한 것이며 대혜가 간화선 수행방법을 제기한 이유다. 대혜는 묵조선이 가진 지나친 적정주의와 일상과의 거리를 좁혀보려고 했다.

소란스러운 일상생활 속에 있으면서 대의자와 포단122)에서 공부할 때의 일을 잊지 말아야 한다. 평소 마음을 닦는 것은 소란스러운 곳에 적용하기 위한 것이다. 만일 소란스러운 곳에서 힘을 쓰지 못한다면 마음을 고요히 간직하는 공부를 제대로 했다고 볼 수 없다. 『대혜보각선사어록』

소란스러운 곳에서도 좌선시의 상태를 유지하기 위해서는 마음 잡아둘 도구가 필요하다. 공안이 바로 그 역할을 하고 있다. 그래서 공안선이 묵조선보다 현실적이다. 반면 묵조는 현실 도피적이고, 언어 허무주의이며, 수동적인 명상으로 비판받을 여지가 있다. 물론 고요한 가운데 일상의 모든 일에 대응한다면 그것은 체(体)와 용(用), 이(理)와 사(事)를 아우르는 것으로 볼 수도 있다. 대혜(1089~1163)와 거의 동시대를 호흡한 묵조선의 대가인 굉지정각(宏智正覺 1091~1157)은 이렇게 대혜의 말을 받는다.

묵(默)은 지극한 말이며 조(照)는 두루 응하는 것이다. 응하되 공에 떨어지지 않고 말을 듣는 데 이르지 않는 것이다. 『굉지선사광록』

대혜의 비판이나 후대 학자들의 평가는 대체로 묵조선이 현상(事)보다는 본체(理), 용(用)보다는 체(体)에 기울어져 있다고 말한다. 그것이 대혜가 수행과 사회적 실천을 동일시할 수 있었던 사상적 배경이라고 하겠다. 대혜의 간화선에 대한 발언을 살펴보건대, 간화의 구체적인 방법론이나 수행단계에 대한 언급은 찾아볼 수 없다. 이것은 대혜 이후의 선사들의 어록에서 찾아보아야 할 것이다.

대혜종고의 선사상

　간화선풍은 대혜의 아이디어로 인해 발아되었고, 또 힘을 얻었으며, 대혜는 묵조선에 대한 비판을 지렛대로 간화의 진가를 드높였으므로 대혜의 묵조 비판은 그의 간화선 관을 살펴볼 수 있는 중요한 자료이다. 대혜는 묵조선이 적정주의적이고, 현실도피적이고, 현실에 대해 소극적 보수적인 점을 비판했다고들 말한다. 그렇다면 대혜의 간화선법이 어떤 점에서 '현실참여적'이며 적극적, 개혁적인가? 즉 대혜의 선에서 보인다는 '현장성'은 무엇을 말하는가?

　대혜의 수행편력을 따라가 보면 대혜가 26세 무렵 스승이었던 담당문준(湛堂文準 1061~1115)과의 대화이다.

　"고(杲)상좌, 너는 나의 선을 단번에 이해했다. 그래서 너에게 설법을 시키면 설법을 할 수 있고 염고[123], 송고, 보설[124] 등의 법문을 하라면 그것도 할 수 있다. 그러나 한가지 할 수 없는 것이 있는데 그게 무엇인지 아는가?"

　"그것이 무엇입니까?"

　"너에게 한가지 부족한 것이 있다. 너는 이 한가지를 모르기 때문에 나와 방장실에서 얘기할 때는 선이 있다가도 방장실을 나가면 없어진다. 또 깨어서 생각할 때는 선이 있다가도 잠이 들면 없어진다. 이러고서야 어떻게 생사를 대적하겠는가?"

　"바로 그것이 저 또한 의심스럽게 생각하고 있는 것입니다."

　문준의 말로 미루어 보면, 이 당시 대혜는 선에 대한 지적인 이해는 완벽했던 것으로 보인다. 그런데 한가지 빠진 것은 대체 무엇인가? 스승과 얘기할 때 있던 선이 얘기를 끝내고 나오면 사라지고 정신이 깨어 있을 때 있던 선이 잠들면 사라진다. 이것을 자나깨나 한결같이 선을 하는 상태에 있지 못한다는 질책으로 본다면 산정(散定)이 여일한 오매일여의 상태를 주문하는 것으로 보아도 무방할 것이다. 다음은 37세 때 스승의 유지를 받들어 원오극근을 찾아가 그의 설법을 듣고 나눈 문답이다.

대혜는 극근의 법문을 듣고는 말한다.

"홀연히 앞뒤 시간이 단절되고⋯⋯. 아무런 움직임은 일어나지 않는 가운데 그저 맑고 고요한 상태에 앉아 있습니다."

그 말을 들은 극근은 말했다.

"그런 경지에 도달하기는 쉽지 않다. 그러나 죽어버려서 살아날 수 없는 것이 아깝다."고 말했다.

일반적으로 대혜가 처한 선의 경지가 묵조와 비슷하다는 해석들을 한다. '시간을 초탈하고', '공간을 자각하지 못하고', '오직 깨끗하고 고요한' 상태에 머무는 것은 빼어난 경지이긴 하지만 아직은 죽은 선이란 것이 극근의 진단이다. 그렇다면 여기서 살아난다는 것은 어떤 상태를 가리키는가. 다음은 대혜가 묘증거사(妙證居士)에게 보낸 편지 중 일부이다. 대혜의 선사상의 일면을 보여주는 구절로 자주 언급된다.

선(禪)이란 고요한 곳에 있는 것도 아니요, 시끄러운 곳에 있는 것도 아니며, 날마다 사물과 상대하는 곳에 있는 것도 아니며, 있지도 않으며, 생각하여 분별하는 곳에 있지도 않다. 그러나 고요한 곳, 시끄러운 곳, 사물과 상대하는 곳, 생각하고 분별하는 곳을 떠나 있는 것도 아니다. 홀연히 눈이 열리기만 하면(忽然眼開) 선은 언제나 그대와 함께 있다는 것을 알게 된다.

무분별지(忽然眼開)가 열리면 사물을 상대하는 중에도 본래 심지(心地), 법성(法性)을 떠나지 않는다. 법성을 떠나지 않는다는 것은 곧 마음의 움직임이 없는 것이다. 이것이 일념불생(一念不生)이요, 무생(無生)이요, 무념(無念)이요, 무심(無心)이다. 마음의 움직임이 없이 만사를 상대하는 것이다. 선은 분별심으로 얻을 수는 없다. 그렇다고 해서 분별하는 곳을 벗어나 고요히 침잠하는 것도 선이 아니다. 무분별지로 분별하는 데 나아가 걸림이 없는 것이 바로 선이라는 말이다. 이것은 또한 바닷물과 파도 혹은 불변(不變)과 수연(隨緣)의 관계로 설명할 수도 있다.

본체와 현상은 불일불이(不一不異)의 관계에 있다. 비유하자면 물과 파도가 둘이 아닌 것과 같다. 둘이 아니지만 같은 것도 아니다. 생각건대 파도(현상)에 혹해서 물(본체)을 보지 못하는 것이 중생의 어리석음이라면 파도를 버리고 물에만 집착하는 것이 여기서 말하는 묵조선법이 아닌가. 이것은 체용(体用)을 바꿔서 이해할 수 있다. 대혜의 말에서 그 정황을 잘 이해할 수 있다.

마음 씀씀이가 이미 바르면 일상생활에서 사물을 상대할 때 그것을 배척하려고 힘을 쓰지 말아야 합니다. 이미 배척하려고 하지 않으면 잘못된 것도 없을 것인, 즉 바른 생각이 홀로 나타날 것입니다. 바른 생각이 나타나면 본체(理)는 현상(事)을 따라 변화하고(理隨事變), 본체가 현상을 따라 변화하면 현상은 본체를 얻어 하나가 됩니다(事得理融). 현상이 본체를 얻어 하나가 되면 힘을 덜어(省力) 비로소 깨닫게 되고 힘을 덜 때가 바로 이 도(道)가 힘을 얻는 때입니다. 이때가 되면 생각(意)과 식(識)을 억지로 누르지 않아도 스스로 고요해집니다.

대혜의 이 말은 본체와 현상, 공성과 연기, 체와 용의 불이(不二)

관계를 정확히 파악하고 있다고 볼 수 있으며, 이것은 본체와 현상이 둘이면서 하나라는 화엄일승의 가르침과도 일맥상통하는 것이다. 대혜가 말하는 일상 속에서의 '활발발(活潑潑)'이란 바로 이러한 경지를 말하는 것으로 이해된다.

양극단의 초탈과 화해의 필연적 결론이 돈오(頓悟)사상이라고 할 수 있다. 선가 특히 간화선문에서 돈오를 강조하는 것도 같은 맥락이다. 돈오란 차제(次第)를 인정하지 않는 것이다. 불성 혹은 보리는 본래 갖추어져 있는 것이어서 밖으로부터 얻는 것이 아니기 때문에 그것을 깨닫는 데 단계의 차례가 없는 것은 당연하다. 대혜는 다음과 같이 말한다.

하나를 이해하면 모든 것을 이해하는 것이며, 하나를 깨달으면 모든 것을 깨닫는 것이며, 하나를 증득하면 모든 것을 증득하는 것이다. 마치 실 한 타래를 감을 때 한꺼번에 다 감는 것과 같다. 한없는 법문을 증득하는 것도 마찬가지여서 단계와 순서가 없다. 본질을 손에 넣을 때는 늙고 젊음을 구분하지 않으며 지혜로운 사람과 어리석은 사람에게 달려있지 않으니 마치 범천왕위를 범부에게 바로 주는 것과 같다. 따라서 단계와 순서가 없다.

그러나 그러한 불성을 가리고 있는 무명의 두터움이 사람마다 다르므로 그 장막이 벗겨지는 정도와 차례는 없을 수가 없다. 깨달음이란 이러한 무명이 벗겨지는 것이다. 선가에서 부처가 되기까지 큰 깨달음이 여럿이고 작은 깨달음이 부지기수라고 말하는 것도 그 때문이다. 여기에는 여전히 교학의 사변철학적[125] 잔재가 남아 있다. 문제는 이것이 선의 구체적 체험에서는 어떠한 양상으로 나타나는가이다.

수행의 역사

불교 수행의 역사를 간단히 정리해 보면 초기 불교에서부터 시작된다. 불교 교학과 실천 수행은 깨달음의 목표를 위해 중도를 달리는 수레의 양 바퀴로 균형을 이루어 왔다. 초기 불교의 수행법은 현재 잘 알려진 대로 위빠사나, 사마타로 알려진 사념처 수행이다. 그러나 이 같은 위빠사나, 사마타 수행의 원류는 아무래도 인도의 고대 수행법인 요가에서 유래했음을 부정할 수 없다. 차크라, 마르마, 아사나 등으로 정리된 완벽한 수행체계가 인도에는 아직껏 존재한다.

근년 들어 남방불교 국가인 미얀마, 태국, 특히 스리랑카 등지를 다녀온 수행자들에 의해 위빠사나, 사마타 등으로 알려진 지관법은 모두가 인도에 그 원천을 두고 있다 해도 과언이 아니다. 요가에 대한 별다른 연구 없이 위빠사나, 사마타에 대한 설명 역시 조금은 깊이 생각해 볼 필요가 있다. 물론 위빠사나, 사마타의 체계가 훌륭하지만 그의 근간을 이루는 요가에 대한 천착도 중요한 연구과제일 수밖에 없다.

호흡 또는 한 대상에 집중하는 사마타 수행과 끊임없이 생멸 변화하는 대상의 있는 그대로의 모습을 관하는 위빠사나 수행을 통해 '현재 순간'에 수행자에게 주어지는 모든 현상의 본성을 있는 그대로 명확하게 인지하는 것 역시 인도 수행의 중요한 특징이라 할 수 있다.

인도 불교의 수행은 몸과 느낌과 생각과 다르마(身受心法)라는 네 가지 대상을 중심으로 현재에 집중하여 대상을 있는 그대로 보려는 인식주관의 정화를 중시한다. 이러한 그들의 시각에서 객관 세계의 현상(연기의 결과)은 주관의 미오(迷悟)에 전적으로 의존하는 부차적인 것이기에 그 자체로 관심의 대상이 되지 못한다. 그러나 현세

지향적인 중국인들에게 이 세계는 궁극적이다. 구체적인 실체이다. 예컨대 그들이 천도(天道)를 일컬으며 거기에 초월적 의미를 부여했다 해도 그것은 유일무이한 현실세계(연기의 결과)를 중심에 두고 자연의 운행 순서나 인간사의 도덕 근거를 천도에서 구한 것에 지나지 않는다. 이처럼 무게중심이 다른 인도 불교와 중국의 토착사상이 만나 교학의 수행법이 변화한다.

그런 까닭에 중국의 불교는 인도의 불교보다 더욱 현재 이 자리에 집중하고 현실적인 효과를 위해 집중의 대상을 마음 하나로 좁힌다. 모든 대상들 가운데서 마음이 가장 가까이 있어서 손쉽게 파악할 수 있으며 일체법을 갖춘 대상이기 때문이다. 『열반경』의 불성사상이 전개된 이후 일체의 모든 법을 갖추고 있는 마음의 참된 모습을 관하게 되면 깨달을 수 있다는 이론이 정립되었고 그 결과 선불교로 오면서 깨달음은 자신의 마음을 관하여 획득될 수 있는 것이 되었다. 그래서 인도인들에게 깨달음은 몇 무량겁의 윤회 이후 얻어질 수 있는 것이었지만 중국인들에게 깨달음은 현생에서 가능하게 된다. 후대 선불교로 올수록 현세적 경향은 더욱더 강화되는데 남종선에 오면서 점수보다는 돈오가 강조되었다. 자신의 본래 모습이 부처라는 것을 깨달으면 바로 성불이라는 이들의 돈오견성은 후대에 이르러 현재에 드러난 자신의 모습 속에서 불성을 볼 것을 주장한다. 모든 움직임 속에서 자신의 불성이 그대로 드러나게 하는 것이 깨달음이며 이를 스승과 또는 도반과 함께 대화를 통해 검증한다. 이러한 선 수행의 풍토 속에서 나오게 된 것이 간화선이다.

수행의 역사적 흐름을 볼 때 '현재', '이 순간'에 대상의 '있는 그대로'의 모습을 보는 것이라는 점은 일관되게 이어져 왔다. '있는 그대로'라는 것은 연기적 세계의 실상이며 무아임을 말한다. 만상은 불변의 실체가 없이 인연의 화합에 의해 일시적으로 생멸 변화한다.

이것이 주관과 객관을 막론한 세계의 참된 양태요, 불변의 진리이다. 일체의 사물이 연기의 이법을 드러내고 있지 않은 것이 없다. 그러나 번뇌에 오염된 의식은 일시적으로 형성된 가상에 영속성과 실체성을 부여함으로써 대상을 분별하고 집착하게 되는 것이다. 주관으로 하여금 세계의 실상(緣起)을 보지 못하게 하는 주관을 정화시키는 것이 선 수행의 핵심이며 선불교에서 현세적이며 현재적 경향이 더더욱 강화되었다고 볼 수 있다.

선 수행의 길은 처음부터 끝까지 끊임없이 중단 없는 집중, 중도의 길이며, 중심을 향해 나간 끝에 중심에 도달하는 중도의 길이다. 중도의 길만이 그 목적지로 안내할 수 있으며, 선 수행은 인류역사상 가장 탁월한 인간의 우주화, 붓다화시키는 수행법임을 입증해주고 있다. 유사한 수행의 길은 차이는 있으나 타종교라든가 다른 신앙에서도 길은 다르지만 어떤 형태로건 존재함을 얘기할 수 있다.

禪,
瞑想의 향연

영원은 우리의 본성
수행은 우리의 운명

7장
간화선의 세계

간화선의 화두전통

무엇을 화두라고 하는가? 화(話)는 말이요, 두(頭)는 말하기 전이니……. "화두란 곧 한 생각도 일어나기 전이다. 한 생각이라도 일어나면 이미 화미(話尾)를 이룬다." 『화두짓는 법』, (토방). 이 말은 해석상 다소 생각할 점이 있다 하더라도 그 뜻하는 바는 비교적 정확하고 명쾌하다. 화두란 한 생각도 일어나지 않는 무념의 경지를 드러낸 것이라는 의미를 가르치고 있다.

화두를 얘기하자면 공안(公案)을 얘기하지 않으면 안 된다. 공안과 화두는 같은 것인가 다른 것인가? 연구자들 가운데는 공안과 화두를 구별해야 한다는 견해도 있기는 하다. 공안과 화두를 구분하기보다는 당대의 조사선을 공안선으로, 송대의 선을 간화선으로 구분하는 원오극근과 대혜종고에 수긍할 만한 점이 있다고 본다. 그런데 또 어떤 연구자는 공안과 공안선을 구별하여 공안의 형태는 마조 스님이나 조주 스님에 의해 출현했으나 수행법으로 자리 잡은 것은 송대라고 보는 시각 역시 수긍할 만한 점이 있기도 하다. 그러나 공안과 화두가 상호 다른 면이 있어 구별해야 한다는 점에는 동의하기 어렵다. 주지하는 바대로 조사의 언구를 '공안'이라 비유한 것은 풀지 않으면 안 될 절박한 문제의식이라는 점에서 공안과 화두는 구별되기보다는 같은 길을 가고 있는 하나라 볼 수 있다.

원오극근과 대혜종고가 양자를 구분했다고 하지만 문제는 두 용어의 차이가 아니라 절박한 의심을 갖느냐, 그렇지 않느냐의 문제일 뿐이다. 간화선은 문자의 속성을 닮아가는 공안선의 선문답이 가졌던 수행적 기능을 되살려내기 위해 제출된 것으로 보인다. 언어에 내포된 지적 객관주의를 비판하고 경계하기 위한 것으로 판단된다. 그래서 수행자의 주체성과 자발성을 통해 타인에 대한 의심이 아닌 자기의 절박한 의심으로 이끄는 것이 공안선과 구별되는 송대 이후의 간화선의 특징이라고 볼 수 있다. 물론 절대적인 구분은 불가능하지만 일반적 의미에서 공안선과 화두선을 구분한 것은 의미가 있다고 할 수 있다. 양자가 구분되는 것은 편의적 차원이며 중요한 것은 구체적으로 화두가 수행자에게 어떤 기능을 했느냐일 것이다. 당대의 공안은 자기에게 절박한 문제가 되어서 의심을 유발한 경우가 없지 않았을 것이고 송대의 공안 역시 마찬가지였을 것이다.

주요 화두 속의 불성

간화선이 일상의 삶 속에 녹아들어 가서 대중들의 귀의처가 되기 위해서는 무엇이 절실한가? 우선 필요한 것은 친절하고도 정확한 가르침으로 선 수행론을 정립하는 일이다. 말에 얽매여서 진의를 잃어버리지만 않는다면 말과 글은 수행이 상당한 경지에 이르기까지는 훌륭한 스승이 될 수 있다. 선 수행론 정립과 더불어 간화선이 일상성을 획득하는 데 있어 중요한 요소는 화두의 특성과 관련되어 있다. 그러므로 우선 여러 화두 중에서 선가에서 가장 많이 사용하는 화두를 세 가지 뽑아 화두가 견성을 위한 도구, 즉 불성을 드러내는 장치임을 살펴보기로 한다. 중요한 화두로 '무(無)', '이 뭣고?', '소가 창살을 지나가다'의 세 화두를 뽑았다.

무(無)

    화두는 불성(佛性)을 드러내는 장치이다. 화두는 끝없는 참구를 통해 중심을 잡아 영원한 우주의 중심을 향하게 한다. 둘 사이는 중심이 한가운데이지만 하나인 세계, 하나가 전체인 세계는 어디나 중심이다. 우리가 상대성의 세계에 살고, 갖가지 번뇌 망상과 업장의 포로가 되어 갈래갈래로 나누어져 있어 중심으로 들어가는 길은 대단히 지난할 수밖에 없다. 부모미생전진면목(父母未生前眞面目)으로 나아가려면 끝없이 중심을 향해나가는 도구가 필요하다. 그 역할을 맡아서 하는 것이 화두요, 대표적인 화두가 무(無)라 볼 수 있다. 중심으로 들어가면 결국 불성을 만나게 되는데 화두는 불성을 만나 드러내는 장치라 볼 수 있다. 그러므로 화두를 타파하면 화두에 걸리는 의심이 해소되고 불성을 철견한다. 불성을 본 선지식이 불성을 드러내는 수단으로 말한 언어와 동작이 바로 화두이기 때문이다. 무자(無字) 화두의 참구방법에 대한 다음 설명은 화두의 본질을 정확히 지적하고 있다. 『몽산법어』에서 들어본다.

    무자(無字)에 대해 있다 없다, 있는 것도 아니고 없는 것도 아니다. 참으로 없다 허무다. 이와 같이 이리저리 두 갈래로 분별하지 말고 능소(能所)가 끊어지고 상대도 없이 다만 "어째서 무라고 했는고?"라고만 생각한다. 조주 스님이 "무." 라고 말씀하신 조주 스님에게 뜻이 있는 것이니 무라는 말을 천착하지 말고 "무." 라고 말씀하신 조주 스님의 의지를 참구할지니라.

    화두를 사량분별로 따지지 말고 주객이 끊어진 자리에서 그것을 말한 사람의 마음자리에 계합하라는 것은 화두를 말 그대로 받아들이지 말라는 박산무이(博山無異) 선사의 말과도 정확히 일치한다.

이 뭣고?

간화선은 불성을 보는 많은 행법 중의 하나이다. 다만 화두에 걸리는 의정(疑情)에 의해 다른 행법보다 강력한 삼매를 끌어낼 수 있다는 점이 다르다. 그런데 간화선의 일상화와 대중화에 가장 걸림이 되는 문제가 수행 초기에는 화두 참구와 일상생활을 병행하기 힘들다는 점이다. 우리의 의식은 한순간에 두 개의 대상을 향할 수 없기 때문에 의식이 화두에 몰입되어 있을 때는 일상생활을 영위할 수가 없고 일상생활에 마음을 두면 화두를 놓치게 된다. 이 같은 점이 일상인들이 간화선에 접근할 수 없는 가장 큰 약점 중의 하나다. 이러한 약점을 타파하기 위해 제안할 수 있는 화두가 바로 "이 뭣고?"로 시심마(是甚麼) 화두이다. 시심마 화두의 변천은 정확히 상고할 수는 없지만 일반적으로 몇 가지 사례를 들고 있다. 그 중 하나는 『육조단경』에서 육조 혜능의 설법에 다음과 같은 형태로 나온다. "내게 한 물건이 있는데 머리도 없고, 꼬리도 없고, 청황적백도 아닌데 이 무슨 물건인고?" 이것이 소위 '시심마' 화두이다.

여기서 시(是)가 가리키는 것은 물론 불성의 작용이 드러나 있는 무엇이다. 즉 불성을 묻는 것이다. 비슷한 예가 『선가귀감』의 초두에 있다. "여기 한 물건이 있는데 본래부터 밝고 밝으며 신령하고 신령하다. 일찍이 생겨난 적도 없고 소멸한 적도 없으며 이름을 갖다 붙일 수도 없고 모양을 그려낼 수도 없다. 이것이 무엇인가?" 백장선사와 관련된 일화에도 시심마 화두의 단서가 보인다.

백장선사가 어느 날 설법을 마치고 대중이 모두 법당에서 내려가자 선사가 대중을 불렀다. 대중이 모두 고개를 돌리자 백장선사는 "이것이 무엇인고(시심마)?"라고 말했다는 기록이 있다. 또 "어떤 물건이 이렇게 왔느냐?(甚麼物恁麼來)"라는 물음 역시 시심마 화두의 일종이라 하겠다. 요컨대 불성을 묻는 모든 물음은 본질적으로 시심마 화두의 범주 속에 있다. 그렇기 때문에 이 화두는 화두 중의 화두요, 가장 근본 화두라고 해도 과언이 아니다. 시심마 화두는 염불 등 다른 수행과 병행할 수 있을 뿐만 아니라 일상생활 중에서 참구할 수 있다는 것이 가장 큰 특징이요, 강점이다. 바라건대 일념으로 염불을 하면서도 그 염불하는 주체가 무엇인가, 혹은 누구인가 참구하는 것이 시심마 화두의 또 다른 변용이라 할 수 있다.

염불하는 자는 '누구인가(念佛是誰)' 하는 네 글자 가운데서 가장 중요한 글자는 누구인가를 가리키는 수(誰)라는 글자이니, 나머지 세 글자는 그것을 늘려 말한 것에 지나지 않는다. 저 옷을 입고 밥을 먹는 자는 누구인가라든가, 똥 누고 오줌 누는 자는 누구인가라든가, 노여움을 일으키는 자는 누구인가라든가, 능히 알고 느끼는(知覺) 나는 누구인가라는 등이다. 어쨌든 가거나 머물거나 앉거나 눕거나 간에 '누구인가'라는 글자를 들면 가장 쉽게 의심이 일어날 것이다. 조금이라도 반복하여 사량하거나 헤아리거나 생각을 지울 필요가 없다. 그러므로 누구인가라는 화두야말로 참으로 참선의 묘법이라 할 것이다. 다만 누구인가 혹은 염불하는 자는 누구인가라는 네 글자를 가지고 부처님의 명호라는 생각을 지어서는 안 되며, 사량하거나 헤아리지 않고 염불하는 자가 누구인가를 찾는 것을 의정이라고 부른다.『화두 짓는 법』, 토방.

여기서 '누구인가'는 물론 어떤 개별자나 물건을 가리키는 것이 아니다. 그렇게 개체로 드러나고 있는 불성 자체를 묻는 것이다.

그리고 비단 염불뿐만 아니라 어떤 행위 동작이나 사념에 대해서도 적용할 수가 있다. 이것이 의정이 살아있는 시심마 화두의 특징이다. 간화선의 성립 요건은 ① 그것이 불성을 가리키며 불성의 소산인가 하는 것이며, ② 사량 분별로서의 의심이 아닌 화두에 대한 '지향과 대상이 없는' 의정을 일으킬 수 있어야 한다. 그런 점에서 시심마는 훌륭한 화두로서의 조건을 갖추고 있으며 또한 보편적으로 모든 사물과 동작에 적용할 수 있다는 점에서 매우 효과적인 화두라고 할 수 있다. 간화선에서의 의심은 한 생각 이전의 소식에 대한 의문이다. 그리고 '이 뭣고?'는 바로 그 진리를 묻고 있는 것이다.

소가 창살을 지나가다

신해(信解)는 진리에 대한 확신과 이해이다. 일반적으로 볼 때 확신과 이해는 같지 않은 심리작용이다. 그러나 불교 수행론적 관점에서 양자는 불가분의 관계에 있다. 즉 중생의 알음알이로서는 검증되지 않은 진리에 대한 확신이 이해를 돕고 이해가 받침이 됨으로써 비로소 확신이 생기는 것이다.

간화선에서는 화두에 대한 확신과 이해가 가장 중요하다. 신해란 화두가 불성을 깨달은 조사가 전하는 본체의 소식이라는 믿음이요, 이해이다. 이러한 믿음이 전제되지 않으면 화두에 대한 특징적인 의심이 형성되지 않는다. 우과창령(牛過窓欞)의 예를 들어본다. 오조법연선사가 제시한 이 공안은 다음과 같다. "소가 창살을 지나간다. 머리와 네 다리는 지나가는데 어째서 꼬리는 지나가지 못하는가?" 이것은 일상어법의 난센스이다. 살아있는 소가 걸어가는데 머리와 네 다리만 지나가고 꼬리가 지나가지 못한다는 것은 있을 수 없는 일이다. 즉 중생의 분별식으로는 도저히 성립될 수 없는 얘기다. 그러나 이 공안은 분별망상이 사라진 무심의 경지에서 발한 것이다. 이와 같은 전제를 수용하지 않는다면 공안은 그저 난센스에 불과하다.

화두 참구에서 가장 중요한 포인트는 화두에 대한 의심이다. 그렇기 때문에 고봉원묘(高峯原妙)화상은 『선요(禪要)』에서 '오직 언구를 의심하지 않는 것이 병통'이라고 일러왔던 것이다. 그런데 화두의 의심은 일반적인 의심과는 다르다. 보통 의심이라고 하면 사태나 사물에 대한 언명의 진위를 확정하지 못할 때 갖는 불안정한 심리 상태를 가리킨다. 그러나 화두의 의심은 앞에서 말한 바와 같이 불성을 깨친 선사가 불성에 대한 소식을 전하는 명제라는 확신이 전제된 의심이다. 따라서 이때의 의심은 대상이나 대상을 표현하는 언명에 대한 불확실성이 아니라 의심할 여지가 없는 진실에 대한 나의 무지를 반영하는 것이다. 예컨대 불교의 궁극적 진리를 물었을 때 돌아오는 마삼근(麻三斤)이란 공안이 있다. 화두를 참구하는 수좌들의 의심은 "왜 불법을 마삼근이라고 했을까?"라는 형태를 띠지만 이 의심은 표면상으로는 그것을 말한 선사에게 향하는 듯하다. 그러나 실은 그렇지 않다. 선사는 명명백백한 진실을 토로했을 뿐이다. 화두를 향한 화살을 도리어 분별망상에 갇혀서 그 도리를 모르는 자신에게로 향해야 한다. 이렇게 화두에 대한 신해와 의심은 긴밀하게 연관되어 있다.

우과창령의 경우 표면적으로는 "……왜 꼬리는 지나가지 못하는가?"라는 의문형식을 갖고 있다. 그렇다면 수좌는 그 이유를 답해야 할까? 물론 왜 그럴까라는 물음에 답하기 위해서는 그 이유를 생각해야 한다. 그런데 생각은 사량 분별식이다. 사량 분별에서 나오지 않은 본질의 자리, 깨달음의 자리에서 나온 물음을 사량 분별로 이해해서도 안 되고 더구나 사량 분별로 답해질 수도 없다. 그렇기 때문에 우과창령에 대한 의심에는 다음과 같은 신해가 선행되어야 한다. "오조법연은 소의 머리와 네 다리가 지나가도 꼬리는 지나가지 못하는 도리를 제시했다. 비록 나의 분별망상으로는 이해할 수 없지만 그것은 분명히 불성의 자리를 표명하는 것이다. 그것은 분별망상을 통해 알 수 있는 것이 아니다. 그러므로 분별망상을 쉬고 이 공안을 참구해야 한다." 이러한 공안이 사량 분별식을 하는 데 도움이 되는 것은 사량 분별식으로는 이해될 수도 없고 사유될 수도 없는 격외도리이기 때문이다. 일체의 사유와 논리를 허용하지 않는 것이 공안의 특징이다.

간화선의 심층심리

　수행방식을 살펴보기에 앞서 간화선 수행의 밑바탕이 되는 마음의 주요 흐름에 대한 검토가 필요하다. 간화선 수행을 가능하게 하는 마음 자세는 우선 신심이며 그다음이 강한 의심이다. 이 상태를 지나서야 비로소 화두에 대해 깊은 집중의 상태에 이르게 된다.

신해

　우선 무엇보다 불성에 대한 강한 확신과 믿음(신심)이 선행돼야 한다. 깨달음의 길을 가기 위한 1차적 조건은 믿음이다. 믿음이 있은 다음에야 지혜의 힘으로 깨달음에 이를 수 있다. 이는 『대지도론』뿐 아니라 『화엄경』에서 말하는 보살의 52단계 가운데 첫 번째가 신심이라는 사실에서도 알 수 있다. 신심이 있은 후 이해가 되고 그다음 이해에 맞는 실천을 행하고 그 결과 깨침에 이를 수 있는 것이다. 불교에서 믿음, 신심이란 확고한 신념을 바탕으로 깨끗하고 평온하여 자유로운 상태에 머문다는 뜻이다. 믿음은 이해와 따로 떼어놓고 생각할 수 없다. 이해가 결여된 믿음은 독단을 부르기 때문에 평온하고 자유로운 상태에 머물 수 없게 한다. 이때의 이해란 단순한 지적이해를 말하는 것이 아니라 일종의 내면의 빛이 드러나는 상태라고 할 수 있다. 이해가 동반된 믿음, 믿음이 동반된 이해는 우리가 가야할 길을 밝게 비추어 주는 광명의 역할을 한다. 그것은 외적인 것이 아니라 내적인 빛이다.

　그렇다면 올바른 믿음은 무엇인가? 박성배는 불교에서의 믿음을 조신(祖信)과 교신(敎信) 두 가지로 나눈다. 조신이란 내가 곧 부처임을 믿는 것이요, 교신이란 모든 중생은 부처가 될 수 있다는 것을 믿는다. 조신은 깨침 그 자체이며 교신은 깨침을 일으키기 위한 예비조건이다. 조신이란 '나는 부처'임을 확인하는 것으로서 내가 연기적 존재라는 것을 말한다. 연기적 존재는 공한 존재, 나아가 모든 존재의 공성을 깨닫는 것이다. 조신을 일으킨다는 것은 모든 법이 공하여 연기에 의해 일어남을 몰록(순식간에) 깨치는 것이다. 그래서 조신을 가질 때 돈오가 가능한 것이며 교신에서는 여전히 부처와 나 사이에 거리가 있다. 주객의 분별을 넘어서지 못하고 있는 것이다. 이 경우 부처는 바깥에 존재하는 대상이기에 우리는 우리가 부처가 될 수 있다는 가능성이 있다고 단지 믿을 뿐이다. 그러나 조신의 입장에서는 내가 늘 부처이기에 찾을 대상도 믿음의 대상도 따로 없다. 이러한 조신과 교신의 차이에 입각한 두 수행을 보여주는 것이 신수와 혜능의 게송이다. 신수의 게송은 "나는 부처가 될 수 있다."는 가능성을 반영하지만 혜능의 게송은 "나는 부처이다."를 반영하고 있다. 부처는 연기이고 모든 법은 연기로 일어나므로 모든 법은 원래 부처이다. 돈오의 근거, 다시 말해 "나는 부처다."라는 조신의 근거는 모든 법은 원래 부처라는 데 있다.

그렇다면 간화선의 신해는 교신일까? 조신일까? 여기에서의 신해는 교신이라고 할 수 있다. 간화선 수행의 궁극적 목적은 불성을 보는 것이다. 먼저 보는 대상인 불성이 무엇인지 이해해야 하며 불성에 대한 앎이 선행된 후에 나는 부처가 될 수 있다는 것을 믿게 되는 것이다. 대승불교에서 말하는 불성은 다양한 이름을 갖고 있고 그 가운데 열반도 있다. 그런데 붓다 자신은 열반의 상태에 대해 직접적으로 언급하지는 않았다. 가령 괴로움이나 번뇌가 소진하여 안온한 상태라는 이상의 설명은 없다. 그것은 실제 체험을 통해 알게 되는 것이지 분석과 지적, 논의를 통해 알려지는 대상이 아니기 때문이다. 열반이나 불성이라는 것이 어떤 과정이나 상태라면 그러한 경험이 실제로 존재하느냐는 물음이 먼저 제기된다. 아직 산 정상에 오르지 못한 사람은 거기에 무엇이 있는지, 거기에서 무엇이 보이는지 알지 못한다. 오직 거기에 오른 사람의 증언을 통해 간접적으로 알 수 있을 뿐이다. 이때 산에 오른 사람과 그의 증언에 대한 믿음의 문제가 발생한다. 만약 그러한 믿음이 없다면 수행은 시작될 수 없다. 열반을 가로막는 번뇌에 의심이 포함된 것은 이 때문이다. 붓다의 가르침은 경험원칙에 입각한 것이었고, 제자의 근기에 맞추어 그들을 단계적으로 이끌었다. 즉 모든 제자들에게 바로 열반을 제시하기 보다는 지금 처해있는 상황과 능력에 따라 설법한 것이며 그리고 자신의 설법을 절대 그대로 수용하지 않고 각자 그 진위를 확인한 후에 받아들이도록 하였다. 그러나 간화선 법에서는 바로 불성(혹은 불성자리에서 나오는 언명)을 제시하기 때문에 불성의 존재와 성격에 대한 믿음이 선행되어야 하는 것이다. 『고봉선요』에서는 다음과 같이 말한다.

의심(화두)은 믿음으로써 체(体)를 삼고 깨달음은 의심으로써 용(用)을 삼는다. 믿음이 십분(十分)이면 의심도 십분이고, 의심이 십분이면 깨달음도 십분이다.

의심이 믿음으로서 근본을 삼는다는 것은 난센스로 보일 수 있다. 그러나 앞의 의심은 화두, 즉 불성에 대한 의심이고 뒤의 믿음은 그러한 불성의 세계가 참으로 존재한다는 선지식들의 증언에 대한 믿음이다. 이러한 믿음이 없이는 화두 참구가 이루어질 수 없다. 즉 의심을 끝까지 밀고 가게 되면 주체와 대상 모든 것이 사라지고 의심덩어리(疑團)만 남는 상황이 오고 이를 더 밀고 나갈 때 깨달음을 얻게 된다. 그러나 이것이 가능한 것은 불성이 존재한다는 믿음에 기반할 때이다. 믿음과 의심 사이의 역동적 상호작용, 이것이 바로 간화선의 핵심이다.

다음으로 문제되는 것은 불성에 대한 이해이다. 불성은 분명 우리의 사량 분별식의 대상이 아니다. 표면의식의 대상도 아니거니와 무의식의 영역인 제8아뢰야식(阿賴耶識)으로도 파악이 되지 않는다. 불성을 볼 수 있으려면 그것을 보여주는 이와 보려고 하는 이의 능력이 맞부딪혀야 한다. 보는 것도 능력이지만 보여주는 것도 능력이다.

불성은 항상 작용 중에 있건만 우리는 사물을 보듯이 그를 대상화해서 볼 수 없기 때문이다. 그것은 보는 작용 그 자체이고 생각하는 작용 그 자체라서 오관으로 파악할 수 없고 말과 생각으로 포착할 수 없다. 흔히 눈(眼)이 눈(眼)을 보지 못하고 칼이 칼을 베지 못한다는 것은 이를 비유한 것이다. 황벽선사가 견성에 대해 물은 배휴의 질문에 답한 내용은 이와 마찬가지이다.

"견성이란 무엇입니까?" 성(性)이 곧 보는 것이요, 보는 것이 곧 성(性)이다. 그러므로 성으로써 다시 성을 볼 수는 없다. 또 듣는 것이 곧 성이므로 다시 성을 들을 수도 없다. 그대가 성을 대상화한다면 보는 성과 듣는 성 이외에 또 다른 법을 만들어 내는 것이다. 경에서 분명히 "보는 것을 볼 수는 없다." 했으니 그대는 어찌 머리 위에 또다시 머리를 얹으려고 하는가.

결국 화두의 참구 목적은 '생각이 미치지 못하고', '분별이 끊어진 상태'에 이르기 위한 것인데 이는 대상이 초월적이어서가 아니고 인식하는 주체가 인식이기 때문이다. 즉 일자(一者)가 일자(一者) 자체를, 우주가 우주 자체를, 총체성이 총체성 자체를 인식하는 것이기 때문이다. 성은 보는 자인 동시에 보이는 자이기 때문에 일상적 인식의 범위를 벗어나 있는 것이다. 그것은 곧 우리의 의식작용 자체를 초월한다는 의미인데 표면의식인 전6식은 물론 제7식, 제8아뢰야식까지 넘어서야 하는 것이다. 그러므로 화두의 뜻을 생각으로 짐작해서도(思想卜度) 안 되고, 헤아리고 따져서도(解會) 안 되며, 경전이나 어록을 보고도 알아내려 해서도 안 되는 것이다.

화두는 언어를 매개로 하는 모든 지적 작용을 제거하기 위한 방편이다. 그러면 경전의 구절이나 불성 혹은 연기와 공과 같은 불교의 핵심 개념을 '참구' 하는 것과 어떤 차이가 있을까? 이 물음에는 동어반복적인 대답만이 있을 뿐이다. 즉 조사공안인 화두는 그 자체로 '모든 말과 생각이 함께 끊어져서 부여잡을 만한 아무 근거도 없기 때문에' 활구(活句)이고 '아무리 심오한 불교 교리라도' 화두 이외는 모두 사구(死句)라는 것이다. '말과 생각이 끊어지기 때문에' 활구라고 한다면 화두만이 아니라 '말과 생각이 끊어지는' 모든 삼매의 수행은 그 대상과 방법이 무엇이든 모두 활구라고 할 수 있을 것이다. 활구는 조사들이 말한 언구나 동작이기 때문에 활구인 것이 아니다. 수행자가 '말과 생각이 끊어지는' 경지에 이를 수 있을 때 그 수행자에게 그것이 활구가 되는 것이다.

의심, 의정, 의단

진여불성에 대한 소식인 화두는 그것을 본, 즉 견성한 사람에게는 당연히 의심의 여지가 없이 명명백백하게 드러나 있는 것이다. 그러나 언설이나 사유가 미치지 못하는 진여불성을 보지 못한 범부에게는 당연히 의심이 될 수밖에 없다. 그러므로 화두에 대한 의심은 화두에 문제가 있어서가 아니라 범부중생이 당체의 소식을 모르기 때문에 일어나는 것이다. 한용운도 다음과 같이 말한다.

화두라는 것은 선학자(禪學者)의 의정을 일으키기 위하여 고의로 강설(强說)한 것이 아니라 노파심절한 제불제조의 직시명답(直示明答)한 법어이다. 그러나 그러한 법어를 언하(言下)에 오득(悟得)하지 못하는 하근 학자들이 그것을 의정에 붙여 다소의 세월을 비(費)한 후에 혹 오득하고 혹은 영원히 오득하지 못하는 수도 있다. 후세의 학자들은 그러한 공안을 인용하여 화두로 삼게 되었으니, 화두라는 것은 학자로 하여금 의정을 시키기 위하여 일부러 만든 것이 아니라 조금도 의정할 것이 없이 직절명시(直截明示)한 법어를 하근 중생이 스스로 알지 못하여 의정을 하게 되는 것이다.

화두는 큰 의심을 일으키기 위해 만들어진 것이 아니다. 본래는 견성을 한 수행자들이 서로 주고받은 대화일 뿐이다. 앞서 교신과 조신 가운데 이미 깨달은 이들, 조신을 가진 이들이 경지를 드러낸 말이다. 그런데 이를 제대로 이해하지 못하는 하근기의 수행자들의 경우에 의심을 갖게 되는 것이다. 그렇다면 이때의 의정은 해탈을 가로막는 번뇌로 보아야 하는 것이다. 본래 불교에서 의심은 해탈을 가로막는 번뇌(오온)의 일종이다. 그러나 이것은 진리를 듣고 보리를 향한 마음을 일으키고 의심하는 것을 가리키므로 인생의 근원적인 문제에 대한 문제의식의 표출이나 화두에 대한 의심과는 구분되어야 한다. 고봉(1238~1295)이 『고봉화상선요』에서 밝힌 '삼요(三要)'가 간화선 행법의 일부를 보여주는 것으로 볼 수 있다. 삼요 가운데 '큰 믿음의 뿌리(大信根)'는 화두 참구가 해탈에 이르는 분명한 길임을 믿는 것이며 크게 분개한 뜻(大憤志)은 화두를 짐짓 철천지원수와 같이 대하라는 것이다. 화두가 드러내는 진리를 깨치지 못하여 생사고해를 표류하고 있기 때문이다. 이 두 조신은 마지막 '크게 의심하는 마음(大疑情)과 함께 한순간도 화두를 잃어버리지 않고', 즉 마음의 산란이 없이 씨름하게 만드는 동력을 제공하는 것이다. '부여잡을 근거도 없고 맛도 취향도 없는' 가운데 은산철벽(銀山鐵壁)으로 혹은 백척간두(百尺竿頭)로 밀어붙이는 것이 이 삼요의 힘인 것이다. 오로지 이 가운데 '크게 의심하는 마음'이 의심하는 대상은 화두를 말한 조사의 깨친 마음이요, 깨달음의 경지이다. 그렇다고 해서 사려 분별로써 의심하는 것은 물론 아니다. 삼요(信根, 憤志, 疑情)가 인간의 정신작용 일체를 거명한 것으로 해석한다면 온 마음을 들어 의심하는 것이다. 이때 의정은 나머지 신근과 분지에 의해 더욱 강화되는 것으로 이해된다. 『몽산법어』에서는 의정의 기능에 대해 다음과 같이 말하고 있다.

공부하는 사람은 머리를 들어도 하늘을 보지 못하고 고개를 숙여도 땅을 보지 못하며, 산을 보아도 산이 아니고 물을 보아도 물이 아니다. 가을 가는 줄 모르고 앉아도 앉아 있는 줄을 모르며, 수많은 사람들 속에 있어도 한 사람도 보지 못하고 온몸의 안팎이 오직 하나 의심 덩어리일 뿐이다. 의정이 일어나면 부모가 있어도 있는 줄 모르고, 시방세계가 있어도 있는 줄 모르며 안도 없고 밖도 없이 온통 한 덩어리가 되어 어느 날 마치 압력이 찬 통과 같이 저절로 터질 것이다.

즉, 간화선의 요체는 의정이라는 것이다. 안도 없고 밖도 없이 온통 하나의 의심 덩어리가 된다는 것은 이미 표면의식인 제6식을 지나 주체와 객체의 구분이 없는 제8식에 침잠해 있는 것을 말한 것이다. 이를 일러 화두삼매라고 한다. 그래서 화두를 참구한다는 것은 화두삼매에 든다는 것이고 화두를 '생각' 하는 것이 아니라 화두가 던지는 물음에 대해 의심하는 기운만이 가득 차 있는 상태를 말하는 것이다. 그래서 화두가 언제나 성성하다는 것은 그 의심의 기운이 일상사를 다루는 중에도 항상 뚜렷하게 지각되고 있다는 것을 의미한다.

이렇게 무의식인 제8식에 머물며 화두삼매가 간단없이 지속되다가 시절인연을 만나 제8식을 투탈하여 진여불성에 이르는 것이 소위 견성인 것이다. 그것은 의정 혹은 의단에 대한 집중력이 제8식을 뚫어나갈 수 있을 정도가 된 상태에서 비로소 일어난다. 그러나 유위

무위를 연결하는 고리가 없기 때문에 언제 어떤 계기에서 그것이 폭발을 일으킬지 아무도 알 수가 없다. 다만 화두삼매가 깊어지고 끊임없이 이어지는 한, 때가 무르익었다고 할 수 있다. 그런 의미에서 간화선은 망념이 일어나지 않는 깊은 삼매에 이르도록 강하게 밀어 붙이는 방법에 있어 뛰어난 수행법이라고 말할 수 있다.

화두에 대한 의정이 참구 초기에는 제6식을 거친다고 했지만 제6식으로 참구하는 단계를 거치는 것은 아니다. 사량 분별로 화두를 든다면 그것은 화두가 아니다. 화두에 대한 의정은 사량 분별이 되어서는 안 되기 때문이다. 따라서 자기에게 맞는 화두란 처음부터 사량식으로 부여잡을 데가 없어야 한다. 처음부터 의정이 생기지 않는다면 그것은 공안의 기능을 하지 못한다. 화두를 함부로 바꿔서는 안 된다는 말이 있지만 역시 간화선 수행의 금과옥조는 아니다. 애초에 의심이 일어나는 화두를 잡아서 의정이 지속되면 바꿀 이유가 없지만, 그렇지 않을 경우에는 오히려 의정이 일어나는 화두로 바꿔야 할 것이다. 이렇게 의정이 일어나는 화두를 잡은 연후에 간절하게 참구하는 것이다. 간화선의 도는 끊이지 않고 지속하는 데 그 힘이 있다. 화두에 대한 간절함이란 다름 아닌 의정의 지속과 심화로 나타나는 것이다. 『몽산법어』에서는 다음과 같이 말한다.

화두 공부를 할 때 가장 중요한 것은 간절한 '절(切)' 자 이니, 만일 마음 씀이 진실하고 간절하면 방종과 게으름이 어찌 생길 수 있겠는가……. 마음 씀이 참으로 간절하면 선이나 악을 생각하지 않고 무기(無記)에 떨어지지도 않는다. 화두가 간절하면 도거도 없고 혼침도 없다. 마음 씀이 간절하면 공부에 틈이 없어서 마군이 끼어들지 못하고, 마음 씀이 간절해서 무와 유 등을 따지는 마음이 생기지 않으면 외도에 떨어지지도 않는다.

간화의 요체는 언구 및 상황에 대한 의심에 있다. 이 의심(의정)이 의심 덩어리(의단)가 되고 심신이 의심 덩어리 하나가 되는 것(打成一片)이라 하여 한 단계를 구분하고, 다시 그 이후의 단계를 구분하기도 한다. 화두가 타파되어 견성성불하기 전까지를 단계로 구분한다면 화두에 대한 의심의 강약과 심천에 따른 구분이 있을 뿐이다. 간절한 의심은 그 자체로 정진의 힘이 되고 내외의 번뇌를 항복받는 수승한 방편이다. 화두 수행의 간절함이란 곧 의심의 지속, 심화, 화두에 대한 의심의 강약, 심천을 말한다. 중생의 근기에 따라 상황이 다르기 때문에 정형화하는 데 무리가 따른다. 때로는 의심이 동반하기까지의 과정을 화두 참구의 단계로 설정하는 경우도 있다.

화두삼매

삼매는 산스크리트어 사마디(Samadhi)의 음사이다. 흔히 마음의 집중, 몰입으로 번역되며 산란한 마음을 고요하고 맑게 하는 것을 말한다. 보통 사람의 마음은 극히 짧은 순간에도 고요하게 머물러 있지 않고 온갖 잡념으로 혼란되어 있다. 이것이 번뇌 망상이다. 우리의 마음은 제대로 의식하지 못하는 가운데 과거와 미래 혹은 다른 대상들에게로 빈번하게 왕래한다. 현재 순간에 산다는 것은 자기의 모든 의식을 현재 자신이 향하고 있는 대상에 집중하는 것이다. 그렇기 때문에 삼매를 불교만의 고유한 수행이라고 말할 수는 없다.

수행방법과 명칭이 달라도 소위 신비주의 계통의 모든 실천 수행은 궁극적으로 삼매를 이루기 위한 것이라고 할 수 있다. 다만 불교에서는 삼매에 대한 구체적인 이론과 독특한 실천방법을 체계적으로 보존 발전시켜왔다는 점이 다르다. 불교에서의 삼매, 즉 마음을 집중하는 수행법에는 여러 가지가 있지만 일반적으로 쓰이는 방법은 어느 한가지 대상에 마음을 집중해 하나의 대상에 오롯이 마음을 모으는 것이다. 이때 집중이 강화되면 주체가 어떤 대상을 상대하는 것이 아니라, 주체와 객체가 하나가 되는 주객불이(主客不二)의 상태가 된다. 이것이 아주 특이한 경험은 아니다. 우리는 종종 그런 경험을 하지만 그러한 경험이 끝난 후에 그 경험을 회상하면서 주관과 객관으로 구분해서 이해하기 때문에 삼매의 상태를 이해하지 못하는 것이다.

선의 삼매는 불성에 마음을 집중하는 불성 삼매가 되어야 마땅하지만 앞서 말한 바와 같이 불성은 집중의 대상이 되기 어렵다. 예컨대 묵조선의 본증자각(本證自覺)도 불성에 대한 지각으로 보이는데 대혜(大慧)가 묵조선을 "공공적적하여 귀신 굴에 빠져있다."고 비판한 것은 불성에 대한 집중의 난해성을 공박한 것으로 이해된다. 이러한 문제점을 해소하고 삼매력을 강화하기 위한 방편으로 등장한 것이 소위 간화선이다. 선불교에서 전승해온 화두의 예로는 수천가지가 있지만 크게 두 가지로 구분하면 하나는 현상을 그대로 드러내 보이는 것이고 다른 하나는 비논리적 언사를 구사하는 것이다.

전자의 예로는 '뜰 앞의 잣나무'라는 공안이 있다. 누군가가 불교의 가르침이 무엇이냐 물었을 때 스승이 '잣나무'라고 말했다면 그것은 대답이라기보다는 더 큰 의심을 불러일으킨다. 그 의심을 푸는 것이 화두를 참구하는 선불교 수행이다. 비논리적인 예로는 "동산이 물위로 간다."는 것 등을 들 수 있다. 도대체 상식으로는 이해되지 않는 얘기다. 이 역시 듣는 이로 하여금 강한 의구심을 품게 한다. 만약 이 화두를 깊이 참구하는 중에 홀연히 그 의심이 풀려서 스승이 그렇게 말한 그 마음자리를 공유하게 되는 순간이 바로 깨달음이다.

여기서 화두를 '참구'한다는 것은 이치를 따진다는 의미가 아니다. 오직 스승의 그 말 자체를 의심하는 것만이 요체가 된다. 선불교가 마음에서 마음으로 이어지는 가르침인 것은 이렇게 화두를 통해 스승의 마음을 전수하는 것이기 때문이다. 화두의 참구 목적은 '생각이 미치지 못하고', '분별이 끊어진 상태'에 이르기 위해서이다. 그렇기 때문에 화두의 뜻을 생각으로 짐작해서도(思想卜度) 안 되며, 헤아리고 따져서도(解會) 안 되며 경전이나 어록을 보고 알아내려고 해서도 안 된다. 말하자면 언어를 매개로 하는 모든 지적 작용을 제거하기 위해서 화두를 참구한다는 것이다. 『선관책진』[126] 역시 이 점을 강조하고 있다.

한결같이 화두를 들지니 어느 때에 깨치고 못 깨칠 것을 생각하지 말며, 또한 재미가 있고 없고 득력하고 못하고에 개의치 말고, 오직 생각이 미치지 못하고, 분별이 끊어진 곳에 밀어내어 이르러야 하니 이곳이 제불제조(諸佛諸祖)가 신명을 바친 곳이니라.

그래서 화두를 참구한다는 것은 화두삼매에 든다는 것이고, 화두를 생각하는 것이 아니다. 화두가 던지는 물음에 대해 의심하는 기운만이 차있는 상태를 말하는 것이다. 그래서 화두가 언제나 성성하다는 것은 그 의심의 기운이 심지어 일상사를 다루는 중에도 항상 뚜렷이 자각되고 있다는 것을 의미한다. 그리고 이 자각 상태는 어떤 계기를 만나 깨달음으로 이어지게 되는 것이다. 그러나 그러한 기연이 언제 어떻게 다가올지는 아무도 모른다. 다만 화두를 의식하지 않는 중에도 끊임이 없다면 때가 무르익었다고 할 수 있다. 부처님이 때를 열어주시면 심신이 하나가 된 타성일편[127] 혹은 화두삼매의 경지에 분명히 들게 되어 있다. 모두가 부처님의 뜻이다.

화두삼매는 화두에 집중함으로써 일상적 사유작용을 쉬는 것으로서 여타 삼매와는 달리 백척간두, 은산철벽으로 밀어붙여서 더 나아갈 데가 없고, 발 디딜 데가 없도록 만든다. 여기서 적적(寂寂) 상태는 깨달음에도 얽매이지 않는 상태, 즉 방하착(放下着)의 상태를 가리킨다고 볼 수 있다. 일체의 헐떡임이 쉬고 그저 의심하는 기운 혹은 성성하게 깨어있는 상태만이 오롯할 때 어떤 기연을 만나 깨달음을 이루게 되는 것이다.

언어의 접근을 허락하지 않고 논리적 사유의 길을 끊는 것은 불성을 직접 보게 하는 방법이지만 또 다른 방식은 일종의 충격요법으로 사유를 정지시켜 생멸이 없는 불성을 바로 보게 하는 것이다. 예컨대 어떤 선사가 수행승에게 불교의 근본진리나 참선공부의 성과를 묻는다. 묻는 형식은 다양하지만 모두 불성을 바로 가리켜 보여주라는 명령이다. 그러면 수행승은 그 질문에 답하기 위해 질문의 의미와 적절한 답을 생각하기 시작한다. 그러나 이미 이렇게 '생각'하기 시작하면 어긋난다. 불성은 생각의 대상이 아니라 생각하는 바로 그것이기 때문이다. 따라서 이 경우 선사는 수행승이 대답하기 위해 생각을 하려고 하는 순간 벼락같이 호통을 치거나 몽둥이질을 함으로써 생각 이전의 소식을 알게 하는 것이다. 임제가 법거량을 할 때 문득 고함(喝)을 지르는 것이나 덕산이 몽둥이질을 하는 것은 모두 사유의 기미를 허용하지 않겠다는 선기의 발로인 것이다.

고함을 지르고 몽둥이질을 하며 등잔불을 불어 끈다고 해서 누구나 불성을 볼 수 있는 것은 아니다. 무문관 제8칙에서 덕산은 나름대로 충분히 준비된 수행자였지만 결정적으로 불성을 볼 수 있었던 것은 등잔불을 갑자기 꺼서 언구와 사유의 틈바구니를 비수같이 찔러 생각 없는 곳을 순간적으로 열어준 용담의 선기 덕분이다. 삼매가 무르익어서 깨달음에조차 매이지 않는 방하착의 경지에서만이 기연을 만날 수 있는 것이다. 화두삼매의 극치는 성성적적이며 동시에 방하착이라 할 수 있다.

화두 참구의 단계

화두 참구의 주체는 일체의 감각적 자극에서 자유로운 제6식(意識)이다. 화두를 보는(看話) 초기 상황에서 제6식은 전5식과 함께 활동하는 오구의식(五俱意識)[128]중에서 전5식과 함께 작용하고 있지만 다른 대상을 지각하는 부동연(不同緣)의식[129]이거나 전5식과 전혀 상관없이 독자적으로 활동하는 독두(獨頭)의식[130]일 것이다. 간화 시에는 전5식이 함께하지 않기 때문이다. 또한 간화가 추론은 아니기에 전5식이 활동한 후에 일어나는 오후(五後)의식[131]은 될 수 없다. 화두를 참구할 때의 의식 상태는 선정 중에 일어나는(定中) 의식이라고 볼 수 있다. 다시 말해서 화두에 의심이 제대로 걸리지 않는 참구의 초기단계에서는 부동연의식으로 간화를 하겠지만 의심으로 뭉쳐지는 단계(몽중일여 이상)에서는 제6식이 다른 전5식의 감각작용의 영향을 받지 않고 오직 화두에만 집중하는 것으로 볼 수 있다. 이어서 제6식의 간화가 심화됨에 따라 제7식과 제8식의 영향을 받지 않는 몽중일여와 숙면일여의 상태에 도달하는 것으로 이해된다. 특히 몽중일여와 숙면일여의 경우에 화두 참구의 특성을 알 수 있다. 일반적으로 꿈은 무의식의 작용이므로 제6의식의 통제밖에 있다. 그러나 제6식이 화두에 집중하는 화두삼매에 이르면 꿈조차도 제6식의 통제 안에 있게 되는 것이 몽중일여라고 할 수 있고 숙면일여[132]의 경우에는 제7식과 제8식 등 무의식에 의해서도 영향을 받지 않는 단계에 이른다고 볼 수 있다. 물론 제6식에 의한 화두 참구가 면밀히 지속되지 않고 틈이 생겨서 화두삼매가 깨지는 순간 소위 마(魔)와 같은 심신상의 장애가 유발되는 것으로 보인다. 마장(魔障)에 대해서는 다른 기회를 통해 볼 것이다.

주요 선사의 화두 참구 사례

심식론에 대한 이해를 토대로 간화선 수행단계에 대한 선사들의 육성을 살펴보고자 한다. 많은 선사 가운데 간화 수행단계에 대한 구체적 기록을 남기고 있는 선사들, 한국 간화선에 영향을 준 몽산덕이, 간화일문(看話一門)의 입장을 가지고 간화선을 중심 수행법으로 자리매김하게 했던 태고보우, 나옹혜근, 선의 정신을 살리고자 했던 청담순호, 퇴옹성철을 중심으로 살펴보고자 한다.

몽산덕이(蒙山德異 1231~1308)

『몽산법어』에는 간화수행의 단계에 대한 기술이 포함되어 있다. 일반적으로 간화선은 단번에 여래지에 들어감을(一超直入如來地) 주장하기 때문에 단계별 경계에 대한 구분이 중시되지 않는 경향이 있다. 단번에 여래지에 든다는 것은 비단 선뿐만이 아니라 모든 수행이 본질적으로 돈오법이기 때문에 원초적인 기술을 한 것에 불과하다. 그러나 수행자들이나 일반대중이 법의 바른길을 잃지 않고 수습해 나가기 위해서는 중간단계에서 경험하는 제반현상에 대한 자상한 안내가 필요하다. 다음은 『몽산법어』를 통해 본 수행단계이다.

① 움직일 때나 가만히 있을 때나 가을 하늘같이 고요하고 맑을 때가 첫 번째 마디이다. 여기서 더 나아가야 한다.

② 가을 들판의 맑은 물이나 사당의 향로처럼 성성적적하여 마음 길이 끊어질 때는 허깨비 같은 육신이 사람에게 있는 줄도 모르고 오직 화두만 면면히 끊이지 않음을 볼 뿐이다. 이 경계에 이르면 망념이 쉬어 마음의 빛을 발한 것이니 두 번째 마디이다. 여기서 깨달았다는 마음을 내면 순수하고 오묘한 맛을 잃어 크게 해롭다.

③ 두 번째 마디를 넘어 움직일 때나 가만히 있을 때나 한결같으며, 잘 때나 깨어있을 때나 또렷하게 화두가 눈앞에 있을 때는 마치 물에 비친 달빛같이 여울의 물결 속에서도 살아있어서 건드려도 흩어지지 않고, 휩쓸려도 잃지 않게 되는데 이것이 세 번째 마디이다. 이때에 비로소 의심 덩어리가 깨어져서 바른 안목이 열릴 때가 가까워진 것이다.

첫째 단계는 선정이 어느 정도 무르익어 심신이 고요하고 맑은 상태, 소위 경안(輕安)의 경지에 가깝다고 할 수 있다. 이미 전6식의 추동(麤動)이 없이 화두가 여일한 상태이니 고요하고 깨어있음이 함께 유지되는(性寂等持) 상태를 가리킨다고 볼 수 있다. 화두에 대한 의심의 단계로 구분한다면 의심 덩어리가 형성된 상태라고 하겠다.

둘째 단계는 고요한 가운데 또렷이 깨어 있으면서 몸과 마음을 잊은 심신탈락의 경지, 주객의 구분을 잊은 화두삼매이다. 애써 의식하지 않아도 화두가 들리는 상태로서 타성일편이 된 것이다.

마지막 단계는 동정일여(動靜一如), 오매일여(寤寐一如)의 경지다. 무의식의 극한을 가고 있는 상태인데 이러한 경지에서 시절 인연을 만나 무의식을 넘어 불성을 철견한다.

태고보우(太古普愚 1301~1382)

태고보우화상의 어록 가운데 수행단계를 언급한 부분을 보면 동정일여, 오매일여, 몽중일여라는 말이 나온다. 그런데 동정일여와 오매일여는 선후관계로 볼 수 있고 오매일여가 화두삼매의 궁극이지만, 몽중일여는 단독으로 언급되고 있어 후에 성철이 정립한 바와 같이 삼단계로 정형화되고 있지 않다.

만약 사흘 동안 제대로 끊어지지 않아서 움직이거나 가만히 있거나 한결같고 말할 때나 침묵할 때나 한결같이 화두가 현전하고 급히 흐르는 여울에 비친 달빛같이 부딪혀도 흩어지지 않고 헤쳐도 사라지지 않고 저어도 잃지 않아서 자나깨나 한결같으면 크게 깨칠 때가 가까운 것이다.

만약 하루나 이틀 혹은 이레 동안 법대로 빈틈없이 공부한다면 꿈속에서도 화두를 들게 될 것이다. 그렇게 된다면 크게 깨달을 때가 가까운 것이다.

앞의 인용문에서는 동정일여, 어묵일여, 오매일여를 열거했지만 선후관계가 명확하게 드러나 있는 것은 아니다. 특히 인용문에서는 몽중일여에서 바로 견성이 가능한 듯이 말하고 있다.

나옹혜근(懶翁惠勤 1320~1376)

나옹의 공부십절목(工夫十節目)은 좀 더 소상하게 전후 단계를 열거하고 있다.

① 세상 사람들은 모양을 보면 그 모양에서 벗어나지 못하고 소리를 들으면 그 소리에서 벗어나지 못한다. 어떻게 하면 모양과 소리에서 벗어날 수 있을까.

② 이미 소리와 모양에서 벗어났으면 반드시 공부를 시작해야 한다. 어떻게 바른 공부를 시작할 것인가?

③ 이미 공부를 시작했으면 그 공부를 익혀야 하는데 공부가 익은 때는 어떤가?

④ 공부가 익었으면 나아가 자취를 없애야 한다. 자취를 없앤 때는 어떤가?

⑤ 자취가 없어지면 담담하고 냉랭하여 아무 맛도 없고 기력도 전혀 없다. 의식이 닿지 않고 마음이 활동하지 않으며, 또 그때에는 허깨비 몸이 인간 세상에 있는 줄도 모른다. 이쯤 되면 그것은 어떤 경계인가?

⑥ 공부가 지극해지면 동정에 틈이 없고 자고 깸이 한결같아서 부딪혀도 흩어지지 않고 움직여도 잃어지지 않는다. 마치 개가 기름이 끓는 솥을 보고 핥으려 해도 핥을 수 없고 포기하려 해도 포기할 수 없는 것 같나니 그때에는 어떻게 해야 하겠는가?

⑦ 갑자기 120근 되는 짐을 내려놓는 것 같아서 단박 꺾이고 단박 끊긴다. 그때는 어떤 것이 그대의 자성인가?

⑧ 이미 자성을 깨쳤으면 자성의 본래작용은 인연을 따라 맞게 쓰인다는 것을 알아야만 한다. 무엇이 본래의 작용이 맞게 쓰이는 것인가?

⑨ 이미 자성의 작용을 알았으면 생사를 벗어나야 하는데 안광이 땅에 떨어질 때에 어떻게 벗어날 것인가?

⑩ 이에 생사를 벗어났으면 가는 곳을 알아야 한다. 4대는 각각 흩어져 어디로 가는가?

일단 성철이 제시한 동정일여, 몽중일여, 오매일여를 기준으로 나옹의 십절목을 분석하면 ①~⑤까지는 동정일여 이전이고, ⑥에서 동정일여와 오매일여를 같이 언급하고 있다. ⑦부터는 오매일여 이후를 가리키고 있다.

청담순호(靑潭淳浩 1902~1971)

청담의 참선 13고개를 요약 정리하면 다음과 같다. 앞의 송화두와 염화두는 물론 간화의 본령은 아니다. 간화는 의정을 근본으로 하기 때문이다. 그러나 초심자로 하여금 의정이 생기게 하는 예비단계로 그 효용을 일정 부분 인정할 수는 있을 것이다.

① 송화두(誦話頭) : 화두를 입으로 소리 내어 외우는 것.

② 염화두(念話頭) : 화두를 마음으로 외우는 것. 의심이 조금 들다가 말다가 하는 단계.

③ 주작화두(做作話頭) : 의심이 제법 들다가도 간혹 들지 않는 단계. 애를 쓴다는 의미의 주작이다.

④ 진의돈발(眞疑頓發) : 의심이 들어서서 간절해진 단계.

⑤ 좌선일여(坐禪一如) : 참선 중에는 화두의 의심만 순일하지만 일어서면 화두가 희미하거나 없어짐.

⑥ 동정일여(動靜一如) : 동정일여가 된 상태에는 세 단계가 있다.

  - 일할 때에는 의심이 유지되나 말할 때 화두가 끊어지는 단계.

  - 말할 때에는 의심이 유지되나 책을 읽을 때 끊어지는 단계.

  - 글을 읽을 때에나 심지어 매를 맞을 때에도 화두가 유지되는 단계.

⑦ 몽각일여(夢覺一如) : 꿈속에서도 화두의 의심이 현저한 단계.

⑧ 오매일여(寤寐一如) : 깊은 잠 속에서도 화두의 의심이 확실해지는 단계.

⑨ 생사일여(生死一如) : 생로병사를 자유자재로 하는 단계.

⑩ 입태일여(入胎一如) : 부모 될 인연을 만났을 때도 자재하는 단계.

⑪ 주태일여(住胎一如) : 태중에서도 일여한 단계

⑫ 출태일여(出胎一如) : 출태할 때에도 일여한 단계

⑬ 영겁일여(永劫一如) : 영겁에 일여하여 무상정등정각을 얻는 단계.

청담도 지적했듯이 이렇게 13단계를 지나 성불하는 중생은 근기가 매우 낮은 경우이다. 물론 상근기의 경우는 이 모든 단계를 거치지 않고 단번에 영겁일여에 이른다. 그러나 세간과 출세간을 막론하고 일반 참선대중을 위해서는 이렇게 친절한 단계별 설명이 매우 요긴하다. 화두에 대한 의심의 단계를 적용하면 4번째 진의돈발 단계가 의단이 형성된 것으로 볼 수 있고, 5번째 좌선일여의 단계가 비로소 타성일편이 된 것으로 볼 수 있다. 5단계 이후에는 계속 타성일편이 유지되는 것이지만 심천에 따라 다시 단계를 나누는 것이다. 성철의 세 단계를 적용하면 ①~⑤까지는 동정일여 이전을 ⑨부터는 오매일여 이후를 다루고 있다.

퇴옹성철(退翁性徹 1911~1993)

성철은 화두 참구 단계를 동정일여, 몽중일여, 숙면일여로 명확히 나누고 있다.

동정일여(動靜一如)와 몽중일여(夢中一如)가 되어도 숙면일여(熟眠一如)가 되지 않으면 이는 육추의 영역이요 숙면일여가 되어야 비로소 가무심(假無心)인 삼매이다.

오매항일(寤寐恒一)은 숙면시(熟眠時)의 두 가지가 있는데 몽중일여는 제6의식의 영역이니 교가(教家)의 제7지무상정(無相定)에 해당하고, 숙면일여는 제8아뢰야식의 미세망념에 머무는 제8지 이상의 자재보살들과 아뢰야 미세망념을 영원히 떠난 불지(佛地)의 진여항일(眞如恒一)이 있다.

이는 화엄경 십지품에서 보살7지가 되어야 꿈속에서도 장애 없이 공부할 수 있으며, 보살8지, 자재위 이상이 되어야 숙면일여에 이를 수 있다는 설명과 일치한다.

몽중일여가 되면 화엄7지에 해당되며 오매일여 경계는 제8아뢰야식 미세망상 경계로서 제8부동지부터 10지 등각까지 해당한다. 그러나 여기서는 아직 자성을 확연히 깨치지 못한 것이며 생사해탈이 아니어서 화두를 계속 간절히 참구하여 의단을 타파하여야만 비로소 무량겁래의 생사윤회를 벗어나 영원토록 자유로운 사람이 된다.

오매일여라 하더라도 견성에 가까운 것이지 아직은 견성한 것이 아니다. 선사들의 오매일여에 대한 언급을 세 가지로 정리한다.

성철 스님은 오매일여를 화두 참구에 적용시켜서 "숙면 속에서도 화두를 놓지 않아야 한다." 라고 하여 실제적 단정적으로 해석하고 있고 대혜종고는 "오매를 둘로 보지마라." 라고 하여 '오매불이' 의 의미로, 『능엄경』에서는 '낮에는 생각이 없고 밤에는 꿈이 없는 상태가 오매일여' 라고 말하고 있다.

성철은 깨어있을 때나 잠자고 있을 때 화두에 집중할 것을 말하고 있고, 대혜는 오매불이의 상태에 초점을 맞추어 설명하고 있으며, 『능엄경』에서는 그 의미를 규정하고 있다. 『능엄경』의 해석은 오매일여의 기본적인 상태를 말한다. 오매일여란 막연하게 깨어있을 때와 잠들어 있을 때가 한결같다는 의미가 아니다. 그것은 모든 번뇌가 사라진 깨달음의 상태에서는 마음이 고요한 바다와 같이 텅 비게 되어 깨어 있거나, 잠들어 있거나 항상 그 상태가 유지되는 것을 말한다. 그래서 『능엄경』에서는 '오매항일'이라고 표현하는 것이다. 이러한 『능엄경』의 의미의 이론적 기반을 덧붙인 것이 대혜의 오매불이다. 깨달음의 상태에서 깨어있으나 잠자고 있으나 바다와 같이 고요하고 텅 빈 마음이란 바로 실체가 없는 공함을 의미한다. 모든 존재하는 것들이 연기적으로 존재하여 실체가 없는 것처럼 마음 또한 실체 없이 그 자체로 공하다. 오매가 둘이 아닐 수 있는 것은 바로 이 공성에 기반할 때 가능하다. 실체 없이 공하기에 오매의 분별은 분별일 뿐인 것이다. 그 공에 기반해서 모두 하나일 수 있는 것과 마찬가지이다. 그러한 오매불이를 실천적으로 적용한 것이 성철의 오매일여의 원칙이다. 자나 깨나 일심으로 화두에 몰두함으로 인해 능엄경에서 말한 오매항일의 상태를 유지하는 것, 온갖 분별심을 화두 하나에 두게 되면 이르게 되는 경지가 바로 오매일여인 것이다.

오매일여가 불가능한 경지이며 비유적 표현을 실질적으로 받아들인 오해라 폄하하는 주장들도 있다. 그러나 실제 수행 속에서 모든 생각들이 사라지고 하나의 화두 또는 염불의 관세음보살, 약사여래불 등이 밤낮으로 일관되게 지속되는 경험은 투철한 수행자의 경우 체험해본 분들이 적지 않다. 그래서 이는 자신의 수행정도를 검증할 수 있는 하나의 잣대로도 기능할 수 있는 것이다. 그런데도 오매일여를 단순하게 일심을 유지하는 것의 비유적 표현에 불과하다고 하는 것은 오매일여를 나름대로의 해석방식으로 비판하겠다는 생각에 묶인 천착이 아닌가 한다. 성철의 경우에 수행단계가 동정일여, 몽중일여, 숙면일여로 나누어지고 숙면일여가 오매일여를 뜻하는 것으로 이해된다.

　보우는 동정일여, 어묵일여, 오매일여, 몽중일여의 순으로 나누고 있으며 동정일여와 어묵일여는 비슷한 단계로 보인다. 성철이 오매일여를 숙면일여와 같이 몽중일여의 다음단계로 분류하는 데 반해서 보우는 오매일여를 몽중일여의 전단계로 인식하는 듯이 보인다. 이 문제는 오매일여에 대한 인식의 차이에서 비롯된 듯하다. 즉 성철의 오매일여에서 매(寐)는 숙면상태를 가리키는 데 반해서 보우의 오매일여는 단순히 '자나 깨나', '언제나'와 같은 의미로 쓰인 것으로 볼 수 있다. 반면 몽산의 경우는 동정일여와 오매일여만을 중심으로 설명하며 나옹과 청담의 수행단계 분류는 동정일여 이전과 숙면일여 이후를 다룬 점에서 특색이 있다. 이상의 분류를 종합해 보면 화두 참구의 보편적인 단계를 어느 정도 정리해볼 수 있다.

간화선의 수행 단계

화두 참구를 처음 시작할 때에는 신해(信解), 즉 분별망상을 통해 참구할 수밖에는 없다. 신해는 사량 분별의 단계이며 따라서 제6식에 속한다. 그러나 "왜 개에게는 불성이 없는가?"하고 의심을 하더라도, 이 경우 분별망상에 젖은 나만 모를 뿐 분명한 도리의 이유가 있다는 확신을 가지고 더 이상 생각으로 따져서는 안 된다. 생각을 일으키지 않고 오직 공안에만 마음을 집중하다 보면 의심은 의단으로 뭉쳐져서 분별식인 제6식을 넘어 무의식의 제8아뢰야식으로 침잠하는 때가 온다. 분별식으로 화두를 의심하는 단계에서는 우리의 일상 생활이 분별식이기 때문에 서로 충돌한다. 즉 화두를 들고 있는 동안에는 일상생활에 지장을 받게 되고 일상생활에 마음을 쓸 때는 화두를 놓치게 되는 것이다. 그러나 일단 의단이 무의식에 들게 되면 그러한 충돌은 더 이상 생기지 않는다. 화두 참구의 단계를 가늠할 수 있는 오매일여, 숙면일여 등은 제8아뢰야식 안에서 가능한 경지이다.

그렇다면 제6식에서 제8식으로 침잠하는 단계는 어떻게 이루어지는가? 제6식을 벗어나는 단계의 첫 번째 특징은 '무재미'이다. 제

6식은 우리에게 익숙한 심리작용이기 때문에 이것을 벗어나게 되면 일단 제6식이 작용할 때의 익숙함이나 편안함 혹은 즐거운 상태는 사라지게 된다. 흔히 재미가 없는 때로 불리기도 한다. 나옹화상의 '공부십절목(工夫十節目)'에서 네 번째와 다섯 번째 절목이 여기에 해당한다고 볼 수 있다.

④ 공부가 익었으면 분별망상을 떨쳐야 한다. 분별망상이 떨어질 때는 어떠한가?

⑤ 분별망상이 떨어지면 담담하고 냉랭하여 아무 맛도 없고 기력도 전혀 없다. 의식이 닿지 않고 마음이 활동하지 않으며 또 그때에는 허깨비 같은 몸이 세상에 존재하는 것을 느끼지 못한다. 이쯤 되면 그것은 어떤 경계인가?

④번은 제6식의 단계를 막 벗어나는 단계를 가리키고, ⑤번은 제6식을 벗어났으나 아직 제8식에는 도달하지 못한 경계지대를 가리킨다. 익숙해 있던 의식작용은 벗어났으나 새로운 단계의 제8식에는 적응하지 못한 단계라고 하겠다. 제6식을 벗어나는 단계의 두 번째 특성은 고요하고 깨어있는 상태이다. 무시이래로 준동하던 사량 분별식이 쉬기 시작하기 때문에 고요하고 또 맑게 깨어있는 상태가 되는 『몽산법어』를 보자.

① 움직일 때나 가만히 있을 때나 경계가 가을 하늘 같이 고요하고 맑을 때가 첫 번째 마디이다. 여기서 더 나아가야 한다.

② 가을 들판의 맑은 물이나 사당의 향로처럼 성성적적하여 마음길이 끊어질 때는 허깨비 같은 육신이 사람에게 있는 줄도 모르고 오식 화누만 면면히 끊이지 않음을 볼 뿐이다. 이 경계에 이르면 망념이 쉬어 마음의 빛을 발한 것이니 두 번째 마디이다. 여기서 깨달았다는 마음을 내면 순수하고 오묘한 맛을 잃어 크게 해롭다.

①에서는 제6식을 벗어났을 때의 고요함과 깨어있음을 가리키는

데 아직도 완전히 6식으로부터 벗어났다기보다는 화두 참구 중에 분별망상이 고요해진 것을 말하는 것으로 보인다. 의식이 화두에 집중되어 있기 때문에 망념이 고요해진 것이요, 화두에 대한 집중이 흐트러짐이 없기 때문에 깨어있는 상태가 유지될 수 있는 것이다. ②는 완전히 제6식을 벗어났으나 역시 아직 제8식에는 진입하지 못한 단계이다. 여기서 제6식의 망념이 완전히 쉬고 마음 길이 끊어졌다고 하기 때문이다. 그러나 아직 제8식에 도달해 안착한 것은 아니다. 화두 참구가 제8식에 이르렀을 때의 특성은 동정일여와 오매일여로 대표된다.

움직일 때나 가만히 있을 때나 한결같으며(動靜一如), 잘 때나 깨어있을 때나 또렷하게 화두가 눈앞에 나타난다. 마치 물에 비친 달빛같이 여울의 물결 속에서는 살아 있어서 건드려도 흩어지지 않고 휩쓸려도 잃지 않게 되는데 이것이 세 번째 마디이다. 이때 비로소 의심 덩어리가 깨어져서 바른 안목이 열릴 때가 가까워진 것이다.

유식에서는 꿈을 제6식의 범위로 파악한다. 그러나 오위무심(五位無心)[133]중 극수면은 꿈이 없는 숙면 상태인데 이때에는 제6식이 작용하지 않는다. 즉 무의식의 영역인 것이다. 따라서 화두삼매의 세 단계 중 동정일여와 몽중일여는 아직도 화두가 제6식에 머물러 있는 상태이고 오매일여는 제8아뢰야식으로 가라앉는 상태라고 할 수 있다.

동정일여를 거쳐 오매일여의 상태가 바로 제8식에 안착한 단계이며 이러한 단계에서 물러나지 말고 더욱 정진하면 마침내 화두에 대한 의단이 녹는 것이다. 정리하면 첫 단계는 선정이 어느 정도 무르익어서 심신이 고요하고 맑은 상태 소위 경안(輕安)의 경지에 가깝다고 할 수 있다. 이미 전6식의 추동이 없이 화두가 여일한 상태이니 고요하고 깨어있음이 함께 유지되는(性寂等持)의 상태를 가리킨다고 볼 수 있다. 두 번째 단계는 성(性)과 적(寂)이 함께한 상태에서 몸과 마음을 잊는 심신탈락의 경지로 주객의 구분을 잊는 화두삼매이다. 애써 의식하지 않아도 화두가 들리는 상태이다. 세 번째 단계는 동정일여, 오매일여의 경지이다. 무의식의 극한을 가고 있는 상태인데 이러한 경지에서 시절인연을 만나 무의식을 넘어 불성을 철견하게 된다. 나옹의 십절목에서는 화두가 제8식에 안착하는 단계가 6번째에 해당한다. 7번째는 비로소 화두가 녹는 단계이다.

⑥ 공부가 지극해지면 동정(動靜)에 틈이 없고 자고 깸이 한결같고(寤寐一如) 부딪혀도 흩어지지 않고 움직여도 잃지 않는다. 마치 개가 기름이 끓는 솥을 보고 핥으려 해도 핥을 수 없고 포기하려 해도 포기할 수 없는 것 같나니 그때에는 어떻게 하겠는가?

⑦ 갑자기 120근 되는 짐을 내려놓는 것 같아서 단박 꺾이고 단박 끊긴다. 그때는 어떤 것이 그대의 자성인가?

화두를 잡고 끝내 확철대오의 경지에 서게 하는 그 마음자리는 부처님 마음, 불성이다. 화두를 타파하고 그 자리에 우뚝 설 수 있는 존재를 누구라고 할 것인가. 만유와 하나 된 자리 동정일여, 몽중일여, 오매일여 모두 하나 된 세계는 부처님 나라요, 하나이다. 전체이며 무한이며 영원인 세계다. 그 어디나 중심인 세계다. 하나에서 둘이 나왔듯이 화두가 타파되고 나도 없어지면 하나의 세계에 들고 그 자리는 하나이기에 죽고 사는, 태어나고 죽는 세계가 아닌 무한 사랑, 자비 그 자체의 세계다.

간화선 수행의
현대적 의의와 수행체계

    선불교의 수행의 핵심은 불성에 대한 확신에서 출발하여 그것을 체험적으로 확인하는 것이다. 따라서 스승의 역할은 가능한 모든 수단과 방법을 동원해서 제자로 하여금 불성(佛性)을 보게 하는 것이다. 선불교의 수행자가 참선과 같은 방법을 통해서 화두에 몰두하는 것은 불성을 보기 위한 것이며 선사들의 선문답이나 그 밖의 언어나 동작도 수행자들이 사유와 분별작용이 일어나기 이전의 불성을 깨우쳐 주기 위한 것이다.

    선사들이 상식적으로 납득할 수 없는 언어나 동작을 취하는 것은 모두 불성의 작용을 드러내는 것이지만 대개 겉으로 드러나는 형상만을 볼 뿐 거기에서 불성을 보는 이는 드물다. 불성이 감춰져 있어서가 아니라 오히려 너무나 가까이 너무나 확연하게 드러나 있기 때문인지도 모른다. 간화선의 복적은 바로 이 불성을 보는 것이다. 간화선은 오랜 기간 검증되었던 수행법임에도 현대인들에겐 조금은 낯설다. 그래서 간화선 수행의 대중화, 현대화, 국제화를 위해 채택한 것이 요가의 차크라와 아사나의 원용이다. 몸을 무시하고, 6근, 6식,

6진, 18계를 무시하고 견성이 어렵다 하신 선사들의 가르침대로 몸에 대한 관심이 고조되고 있고 갖가지 잡다한 수행법들이 난무하고 있는 이때 과연 간화선은 어떠한 활로를 열어야 할 것인가? 대단히 고뇌스러운 문제이다. 국내뿐 아니라 미국, 유럽 등 선진국들에서도 이미 선, 명상, 요가 등 정신세계에 대한 관심은 가히 폭발적이다. 과학과 기술 문명이 고도화되고 물질적으로 풍요로워질수록 인간의 내적 가치와 정신세계에 대한 관심은 더욱더 커지고 있고 줄어들 기미를 보이지 않는다. 당연히 일반인들이 갖가지 정신 수련에 대해 관심을 갖는 가운데 간화선에 대한 관심도 커져가고 있다. 선종인 조계종에서 여러모로 노력 중에 있으나 그 효과는 미미한 실정이라고 볼 수밖에 없다.

한 조사결과를 보면 불자들이 주로 체험하고 있는 수행법은 염불 21.8%, 호흡법 19.6%, 간화선 17.0%, 위빠사나 6.4%, 기타 6.6% 등이라고 한다. 이 데이터는 전통적인 수행법인 간화선보다 다른 수행법들이 더 많이 실행되고 관심을 끌고 있다는 사실을 보여준다.

선종의 간화선이 염불선, 호흡법보다도 일반 대중 사이에서 실행되지 않는 이유는 무엇일까? 우선 대중들이 접근하기 어렵기 때문이다. 어렵다는 것은 몇 가지 이유가 있겠는데 대중들에게 쉽게 다가갈 수 있는 시스템이 아니고 대중들에게 조금은 불친절하기 때문은 아닌가 싶은 생각이 든다. 올바른 스승은 드물고 딱히 접할 수 있는 매뉴얼도 찾기가 힘들다.

그러므로 간화선이 대중화되기 위해서는 무엇보다 훌륭한 지도사와 누구나 쉽게 배우고 실천할 수 있는 수행체계와 방법이 개발되어야 한다. 그 같은 고심 끝에 채택해 수행체계로 결실을 맺은 것이 능인선원의 참선 요가다. 요가와 더불어 간화선을 병행하는 것이다. 몸과 마음의 건강에 관심이 많은 현대인들에게 요가 참선은 커다란 반향을 불러 모으고 있다. 몸의 모든 기혈을 풀어주며 갖가지 몸과 마음의 고장 난 부분을 어루만져 준다. 무엇보다 그 같은 시행에 앞서 참선과 요가의 근본 원리에 대한 교학의 중요성은 아무리 강조해도 지나치지 않는다. 난해한 수행법을 몸과 마음에 익히게 하기 위해서는 무엇보다 교학에 대한 투철한 이해가 필수이다. 불교 교학에 대한 이해가 바탕이 되지 않고서는 올바른 수행의 길로 나서기가 불가능하다. 그 같은 교학의 부분을 외면하고 화두 수행법을 강요하는 것은 힘겨운 중생들에 대한 강요이다.

불교 수행은 단지 실천, 실수(實修)만 가지고는 앞으로 나아갈 수 없다. 불완전할 수밖에 없다. 앞서 선불교 수행론의 역사를 검토하는 과정에서 보았듯이 교학과 실천은 수레의 양 바퀴처럼 함께 가야 한다. 그러므로 재가 신도들에게 불교의 기본적인 교학에 대해 가르치는 일이 선행되어야 한다. 간화선 실수 일변도의 수행법을 지양해야 한다. 신도들의 수행법에 대한 통계 자료에서 보았듯이 신도들의 수행법은 다양하다. 다양한 수행법이 존재한다는 것은 재가 신도들의 요구 조건에 맞는 수행법을 찾아야 한다는 것이며 성불이라는 불교의 목적을 위해 간화선이라는 하나의 수행법만을 고집해서는 어렵다. 수행이 성불에 이르는 가장 효율적인 수행법이기는 하지만 수행에 집중할 수 있는 시간이 한정되어 있는 현대 재가자들에게 쉬운 일이 아니다. 그러므로 수행체계를 배우는 데 있어 다른 수행법을 적극적으로 받아들이고 수행의 방법과 내용을 풍부하게 할 필요가 있다.

삼학에 기초한 간화수행법

간화선 수행체계를 현대에 맞게 잘 정립하기 위해서는 우선 간화선의 근간이요, 초기 불교의 수행법이라 할 수 있는 계정혜(戒定慧) 삼학의 틀을 기본으로 삼아야 한다. 계율로 몸과 마음을 청결하게 하고 선정을 행할 때 지혜와 직관이 가능하다. 지혜가 없는 선정은 수행의 길을 그르칠 수 있거나 잘못 가게 할 수 있고 지혜가 없는 계율은 지나친 형식주의로 치우칠 수 있다. 그렇기 때문에 삼학의 균형을 맞춘 수행이 필요하다. 간화선이 선정만을 중시하는 것으로 보이지만 이는 역사적 발전 단계 속에서 선정을 중심으로 삼학이 수렴되어 있는 형태인 것이다. 수행자들이 드러난 현상만을 보고 계율이나 경전 공부를 소홀히 한다면 이는 간화선의 본질을 간과하는 것이라고 할 수 있다.

삼학은 주로 초기 경전에 많이 설명되고 있는데 불교의 모든 수행관은 이에 포함시킬 수 있다. 그렇기에 삼학을 보면 불교의 특징을 잘 알 수 있다. 8정도 삼학을 바탕으로 한 것이고 6바라밀 역시 삼학을 확장한 것이다. 삼학을 제대로 연마하지 않고는 모두가 사상누각이고 공염불이다.

붓다 초기의 가르침에서 실천적 방법으로 제시된 8정도 역시 정어(正語), 정업(正業), 정명(正命)은 계율에 바탕으로 한 내용으로 계율 수행이 제대로 되지 않은 상태에서 8정도 수행이 무의미함을 얘기하고 있다.

8정도의 궁극이 정정(正定)이라고 한다면 정어, 정업, 정명이 되지 않고서 한 치도 나아갈 수 없음을 초기 경전은 밝히고 있다. 계를 무시하고 아무렇게나 견성의 경계로 나아갈 수 있는 것으로 착각한다면 모래를 쪄서 밥을 하는 것과 같다 할 것이다.

삼학이 확장된 것이 대승불교의 6바라밀이라 할 수 있는데 대승불교의 정화라 불리는 화엄과 기신론의 수행관에서는 6바라밀이 변형된 형태로 나타난다. 기신론은 발심(發心)을 중요시하고 있으며 오행(五行)을 통해 수행방법을 제시하고 있다. 8정도 수행이 정견(正見)에서 시작되는데 기신론은 발심과 신심(信心)에서 시작한다. 발심이란 일심진여(一心眞如)에 대해 신심을 굳게 가지고 나아가는 실천 수행의 구도심이다. 기신론에서는 발심의 단계를 신(信), 해행(解行), 증(證)의 세 단계 ① 신성취발심(信成就發心), ② 해행발심(解行發心), ③ 증발심(證發心)으로 나눈다. 믿음과 실천 그리고 증득에 해당하는 구조로 볼 때 발심은 수행 내내 세 가지 형태로 계속된다. 세 가지 발심 가운데 첫 번째 발심인 믿음은 근본과 불, 법, 승 네 가지를 믿는 마음을 말한다. 신(信)을 바탕으로 시문(施門), 계문(戒門), 인문(忍門), 진문(進門), 지관문(止觀門)을 닦아야 하는데 지관은 정과 혜을 말하는 것으로 결국 6바라밀이 된다. 기신론에서는 삼학의 정과 혜가 하나로 되었다. 그리고 또 하나 등장하는 중요한 수행법이 염불이다. 염불은 기신론뿐만 아니라 화엄의 수행에서도 중요하게 언급된다. 화엄의 수행은 발심 보살의 바라밀행 그리고 관법, 염불문으로 나뉜다. 화엄에 오면서 발심은 더욱더 중요하게 된다. 정각(正覺)의 과(果)는 발심이라는 인(因)이 있어야 성취하는 것이며 불성은 발심으로 인해 여래(如來)의 모습을 드러낸다. 화엄에서는 처음으로 보리심을 내는 초발심(初發心)의 공덕에 대해 강조하여 이야기한다. 『화엄경』의 「범행품」에서는 "처음 보리심을 내었을 때 그것이 곧 정각을 이룬다."고 하여 한 번 깨끗하고 순수한 믿음을 성취해서 무상보리심을 발하게 되면 아예 처음 발심으로 보살행은 완성되고 나아가 바른 깨달음을 얻는다고까지 이야기하고 있다. 그와 같은 가르침은 우리의 본성 자리를 의미하는 얘기이고 중생들은 보살의 바라밀행을 통해 스스로를 완성한다고 가르친다. 그 가운데 실질적 수행과 관련된 부분에 관법과 염불문을 추가로 설명하고 있다.

관법이란 마음으로 법을 관하는 것으로 기신론의 지관문이며 삼학의 정혜에 해당된다. 법을 관한다는 것은 내 마음속의 진여를 관하면서 주관과 객관이 융통상즉(融通相卽)하므로 관법이 곧 관심이고 관심이 곧 관법이다. 『80화엄경』은 관법에 관한 내용으로 일관되고 있는데 "경계는 요술 같고, 꿈 같고, 그림자 같고, 메아리 같고, 변화와 같다."고 하면서 이렇게 관행하라고 가르친다. 이 구절은 『반야경』의 공사상이며 공관(空觀)이며 연기관(緣起觀)이기도 하다. 화엄의 관법은 일심(一心)으로부터 전개되는 연기법을 관찰하여 보살도를 실천해 나가는 것이기에 마음을 관하는 선불교의 수행법과 분리시켜 생각할 수 없다.

염불(念佛)이란 부처를 염하는 것으로 수행의 중요한 행법이다. 부처는 중심이기에 항상 마음 가운데 우주의 중심을 모시면 나도 중심이 된다. 『화엄경』의 「입법계품」에도 염불문(念佛門)이 등장한다. 구도에 나선 선재동자가 첫 번째로 친견하는 선지식인 덕운 비구에게 보살행과 아뇩다라삼먁삼보리의 성취에 대해 묻자 덕운 비구는 모든 부처님 경계를 생각하여 지혜의 광명으로 두루 보는 법문으로 염불문을 설한다. 여기에 21가지 염불문으로 '지혜의 빛으로 두루 비추는 염불문, 일체 중생 염불문, 법에 편안히 머물게 하는 염불문, 여러 겁에 머무는 염불문' 등이 전개된다. 화엄에서의 염불문은 아미타 신앙의 타력 정토에 도달하기 위한 염불과는 다르게 나의 불성이 곧 아미타불이라는 자력적인 아미타(自性彌陀)로 이끄는 수행 방편으로 제시되고 있다.

이렇게 살펴보면 간화 이전의 불교 수행은 삼학에 바탕을 둔 가운데 변화해왔다고 볼 수 있다. 간화선은 바로 이 같은 수행론들의 연장선에서 만들어진 수행법이다. 초기 불교에서는 계율이 중시됐고 후대로 올수록 정혜와 수행법으로 실행되었으며, 대승권에서는 발심과 신심 그리고 염불 수행법이 중시되었음을 알 수 있다. 특히 화엄은 선과 긴밀한 연관을 갖고 있어 임제 등 모두 화엄을 공부한 후 선사의 길을 갔다. 그러므로 대중적인 간화선의 체계를 세우려면 이를 유념해야 한다. 특히 염불 수행은 중요한 것으로 강남에 처음 와서 선(禪)을 펼치기 위해 능인선원을 열었으나 불자들이 너무도 그 행법에 대해 낯설어했고 익숙하지 않아 방향을 틀어 시작한 것이 염불문이었다. 염불문으로 바꾸지 않았다면 오늘의 능인선원은 존재할 수가 없었을 것으로 생각된다. 그러나 작금의 상황이 참선 명상을 요구하는 풍토가 형성되고 있으나 이 역시 그저 단기간 유행되다 흐르는 것이 아닌가 하는 느낌이 들 때도 있다. Well-being이니 Healing이니 등이 모두 다 바람처럼 불어왔다 바람처럼 흘러가 버렸다. 왜냐하면 중생들의 근기가 약하고 외국의 바람이 국내에 흘러들어온 때문이 아닌가 생각되기도 한다. 세계적으로 수행에 꾸준히 힘쓰는 사람들이 얼마나 될지 자세히 알 수 없다. 현대인들은 너무도 바쁜 나머지 오랜 시간 앉아 좌선하는데 몹시 힘겨워하는 현실을 무시할 수 없다. 쉽게 해야만 하는데 간화선은 너무 어렵다.

염불과 간화선의 융합

　간화선은 대단한 끈기를 요하는 수행법이다. 우선 시간과의 싸움을 이겨내야만 하기 때문에 제대로 된 수행을 하려면 어려움이 많다. 그래서 처음에는 선을 가르치려 선원을 만들고 선을 지도했으나 하루에 한두 시간씩이라도 꾸준히 이어나가는 불자나, 단 한 달 동안이라도 제대로 몰입하는 신도들을 만나기 어려웠다. 선방이나 사찰생활을 하는 선승들과는 전혀 다른 세속의 삶이라 거의 불가능에 가까운 듯 보였다. 그래서 우선 형식을 바꿔 대다수의 한국 불자들이 관심을 갖는 염불 기도를 바탕으로 근기가 갖추어질 때까지 참선을 보류하고 원하는 사람들에게만 간화 수행법을 가르쳤다.

　이러한 염불과 간화선의 융합 방식은 이미 중국 불교사에 염불 수행법과 선을 병행해 온 역사를 참조했다. 4조 도신은 "나의 법요는 『문수설반야경』의 일행삼매(一行三昧), 즉 염불심이 부처요, 번뇌 망념은 중생의 의지처다." 라고 하면서 염불을 중시하고 있음을 보여주고 있다.

　북종의 신수도 『관심론』에서 염불이 해탈과 관련되어 있음을 얘기했다.

　경전에서 말한대로 "지극한 마음으로 염불을 하면 반드시 해탈하는가?" 라고 물으니 대답하여 말하였다. "무릇 염불이라는 것은 정념을 올바름으로 삼고 불요의(不了意)를 삿된 것으로 여겨야 한다. 정념은 반드시 정토에 왕성할 것이다. 불이란 깨달음이니 마음의 근원을 깨달아 살피어 악함이 일어나지 않게 하는 것이다."

질문자는 염불로 해탈하는 것이 가능한지 물었다. 신수는 염불이란 정념을 바로 잡는 것이기에 반드시 정토에 왕생하고 해탈할 수 있을 것이라 하였다. 염불이란 계율 지킴을 소홀히 하지 않고 마음의 근원을 끊임없이 살피는 것을 말한다. 그렇기 때문에 단지 입으로 외우는 나무아미타불이 아니다. 마음을 다하여 외우는 나무아미타불이며 여래의 요의를 제대로 아는 나무아미타불이 된다. 염불은 정념을 유지시켜주는 바탕이 된다. 이러한 생각이 더욱 발전하여 남종선의 혜능에 이르러서는 서방정토가 따로 있는 것이 아니라 자성청정이 정토라는 생각이었다.

미혹한 사람은 염불하여 서방정토에 태어나려고 하지만 깨달은 자는 스스로 그 마음을 깨끗하게 한다. 그런 까닭에 붓다는 "그 마음이 깨끗하면 불국토가 깨끗해진다." 하였다.

혜능에 의해 서방정토도 마음의 영역으로 포함되었다. 그러나 이후 선종은 정토종과 분리되어 독자적으로 발전한다. 송대에 이르러 임제종과 정토의 융합이 시도돼 화두와 염불이 결합되는 시도가 있었다. 이러한 정신을 이어받아 몽산덕이가 염불 화두법을 정립하였다.

나무아미타불을 염하는 12시 가운데 사위의(四威儀) 행주좌와에서 혀를 움직이지 말고 .또한 마음을 어둡게 하지 마라. 바로 이때 염불하는 이는 누구인가, 때때로 점검하여 스스로를 반조하여 보라. 이 몸은 헛되고 임시로 빌린 것이라 오래지 않아 죽고 결국은 흩어진다. 그러면 이때 염불하는 자는 어디로 돌아가는가. 이와 같이 공력을 사용하여 날이 가고 밤이 깊어지면 자연히 색신(色身)이 분리되기 전에 서방에 이르러 아미타불을 친견하리라. 천만 번 정신을 차리고 용맹심을 발휘하여 간단없이 염불하라.

나무아미타불을 염하면서 "염불하는 이는 누구인가?"(念者是誰), "염불하는 자는 어디로 돌아가는가?"(念者歸何處)라고 때때로 반조해 보는 것이 덕이의 염불 화두법이다. 이는 염불보다는 위의 두 화두를 점검하는 것이 핵심이 되는 방식이다. 그래서 덕이의 방식은 염불을 간화선에 흡수시키는 방식이다. 이것이 고려 후기 간화선 특히 태고보우에게 큰 영향을 주었다. 그렇지만 몽산덕이의 염불 화두법이 들어오기 이전 고려에서 염불은 이미 선 수행을 도와주는 수행법으로 중시되어 왔다. 간화선을 들어온 것으로 알려진 지눌의 경우도 염불을 중요시했다. 그는 『염불요문』에서 오념(五念)을 쉬게 하고 오장(五障)을 틔우고 오탁(五濁)을 맑게 하기 위해서는 염불 삼매가 필요함을 역설하였다.

오념이 쉬지 않으면 오장이 어떻게 통하겠는가? 오장이 통하지 않으면 오탁이 어떻게 맑아지겠는가? 그러므로 오념이 쉬지 않으면 장애의 흐림이 많기 때문에 반드시 열 가지 염불 삼매의 힘으로 차츰 청정한 계율의 문에 들어가야 한다. 계율의 그릇이 순수히 맑고 한 생각이 도에 맞은 뒤에라야 마음을 쉬고 장애와 흐림을 넘어 바로 극락에 이르러 삼무루학을 깨끗이 닦아 아미타불의 위없는 큰 깨달음을 증득할 수 있을 것이다. 때문에 이 도를 증득하려면 응당 10종의 염불을 닦아야 한다.

오념이란 탐, 진, 치, 산란심과 업장을 말한다. 오장이란 번뇌장(煩惱障), 소지장(所知障), 보장(報障), 이장(理障), 사장(事障)이다. 오탁이란 겁탁(劫濁), 견탁(見濁), 번뇌탁(煩惱濁), 중생탁(衆生濁), 명탁(命濁)을 의미한다. 오념이 쉬어야 오장이 통하고 오탁이 맑아질 수 있기 때문에 오념을 쉬게 하는 것이 중요하다. 이를 위해서는 염불을 해야 한다. 염불 삼매를 통해 선근을 길러 계율을 잘 지키면 점점 한 생각 고요하고 맑아져서 계정혜의 삼무루학을 닦을 수 있게 된다. 이를 닦으면 아미타불의 깨달음을 증득할 수 있다.

염불은 계율을 지킬 힘을 주고 지계는 염불 삼매로 안내한다. 이를 바탕으로 깨달음을 증득하는 것이다.

지눌이 제시하는 열 가지 염불은 ① 계신염불(戒身念佛 몸가짐을 바르게 하는 염불), ② 계구염불(戒口念佛 말을 바르게 하는 염불), ③ 계의염불(戒意念佛 뜻을 바르게 하는 염불), ④ 동억염불(動憶念佛 움직이면서 하는 염불), ⑤ 정억염불(靜憶念佛 움직이지 않고 하는 염불), ⑥ 어지염불(語持念佛 말하면서 하는 염불), ⑦ 묵지염불(默持念佛 말하지 않고 하는 염불), ⑧ 관상염불(觀想念佛 부처님 모습을 그리면서 하는 염불), ⑨ 무심염불(無心念佛 무심하게 하는 염불), ⑩ 진여염불(眞如念佛 부처님이 부처님을 염하는 염불) 등이다.

지눌에게 있어 염불이란 서방정토를 찾는 것이 아니라 참마음을 찾는 것이다. 지눌이 유심정토(有心淨土)의 입장에서 염불을 얘기했다면, 나옹은 이에 기초해서 자성미타(自性彌陀)의 입장을 강조했다. 태고보우는 이보다 더 나아가 염불을 화두와 결합한 몽산덕이의 영향으로 "염불하는 자는 누구인가?"(念佛者是誰)를 가르쳤다. 어느 것을 공안으로 들던지 수행자가 화두를 드는 방식과 마찬가지다.

법당을 열고 신도들을 수행시키다 보면 간화선은 여러모로 쉽지 않은 면이 있다. 화두를 드는 것에서부터 화두의 의미를 가르치는 것, 그리고 화두를 지속시키는 것의 어려움, 시간의 문제, 특히 과거에 기도 염불에 익숙한 신도들은 아예 법당에 나오기를 포기하고 다른 절을 찾는다. 결국 스님들이나 간화선 마니아들을 제외하고는 염불에 주력하는 가운데 용맹정진의 분위기가 살고 한바탕 기도를 하고 났을 때의 후련함, 카타르시스, 무언가를 해냈다는 뿌듯함, 가피력 등등을 고려할 때 무엇보다 법당의 발전을 감안해서 염불을 빼 놓고선 도저히 법당 자체의 존립이 어렵다는 사실을 뼈저리게 느꼈다. 그래서 염불을 본격적으로 채택했고, 염불을 통해 개개인을 정화시키고 선기(禪機)를 기르는 방식으로 나가기로 결정했다. 실제 수행에서는 염불이 병행될 때 수행자를 옹호하는 불보살과 신장의 힘이 증장될 수 있다. 그러므로 간화선이 현대인들에게 쉽게 다가서기 위해서는 오랜 과거의 수행법을 살리는 것이 중요하다는 판단이다. 간화선 수행이 현대인들에게 효과적인 수행법으로 기능할 수 있는지의 가능성은 종래의 전통적 수행법과 어떻게 연계시키는가의 문제가 대단히 중요한 과제라 하지 않을 수 없다. 자칫 참선에 대한 그릇된 소개는 참선에 대해 부정적 견해를 심어줄 수 있다. 몇 가지 생각해 봐야 할 점을 들어보자.

첫째, 조계종이 선종이어서 참선을 지극히 강조하고, 선승들만이 가장 우월한 집단인 양 권위적인 차원으로 부각되는 것은 많은 불자들에게 오히려 역효과를 내고 있다. 이러한 것은 또한 불자들이나 승려들에게도 부정적 영향을 가져올 가능성이 크다. 불자들은 자신들의 기도가 하열한 근기의 중생들이나 하는 것으로 치부하는 선승들의 폄하에 별로 유쾌한 마음이 될 수가 없다. 또한 기도 염불을 중시하는 승려들에게도 부정적 견해를 갖게 한다. 선방을 열어 선방 대중 공양만을 기대하는 선승들의 자세를 탓할 수는 없으나 무조건 참선만이 최상승이요, 최고라고 하는 주장은 불교에 대한 부정적 견해를 심어줄 가능성이 대단히 크다.

둘째, 간화선에 들어가기 위한 예비 코스가 분명히 필요하다는 점을 분명히 고려해야만 한다. 삼학은 계정혜가 있고 8정도, 6바라밀 등이 모두 중요한데 유독 선정만을 강조하는 것은 도저히 제대로 된 수행이라 할 수 없다. 최근 들어 우리나라 수행법이 아닌 위빠사나 수행법에 대한 관심이 고조되고 있고 실제 많은 선 수행자들이 태국,

미얀마 등지에 나가 위빠사나 수행에 몰두하고 있다. 갖가지 유사 수행법의 범람은 간화선 수행에 무언가 변화가 있어야만 한다는 사실을 웅변해주고 있다. 그래서 그 같은 수행 대중의 요구에 부응해 제시하고 있는 것이 인도 고대의 부처님 당시의 수행법의 근간이라 할 수 있는 차크라, 아사나 참선법의 개발인 것이다. 현대인들의 몸과 마음의 건강에 이상 현상이 계속 초래되고 있는 이즈음 위빠사나, 사마타 등의 수행법은 많이 유포되고 있으나 몸의 변화를 통한 공성(空性)의 체험, 마음의 통일을 통한 간화선의 새로운 가능성을 통합시켜 새로운 수행법을 창안한 것이다. 분명 수행 대중들의 반응이 있을 것으로 믿어 의심치 않는다.

셋째, 간화선 수행과 선 수행을 위해 제대로 된 지도사가 절실하다는 점이다. 잘 알려진 선지식들을 예방하고 과거 토굴생활을 하며 느낀 점은 간화선이 중국에서 약화된 나머지 정토사상과 연결될 수밖에 없었던 이유를 알 수 있을 것 같았다. 현대 들어 갖가지 몸과 마음의 스트레스로 인해 수행의 필요성이 대단히 고조되고 있는 이때 참다운 선 수행을 지도할 수 있는 지도사 양성에 많은 노력을 기울여야 할 것이란 판단이다. 그래서 화성에 능인대학원 대학을 만들었으며 그곳에서 본격적인 수행법의 개발과 수행 지도사 양성에 최선을 다할 것을 굳게 다짐한다.

이들 여러 문제점들을 반성해 볼 때 무엇보다 기존의 수행법들을 현대에 잘 살려서 새로운 수행방법론을 찾아야 할 것이다. 염불 수행의 중요성과 더불어 무엇보다 삼학, 8정도, 6바라밀 등 불교 교리에 대한 철저한 교육을 우선 과제로 삼고 교육에 매진하여 선 수행의 기초를 닦는다. 그리고 백일기도, 천일기도 등을 반복하여 선으로 들어갈 수 있는 마음의 자세를 갖춘 후 차크라, 아사나 수행과 간화선을 병행해 지도한다. 기도 염불을 통해 수행을 지속할 수 있는 힘을 길러주고 이와 함께 불교 교학에 대한 이해에 힘을 기울이고 차근차근 단계를 밟아 요가와 간화 수행에 이르게 한다.

『화엄경』에는 발심한 뒤로부터 부처될 때까지 수행 기간을 '삼아 승지백대겁'으로 얘기한다. 그동안 현대인들에게 적합한 수행 프로그램의 개발에 많은 관심을 기울이고 수많은 수행법을 돌아봤다. 시중에는 갖가지 잡다한 수행법이 한둘이 아니다. 그 같은 노력 끝에 찾아낸 것이 차크라, 아사나 요가다. 간화선의 융합이라 단계적으로 정진을 하면 몸과 마음의 심원한 체험의 장이 열리는 것을 수많은 실험을 통해 확인했다.

앞으로 더욱더 그의 발전 가능성을 위해 모든 노력을 아끼지 않을 것이다.

돈오, 간화선의 궁극적인 길

왜 간화의 길이 어렵다고 하는가? 그 길은 버리기 힘든 것을 버리고 비우는 무아(無我), 공(空)의 길이기 때문이다. 그 길이 궁극인 것은 분명하고도 명백하다. 붓다는 생로병사의 근본 의문을 화두로 삼아 자신의 모든 것을 버렸다. 기존의 고행법을 모두 행하고 그를 넘어섰다. 그는 왕궁에서 제왕학을 연마했다. 그는 무량억겁의 전생, 한없는 공덕과 지혜를 닦은 분이다. 불립문자(不立文字), 직지인심(直指人心), 견성성불(見性成佛)이 가능했던 것은 그분의 과거생과 무관하지 않다. 그는 이미 출가 전 많은 것을 깨달았기에 모든 것을 유감없이 버릴 수 있었다. 돈오의 길은 이처럼 모든 것을 버려야 한다. 그래야 공이 된다. 공이 부처요, 불성이요, 영원이요, 절대요, 사랑이요, 자비요, 지혜이기 때문이다. 그러나 그 누가 자기의 모든 것을 과감히 버릴 용맹심을 발휘할 것인가. 돈오선이 어려운 것은 다른 이유에서가 아니라 버리기 어려워서다. 버렸다 하더라도 다시 슬며시 찾아드는 이기심, 업장, 그의 길 가운데 내면의 악마와 끊임없이 싸워야만 한다.

대사일번(大死一番)이면 대불현성(大佛現成)이라 했다. 대근기, 상근기가 아닌 중생들은 버리기가 어렵고, 배우기가 어려우며 문자의 세계를 뛰어 넘기가 어렵다. 힘겨워하는 중생들에게는 다른 방식이 필요하다. 그들이 단계적으로라도 깨달음에 이르게 하도록 수많은 문자가 방편으로 남겨졌다.

흔히들 수행자들 가운데 성인의 반열에 든 자를 수다원이라 부른다. 성인의 반열에 들었으되 갈 길이 멀고, 그저 물질을 대해도 물질에 탐닉하지 않는 존재라 한다. 물질을 대해도 물질을 탐닉하지 않는 자, 그를 성자라 부르지 않으면 누구를 성자라 부를 것인가. 그런데도 그는 지구에 앞으로도 7번 정도 더 태어나야 한다고 한다. 성문 4과라 하여 수다원, 사다함, 아나함, 아라한 이렇게 가르친다. 부처님께서도 말씀하셨고 초기 불교에서는 대단히 중시했다. 수다원 다음을 사다함이라 부르는데 일래과(一來果)라 부른다. 수다원은 지구에 7번 태어나면 더 이상 태어나지 않는 성자인데 사다함은 한 번만 태어나면 "지구여! 빠이 빠이다!" 지구 공부가 마스터된 성자다. 그다음에는 어디로 가는가. 지구에는 다시 오지 않는 존재가 된다. 아나함이란 문자 그대로 불환과(不還果)다. 지구에 다시 오지 않고 색계2선천으로 날아간다. 기가 막히다. 그다음은 색계를 떠나 무색계로 가는데 그 같은 존재를 아라한이라 부른다. 나고 죽음이 없다 하고 미세 번뇌만 남아있다 해서 무색계에 태어난다. 불생(不生)이라 부른다. 이 같은 단계를 닦아가는 데 위빠사나 사마타에서 중(中), 지(持), 희(喜), 락(樂), 정(定)의 길을 걷는다. 집중력을 닦고 끊임없이 계속하면 즐거움의 장에 들고, 그 같은 즐거움을 버리고 행복감의 세계에 든 다음 그것조차 버리고 정에 든다고 한다. 정은 사선팔정 상수멸정(四禪八定 想受滅定)까지 9차제정에 든다고 한다. 그를 위해 37조도품도 중요하다. 4념처, 4정단, 4여의족, 5근, 5력, 7각지, 8정도가 그 길이다. 그런데 이 길은 초기 불교가 가는 길이고 남방불교 또는 스리랑카 등에서 강조하는 수행법이다. 보리도차제론이라든지 청정도론 등이 그를 대변한다. 그런데 이를 넘어 대승불교에서는 초기 불교에서 얘기하던 계정혜 삼학이 확장돼 6바라밀이 되고 그 같은 길 가운데 『화엄경』, 『기신론』 등을 통하면서 간화선이 등장했다. 도무지 너무도 복잡하고 다기망양하며 북종선, 남종선 등 갈등이 계속되었다. 결국 간화선은 조계종에서 정화 이후 채택해 오늘에 이르고 있으나 이미 중국에선 간화의 종장들이 사라지고 정토종으로 넘어

갔는데도 지금도 "간화선! 간화선! 화두!" 하며 그를 부르짖는다. 그들조차 스스로를 얼마나 수행의 표상으로 승화시켰는가. 우리의 갈 길은 멀다. 물질계와 또 다른 세계, 중유(中有)라 했던가? 중음신(中陰身)을 얼마나 오가며 그 길을 가야만 할까? 얼마나 수행자로써 업장 소멸의 삶을 살고 있는가.

『법화경』에서 먼 곳의 성에 이르게 하기 위해 수많은 성, 화성(化城)을 만들어 놓았다고 한다. "내가 부처이다."라는 돈오적 견성을 할 수 있다면 얼마나 좋겠는가? 이는 상근기에만 해당하는 경우이다. 근기가 약한 중생들은 "나는 부처가 될 수 있다. 부처가 된다." 라는 교신에 근거한 단계적 수행법을 시행하고 차츰 성장하게 하는 것이 옳다. 붓다가 듣는 이의 근기에 따른 대기 설법을 했던 것처럼 수행에서도 근기에 따른 단계적 수행법을 펼쳐야 한다. 점수적 방편도 필요하다. 그러나 궁극에는 모든 방편도 버려야 한다. 궁극의 경지인 돈오의 길은 화두 하나만이 필요한 길이기 때문이다.

禪,
瞑想의 향연

영원은 우리의 본성
수행은 우리의 운명

8장
참선 요가 실천의 장

선은 하심(下心)으로, 무아(無我)로,
자비심으로 시작한다

    우선 기초 수련을 7단계로 나눈다. 한 단계 한 단계 정성스러운 마음가짐을 바탕으로 무량중생들을 제도하겠노라는 거룩한 대자대비심을 그 무엇보다 우선해야 한다. 모든 다른 수련들도 마찬가지겠지만 수행의 궁극은 성불하는 것이고 성불의 길은 무량중생들을 열반으로 이끌겠다는 대승보살의 마음으로 시작해야 한다. 위대한 용기와 신심을 바탕으로 내가 아니면 무량중생들을 누가 구할 것인가 하는 보살의 마음으로 나아가는 것이다.

    수행의 길 가운데 펼쳐지는 갖가지 몸과 마음의 신비한 치유라든가 효과 등은 모두 한결같이 부처님 나라, 무한 사랑과 자비의 세계로 나아가는 과정의 부산물로 생각하고 교만이나 아상 등은 내려놓아야 한다. 오로지 '자성중생서원도, 자성번뇌서원단, 자성법문서원학, 자성불도서원성'의 사홍서원이라든지 여래십대발원 등의 가르침을 몸과 마음을 다해 받들어 지님으로써 수행의 길은 점차 깊어지고 돈독해지는 것이다.

    세상에는 저마다 내로라하며 너무도 많은 수행방법을 내세우는 나름대로의 전문가들이 부지기수다. 마음이 허하고 갖가지로 몸과 마음의 질병과 고통이 가득하기에 수요와 공급의 법칙에 따른 이상 상황이랄 수밖에 없다. 과연 그들이 참다운 자비심과 지혜를 바탕으로 한 수행법인지, 성불을 향한 마음으로 수행을 펼쳐 가는지 신중하게 생각해 보아야 한다. 혹시 무리한 대가를 바라거나 과다한 금품을 바라거나 하는 것은 아닌지 살필 일이다.

우선 무엇보다 수련은 일정한 공부기간을 거쳐야 한다. 속히 무엇을 얻으려는 수행자는 빨리 사라질 수밖에 없다는 사실을 명심하라. 이 길은 영원으로 통하는 길이요, 스스로의 수행을 통해 니르바나(Nirvana)의 길을 여는 것이다. 투철한 인욕을 통해 열반의 길, 성불의 길이 열린다는 사실을 초발심 때부터 마음 깊이 아로새겨야만 한다. 영원은 우리의 본성이고 수행은 우리의 운명이다. 삶이 곧 수행이며 바라밀행임을 결코 잊어서는 아니 된다.

문견득수지(聞見得受持), 중지희락정(中持喜樂定), 구차제정(九次弟定), 성문(聲聞), 연각(緣覺), 보살(菩薩), 불(佛), 그리고 그를 위한 6바라밀, 그 밖에 37조도품 등 부처님께서 말씀하신 수행법의 단계는 참으로 엄정하며 쉽사리 "내가 도(道)를 얻었다.", "아라한과를 얻었다.", "견성했다." 등등 함부로 얘기해서는 아니 된다. 크나큰 과보가 있을진저…….

우선 생각해 보자. 교육학에서 말하는 '백문(百聞)이 불여일견(不如一見)'이란 가르침이 있다. '백 번 들어도 한 번 보는 것만 같지 못하다.', '백 번을 들어야 한 번 가볼 마음이 난다.' 등의 얘기다. 백 번을 들려줘야 한 번 보려는 의지가 생길까? 백 번 들어 한 번을 가보았다 하더라도 "그거 별 볼일 없는데." 해버리면 더 이상 나아갈 수 없다. 득(得)이란 글자를 보라. 두인 변은 행동(行動)의 의미다. 파자(破字)를 해 보면 날 일(日) 변에 일촌(一寸)이 들어 있다. 참으로 무엇을 얻으려면 마음을 내서 하루하루 행동, 실천을 해서 한 치씩 나아가야 진정 내 것이 된다는 뜻이다. 그래야 수(受)의 단계에 접어들 수 있다.

수(受)는 또 무슨 뜻인가. 색수상행식(色受想行識)에서와 같이 하루하루 실천해나가는 가운데, 안이비설신의(眼耳鼻舌身意), 6근에 영향력을 행사해 감각의 대상으로 받아들이는 것이다. 색성향미촉법(色聲香味觸法)을 만나면서 감각이 되고 지각이 되면서 정보화되어 입력이 되는 것이다. 그런 다음에 지(持)의 단계에 나아가는 것이다. 지의 단계가 되면 지속(持續) 가능해지고 유지(維持)가 되고, 호지(護持)가 되고, 총지(總持)가 되며 내 마음속에 자리하게 되는 것이다.

우리가 무엇을 공부하든 대충 대충이 아니고 제대로 가려면 이 같은 단계는 필수코스다. 그래서 불교의 기본 경전이라 할 수 있는 『천수경』에 아금문견득수지 원해여래진실의(我今聞見得受持 願解如來眞實義) 하는 것이다. 이 같은 단계가 제대로 이행되지 않은 채 "참선을 하네.", "명상을 하네." 하면서 "건강에 좋다.", "몸에 좋다.", "마음에 좋다.", "갖가지로 좋다! 좋다." 하며 변죽만 울리고 표피적인 세계만 건드리다 퇴타하고 마는 것이다. 이 같은 그릇됨은 참선, 명상을 가르치는 사람이나 배우는 사람이나 하나같이 투철한 수행의 자세가 결여돼 있고 공부가 제대로 되지 않은 때문에 어리석은 행동을 하는 것이다. 한마디로 겁이 없고 교만심이 가득 차서일 것이다. 그저 끊임없는 수행자의 자세로 부처님께서 아누르다 존자에게 말씀하신 것처럼 "아누르다여! 부처란 완성된 자리가 아니니라. 부처란 나보다 더 복 짓기에, 공덕을 닦고 지혜를 닦기에 더 이상 부지런한 자가 없는 자리니라." 하신 참뜻을 일깨워야 한다.

참선을 공부하려는 분은 우선 무엇보다 기본 공부를 끝낸 다음에 "내가 이 길이 아니면 다른 길이 없다. 영원을 가는 수행자의 삶을 걷겠다." 하는 굳건한 자세로 시작해야 한다. 수많은 참선 명상에 대한 관심자들이 투철한 수행자적인 자세가 결여되었기에 제대로 제 갈 길을 가지 못하고 퇴타하고 방황하고 표류하고 있는 예를 수도 없이 보아왔다. 우선 기본 교과 과정을 착실히 공부한 후에 기본 수련 과정을 점차 병행해 가는 것이다.

차크라, 아사나는 근원으로,
불성으로 나아가게 한다

    차크라의 수련과 아사나의 수행은 몸과 마음을 하나 되게 한다. 몸과 마음이 하나가 된 상태를 지속시키기 위해서는 비장의 무기가 필요하다. 화두가 그 역할을 해낸다. 투철한 부처님 세계에 대한 신심 그리고 의심, 신심의 광명 앞에 의심의 덩어리는 언젠가는 녹아버리게 되어 있다. 무념무상(無念無相)의 자리에 도달하게 되면 불성광명(佛性光明)의 세계를 철견하게 된다. 견성의 자리이다.

    회광반조(廻光返照), 한 생각이 일어나는 근원을 비추어 봄으로써 불성을 확인한다. 불성은 번뇌 망상을 쉬면 드러난다. 일상적 경험의 주체와 객체를 함께 내려놓음으로써(放下) 그 자리에 다가갈 수 있다. 화두에 대한 참구를 통해 화두삼매에 이르면 주객불이(主客不二)가 된다. 그것은 무의식이나 혼수 상태가 아니다. 인연이 닿으면, 때가 되면, 부처님의 허락이 있으면 불성을 보게 된다.

    화두를 드는 것이나 초기 불교의 사티(Sati 念)이거나 정견, 회광반조 등 모든 불교의 수행법 그리고 여타의 수행법 모두의 공통점은 중심을 향해 계속 파고 들어가는 것이다. 끊임없이 중심을 향해 들어가면 결국 나타나는 세계가 공이다. 그냥 공이 아니다. 말로 표현할 수 없는 광명의 공이다. 불성의 세계는 유식(唯識)의 세계와 마찬가지로 전5식→6식→7식→8식 이렇게 계속 파고 들어가는 세계다. 종래 공에 도달할 수밖에 없다. 무한(無限)에 도달할 수밖에 없다. 사랑과 지혜, 자비, 영원의 세계와 만난다. 문자 그대로 '하나의 세계는 전체이고 전체가 하나인 세계'는 어디나 중심이고, 어디나 부처님이다. 무소부재(無所不在)며 무소불능(無所不能)인 공이다. 간화선에서 동정일여→몽중일여→오매일여로 나아가는 단계 역시 우리의 의식세계의 의식을 깨고 나가는 것이다. 우리의 현재 의식은 업의 세계로 무량억겁의 번뇌 망상으로 불성을 가린 상태의 의식이다. 이를 계속 파고 들어가는 도구가 화두이다. '이뭣고?', '무(無)'하면서 끊임없이 나가다 보면 결국 모든 군더더기를 걷어내고 본질의 세계에 도달하는 것이다. 현란한 색채의 그림도 모든 색채를 걷어내면 하얀 원판의 세계가 있는 것처럼 각양각색으로 갈라져 있는 중생 세계의 심부로 들어가면 하나로 만나는 마음의 세계, 자비, 사랑, 지혜, 시간과 공간을 떠난 영원의 장에 들어가는 것이다. 결국 영원은 우리의 본성인 것이고 수행은 우리의 숙명인 것이다.

우주 무량한 존재의 내면이 하나로 만나는 세계가 부처의 세계이고 불성이다. 끊임없는 정진 끝에 만나는 하나의 자리가 견성의 세계요, 성불의 세계인 것이다. 분명 불성의 세계는 필연적으로 존재할 수밖에 없으며 존재한다, 안 한다는 얘기조차 죄송스러운 세계다. 온 우주가 하나인 세계, 하나로 만나는 자리가 불성이요, 공성이요, 법성이다. 그 자리는 영원의 장이기에 오매일여이고 광명이며 무한(無限), 무량(無量), 무변(無邊)이다.

간화의 수행은 깨달음에 이르게 한다. 화두에 집중하면 시간의 단절이 있을 수 없고 밤낮이 있을 수 없다. 공성의, 영원의 세계이기 때문이다. 오매일여의 경지를 제대로 알지 못하고 부정하는 사람들도 있다. 그런 사람들은 염불이라도 열심히 해 보면 밤에 잠을 자는 숙면시에도 약사여래불이 계속 들리는 오매일여의 경지를 만날 수 있다. 낮밤은 중생의 업식이 만든 세상이지만, 영원의 세계, 공성의 세계는 시간의 단절이 있을 수 없다. 무엇이든 몸과 마음을 던져 해 보지 않은 사람들이 생각이 짧아 비판을 하거나 부정을 한다. 꼭 차크라, 아사나와 화두를 들어보라. 몸과 마음을 다해 영원 속에 자신을 던져보라. 분명 체험하는 바 있을 것이다.

　문제는 번잡한 세상을 살아가는 현대인들에게 수행생활이 쉽지 않다는 점이다. 특히 간화선의 수행은 더욱더 그렇다. 그래서 우선 쉽게 가라. 신묘장구대다라니도 좋고 염불도 좋다. 그리고 6바라밀행을 놓치지 마라. 영원의 문을 열어주시는 분은 부처님이시다. "지성이면 감천이다." 하고 "진인사대천명이다." 하듯 "정신일도하면 하사불성이다." 라고 하는 이유가 우리의 몸과 마음 가운데 부처님이 계시고 부처님께서 우리 모두의 정진과 보살행의 모든 것을 샅샅이 카운트하고 계시기 때문이다. 물이 꼭 100도가 되어야 끓듯이 스스로가 투입하는 정진력, 공덕력, 수행력 등이 부처님 나라의 기준에 합당해야 한다. 대신심(大信心)이란 결국 부처님께서 우리의 마음속에 그리고 대우주에 편만해 계심을 확신하는 것 아니겠는가?

간화수행법은
단기간 수행법이 아니다

    부처님 나라에는 에누리가 없다. 그저 충직하고 성실한 수행, 공덕이 따라야 한다. 근자 한국 선방에서 명안종사가 드문 이유는 수행력도 그러하지만 공덕력의 부족 때문이 아닌가 한다. 세속에 살면서도 바쁘다 하지 말고 수행하라. 그리고 공덕을 쌓으라. 우리 모두는 죽어도 죽지 않는 존재임을 확신시키기 위해 여기까지 왔다. 열심히 기도하고 정진하여 스스로 근기가 낮다고 안타까워하지 마라. 계속 나아가는 것이다. 게으르지 말고 부지런히 나아가는 것이다. 부처님 법을 등불로 삼고 내 안에 계신 부처님을 등불로 삼고 나아가는 것이다. 결국에는 의심이 깨지고 굳건한 신심이 이기게 돼있다. 그것 하나만은 분명하다.

    선불교는 기원 전후 불교가 중국에 유입된 이래 당송대를 거치면서 동아시아 문화의 지형을 바꿀 정도의 지대한 영향력을 행사한 종교이자 철학이었다. 동시에 문학과 예술을 포함한 종합적인 문화 현상이었다. 그 가운데 간화선은 인도 불교가 중국 토양에 맞게 변형된 하나의 현상이라 하겠다. 그러나 간화선 역시 중국에서조차 스러지면서 정토사상으로 변해갔고 조금은 약화된 면이 없지 않았다. 일제 치하 경허 스님, 만공 스님 등에 이은 선풍이 이어지면서 비구, 대처의 정화 움직임 가운데 조계종이 급조된 감이 없지 않다. 간화선의 특성상 대중들 가운데 뿌리내리기 어려운 상근기의 엘리트적 불교이기에 심도 깊은 탁마와 연구가 뒤따르지 못한 채 오늘에 이르렀다. 갖가지의 불교 내부의 추한 모습들이 드러나기도 했다. 불교 1600년 역사가 무색할 정도의 상황이 되어 있다. 조선의 숭유억불, 일제의 침략, 그리고 해방 후 기독교 일변도의 정책 등 정치와 사회 전반과 떼려야 뗄 수 없는 역사적 격동기를 거치면서 온전한 법의 전파와 수행이 요원할 수밖에 없었다. 이제 시대가 바뀌고 전 세계에 각종 경쟁의 바람이 불면서 갖가지 스트레스가 만연된 사회가 되자 마음 다스리는 일이 시급한 문제로 대두되지 않을 수 없는 시대가 되었다.

전 세계적으로 명상 참선계통의 마음 산업이 엄청난 수요를 나타내고 있으며 한국의 선(禪)도 세계로 나아가야만 할 상황인데도 이렇다 하게 내놓을 만한 내용들을 찾아보기가 힘들다. 또 수행자들의 수가 급감하는데다 불자들의 수도 점차 줄고 있는 이때, 올바른 선의 지도사들이 별반 눈에 띄지 않는다. 그래서 갖가지로 한국의 수행 풍토를 연구하던 중 세계 각처 각 종교의 수행법을 연구하게 되었고 간화선의 국제화를 위한 연구에 매진하게 되었다. 그 결과 하나의 모티브가 된 건 부처님 나라 인도와의 만남이었다. 중국을 통한 것만이 아닌 부처님 당시의 수행법을 연구하면서 자연스럽게 요가를 만나게 됐고 부처님의 스승들인 바가바, 알라라 칼라마, 우드라카 라마푸트라 등이 부처님 당시 요가의 대현자로 널리 알려진 요기였다는 사실을 알고는 도저히 지나칠 수가 없었다. 결국 차크라와 아사나의 수행법을 터득하게 되었고 과거의 수행 체험에 덧붙여 좀 더 체계화된 수행법으로 간화선에 접목시키게 되었다.

선불교가 동아시아인들의 삶에 동화되어 뿌리를 내렸으나 한편으로는 그 원류인 인도 불교와의 연속성 내지는 정체성의 의문이 계속 제기되어 온 터이다. 갖가지 중국 불교에 대한 비판이 난무하였으나 우리 역사의 근저에 자리하고 있는 불교의 의미를 퇴색시킬 수는 없다. 그러나 중국인들의 자존심으로 인한 의도적인 불교의 변형에 대해서는 이미 중국에서조차 많은 논의가 있었던 바 이 땅에서도 깊은 성찰이 있어야만 한다는 점은 분명히 짚고 넘어가야 한다.

요즈음 남방에 많은 수행자들이 다녀오면서 4념처관이라든지 위빠사나, 사마타 등의 지관법(止觀法)이 많이 유포되고 있는데 조계종이 간화선을 중심으로 삼고 있기에 갖가지로 비판적 견해가 난무하다. 결코 올바른 관점이라 보기는 어렵다. 간화선이 과연 그동안 무엇을 해 왔는가. 선사들이 무엇을 어떻게 해 왔는가. 신도 대중들을 올바르게 이끌어 왔는가를 반성해 볼 일이다.

그래서 연구를 하는 과정 가운데 가능한 한 인도사상과 중국사상과의 접목을 꾀하려 여러 가지 노력을 했다. 용수의 중도사상, 유식사상 그래서 파생된 여래장사상, 불성사상 등은 비실체론인 공사상, 연기사상 등에 비해 실체론에 기울 위험을 가진 민감한 숙제였다. 그러나 견성은 불성사상이 바탕을 이루는 것이다. 불성이 사물과 경험을 떠나 따로 존재하는 것은 아니지만 일상적 사물과 같은 방식으로 존재하거나 인식되지 않는다는 점, 비유비무(非有非無)의 중도(中道)라고 말할 수 있다는 점을 주목했다.

선불교에서는 깨달음을 견성이라 한다. 그런데 불성이 일상적 사물과 같은 방식으로는 존재하지 않기에 일상적인 인식의 방법으로는 깨닫기 어렵다. 불성을 본다는 것은 우리의 일상적 인식능력을 넘어 실상을 보는 것이라고 할 수 있다. 그렇기에 진리는 말길이 끊어지고 (言語道斷), 생각의 자취가 사라진 것(心行處滅)이라 표현되는 것이다. 6식인 일상적 인식을 쉬어야 드러난다. 불성을 보고자 하는 우리의 수행은 인식 작용을 활용하는 것이 아니라 그것을 포기하는 무념의 상태를 지향하는 것이다. 사랑하고 분별하는 6식의 인식 작용을 쉴 때 바로 그 인식 작용 자체가 진공묘지(眞空妙智)가 된다. 초기 불교의 언어로 말하자면 육식의 인식 작용 중 번뇌 망상이 없는 상태가 열반이다. 견성은 번뇌심이 없는 무심과 같은 의미이고 그 자리에 가면 도저히 상상할 수 없는 체험을 갖게 된다. 선불교의 견성은 초기 불교의 열반 개념과 연속선상에 있다고 할 수 있다.

불교 교학과 수행론의 핵심은 깨달음이다. 모든 존재가 인연 조합으로 이루어졌다는 무아의 사실을 깨닫는 것이다. 무아의 깨달음을 얻기 위해 우리가 할 수 있는 일은 나와 세계에 대한 바른 앎을 갖는 것이다.

붓다는 보는 주체의 정화를 정화하는 데 초점을 맞추었다고 본다면 중국 불교는 객관 세계를 긍정하는 사유를 펼치는 점에 차이가 있다는 점을 깊이 생각해야만 한다. 보는 주체의 구체적인 부분들 즉 호흡, 동작, 감각들을 관찰하는 위빠사나 수행은 중국의 천태와 화엄에 의해 모든 객관적 세계들을 포함하는, 포괄적인 진여(眞如), 법계(法界), 불성(佛性) 등의 관념을 관하는 지관 수행으로 변모한다. 이렇게 관념 중심적으로 변한 불교의 영향 속에서 그에 대한 반작용으로 형성된 선불교는 직접적으로 관찰할 수 있는 마음에 대한 관찰을 좀 더 구체적으로 잡을 수 있는 대상을 취한다. 그것이 바로 화두로 나타난 것이다. 화두의 기능은 깨닫지 못한 수행자로 하여금 불성에 대한 절박한 의심을 불러일으키는 것이다. 그러기 위해서는 화두가 불교적 진리를 표명하고 있으며 화두에 대한 간절한 의심이 화두삼매로 이어져 불성에 대한 깨달음을 열어준다는 믿음이 필요하다. 다시 말해 대승불교 철학 및 선불교의 수행론에 대한 이해와 확신에서 간화선의 수행도 시작하는 것이다.

간화선 수행의 출발은 화두에 대한 신심과 의심으로, 양자 간의 대결장이라고나 할까. 그를 끊임없이 밀고 나가는 분심(憤心)의 삼요(三要)의 의미를 깊이 생각해야만 한다. 순수한 의심, 사량 분별이 없는 의심, 육근의 의심과는 차원이 다른 의심이며 화두삼매에 떨어질 수 있는 의심이다. 조금은 어렵고 난해 할지 모르겠다. 동정일여, 몽중일여, 오매일여의 단계로 진화되는 화두 수행은 꿈속에서나 잠 속에서도 화두삼매가 산란되지 않아야 한다는 것이다. 이 같은 수행 과정 가운데 수행자들이 길을 잃거나 중도에 그만 두거나 심지어 심신의 질병과 장애를 얻는 수도 있다.

간화선은 단기간에 쉽게 성과를 얻을 수 있는 수행법이 절대 아니다. 이 수행은 불교의 역사와 함께 성장해온 수행법이기에 그만큼 준비가 되어 있어야 한다. 간화와 통하면서 염불이라든지 8정도, 6바라밀, 위빠사나 등에도 나름대로의 연관이 있는 편이 좋다. 선 수행의 목적은 성불이며 깨달아 더 많은 중생을 깨닫게 하는 데 있다. 이 같은 대승 정신에 입각한 사실을 잊지 않으면서 중생을 위한 방편적 수행을 마다하지 않고 변화해 나갈 때 간화선은 화석이 아닌 선의 정신과 붓다의 정신을 잇는 활발한 수행법으로 거듭날 수 있을 것이다. 그 가운데 꼭 유념해야 할 점은 간화 수행은 화두 하나를 잡고 모두 버리는 돈수(頓修)라는 점이다. 근기가 약한 중생들을 위해 많은 말을 하지 않을 수 없던 부처님이시지만 결국 궁극의 경지에 이르기 위해서는 모든 것을 내려놓는 방하착(放下着)임을 잊어서는 안 된다. 간화 수행자가 이러한 핵심 정신을 지키고 현대 사회 속에서 다른 불교 전통들과 다른 종교 전통과 조화를 이룬다면 진정한 자비 평등의 장을 열어갈 수 있을 것이다.

다시 한 번 생각해 보자
우리 몸속의 활(弓)

　우선 우리 몸을 다시 한 번 살펴보자. 앞서 언급한 대로 예전에 우리 선인들은 몸에 활 궁(弓) 자를 붙였다. 궁(躬), 이른바 몸 궁 자라고 불리는 한자다. 이 몸 궁(躬) 자가 들어가는 한자 가운데 참으로 중요한 어휘들이 많다. 궁구(窮究), 궁극(窮極), 궁리(窮理), 궁지(窮地) 등등, 몸 신(身) 자에 왜 활 궁 자를 붙여 몸 궁 자로 만들었을까. 우리 몸에 활을 만들 수 있는 무엇이 있는가. 그런데 활이란 도대체 무슨 역할을 하는 것인가. 또 우리 몸과 마음과 활은 무슨 상관이 있다는 말인가. 참으로 알다가도 모를 일이다. 그런데 참으로 기가 막힌 사실은 좀 더 깊이 파고 들어가다 보면 우리 선조들의 기상천외하고 상상을 초월하는 놀라운 통찰력을 느끼지 않을 수가 없다.

　활은 도무지 어떤 물건인가. 무슨 역할을 하는 물건인가. 무언가 목표물을 맞혀야 하는, 중심(中心)을 맞춰가야만 하는 역할을 하는 존재이고, 모든 힘을 다해 목표를 향해 활시위를 당겨야만 하는 물건이다. 생사를 가늠하는 무기인 것이다. 그런데 우리 몸과 활은 무슨 연관 관계가 있는가. 선인들은 우리 몸 가운데 존재하는 활을 찾아냈다. 경에 보면 이 세상을 살고 자신의 삶을 마치는 사람들의 중음신, 중유는 그가 살아생전 크나큰 공덕을 지었을 경우 흡사 활시위를 당겨 활이 날아가듯 저승을 거치지 않고 곧바로 부처님 나라, 하늘나라로 쏜살같이 날아간다는 것이다. 지옥으로 들어가는 경우도 마찬가지다.

이 몸 가운데 차원이 다른 영명한 존재가 있어 그가 쌓은 공덕과 지혜 따라 쏜살같이 날아간다는 것이다. 흡사 6신통 가운데 신족통(身足通)이라는 신통력이 있는데 무한 속도로 우주를 마음대로 날아다닌다고 한다. 물론 그 같은 신통력은 시간과 공간의 포박자로 부처님께서는 자신도 6신통이 구족한 분이시지만 제자들에게 "함부로 펴 보이지 말라."라고 말씀하셨고, 그를 닦아 익힌 벽지불, 아라한들도 보살의 대도를 닦지 않으면 성불이 불가능하다 하셨다. 어찌되었든 쏜살같이 이 몸을 빠져나와 우주를 향해 날아가는 존재가 우리의 몸과 마음 가운데 있다는 것이다. 혹자는 그럴 것이다. "그 같은 경계로 나아간다 하더라도 견성이나 해탈 열반의 세계와는 거리가 먼 것이 아니냐."

그러나 고대로 탁월한 고승들은 좌탈입망(坐脫立亡)하셨고, 방한암선사뿐만 아니라 당대 동산양개, 오조홍인, 육조혜능, 마조도일, 임제의현, 연명연수 등 탁월한 선사들은 한결같이 그와 같은 경계를 몸소 보여주셨다. 우리나라에서도 고금 이래로 보조국사 지눌, 경허 스님의 법제자 수월 스님 등이 계시다. 물론 좌탈입망에 대해 부정적인 비판도 없지 않고 "부처님은 누워서 적멸에 드셨는데 무슨 소리냐."하시는 분들도 계시다. 그러나 참다운 수행의 결실인 이상 그와 같은 경계에 대해 부정적인 비판만이 능사가 아닌 것으로 믿는다.

아무튼 여기에선 그런 차원으로 접근하려는 것이 아니고 우리 몸에 존재하는 활에 대해 얘기하고 싶은 것이다. 우리 몸에 존재하는 활을 요가에서는 척추를 지목하고 있는 것이다. 척추를 조심스럽게 굴신, 이완하는 가운데 몸 안에 강한 기가 흐르는 것을 체험할 수 있다. 실제 척추에 존재하는 경락(經絡), 차크라에 강한 힘이 걸려 이른바 쿤달리니에 뱀처럼 똬리를 틀고 있던 강한 에너지가 상승의 압력을 받는 것을 체험하게 되는 것이다. 말로 되는 것이 아니고 몸으로 해 보라. 몸을 던져 실제 체험을 해 보면 스스로 알게 될 것이다. 이 같은 강한 에너지가 정수리, 두정엽을 뚫고 비로자나 부처님과 하나 되어 해탈하는 것이다. 요가에 수도 없이 등장한다. 이 같은 해탈의 경계가 대단히 중요하지만 주의하고 또 조심해야만 할 사항은 척추란 우리 몸의 대들보이고 온몸의 세포 하나하나에 연결된 신경망의 총사령부이기에 조심스럽게 접근해야만 된다는 사실이다. 그래서 기초 단계로부터 고급 단계에 이르기까지 조심스럽게 점진적으로 수행을 전개해 나가야 한다는 사실을 마음 깊이 아로새기기 바란다.

무엇보다 제1단계에서는 척추를 약 30도 정도 뒤로 넘기는 것이다. 30도 정도 이상을 넘어갈 수 있는 사람들도 30도 정도 넘기는 수행을 약 한 달에 걸쳐 계속하는 것이다. 앞으로의 수행을 심화시키기 위해 기초가 튼튼해야만 한다. 30도를 뒤로 넘겨 약 300을 셀 때까지 참고 견디는 것이다. 그럴 경우 점차 굴신, 이완을 하면 저절로 심호흡이 되며 기가 온몸의 세포 속속들이 모두 전달되는 것이다. 그 결과 막혀있던 경혈과 경락이 열리며 점차 머리가 맑아지고, 몸이 한결 가벼워지고, 차츰차츰 몸과 마음의 변화를 체감할 수 있을 것이다.

제1단계에서 척추를 뒤로 젖히며 30도 정도에 멈춰 300을 센다. 힘들면 100~200, 300 이렇게 늘려가도 된다. 300을 센 후 다시 앞으로 허리를 굽히며 손바닥이 땅에 닿게 한다. 처음에는 잘 되지 않을 것이다. 처음에 닿을 수 없는 사람들도 점차 계속하면 모두 닿게 되어 있다. 절대 조바심을 내지도 말고, 서두르지도 말며, 부드럽게 정성스러운 마음으로 내공을 쌓아가는 것이다. 1단계에서는 30도 정도만 뒤로 젖히는 것이다. 뒤로 젖혀 300을 세면 저절로 복식호흡, 단전호흡이 된다. 단전호흡, 복식호흡 역시 대단히 중요한 것으로 좌법을 설명할 때 좀 더 자세히 설명이 될 것이다.

제1단계에서 30도 정도 척추를 젖힌 다음 300을 세고 앞으로 몸을 굽혀 손바닥을 땅에 대는데 손바닥을 땅에 대기 전 충분히 심호흡을 한다. 심호흡을 할 때 아랫배의 횡격막을 올리면서 크게 숨을 들이쉬고 내쉰다.

제1단계는 30도 젖히고 300까지 세는 수련을 30분 정도 한 다음 30분 정도 좌선을 한다.

제2단계는 역시 30도 젖히고 300까지 세는 수련을 60분 정도 한 다음 60분 정도 좌선을 한다.

제3단계는 60도 젖히고 300까지 세는 수련을 30분 정도 한 다음 90분 정도 좌선을 한다.

제4단계는 60도 젖히고 300까지 세는 수련을 60분 정도 한 다음 120분 정도 좌선을 한다.

제5단계는 90도 젖히고 300까지 세는 수련을 30분 정도 한 다음 150분 정도 좌선을 한다.

제6단계는 90도 젖히고 300까지 세는 수련을 60분 정도 한 다음 180분 정도 좌선을 한다.

제7단계는 무문관 수련이다.

호흡법에 대해서도 충분히 이해해야 하겠지만 먼저 명심할 것이 있다. 많은 사람이 호흡법에 대해 궁금해들 하는데, 대부분의 호흡 전문가들은 모두들 자신의 호흡법이 최고라 주장하기에 혼란스

© NUNG-IN PRESS

럽기 이를 데 없는 상황이다. 꼭 하나 마음에 새겨둘 것은 호흡(呼吸)이지 흡호가 아니라는 사실이다. 항상 먼저 내뿜는 것이고 그다음 흡입하는 것이라는 사실이다. 무슨 말인가 하면 언제 어느 경우건 내보내는 것이 먼저이고, 받아들이는 것이 그다음 이라는 점을 꼭 잊지 말아야 한다. 내보내는 것을 출식(出息)이라 하고 받아들이는 것을 입식(入息)이라 하는데 언제 어떤 경우건 출식(出息)은 길게 하고 입식(入息)은 짧게 하라는 것이다. 내보내는 출식이 길어야 내장에 그리고 허파에 고여 있던 탁기(濁氣)가 모두 몸 밖으로 빠져 나올 수 있다는 사실이다. 우리의 몸은 음식을 먹고 소화가 되면 $C_6H_{12}O_6+CO_2=H_2O+CO_2+Cal$로 반응을 한다. H_2O는 소변과 대변, 호흡, 땀 등으로 배출된다. CO_2가 몸에 오래 고여 있으면 몸이 산성화돼서 해롭다.

특히 대부분의 사람들이 호흡이 깊지 못해 흉식호흡 내지 폐의 윗부분만이 가동되는 폐상부호흡을 한다. 대단히 좋지 않은 호흡으로 탁기가 몸에 고일 수밖에 없다. 30초 안팎의 심호흡, 복식호흡, 단전호흡만으로도 피의 pH가 알칼리성으로 변한다는 연구결과가 보고되고 있다. 호흡은 건강에 대단히 중요한 것으로 몸의 30도 정도의 굴신, 수행만으로도 몸 안의 탁기를 뿜어내고 혈액의 산성화를 막는 데 상당한 효과를 거둘 수 있다. 심호흡을 계속하면 혈액 중 콜레스테롤치, 혈당량들이 현저히 감소되고 전기량이 크게 증가한다는 사실도 밝혀졌다.

그런데 여기서 대단히 중대한 사실을 하나 꼭 짚고 넘어갈 일이 있다. 척추굴신, 이완호흡을 겸한 차크라 수행이 왜 중요한가 하는 이유다.

수행을 해 보면 활처럼 휘는 우리의 척추는 수련을 거듭할수록 전혀 상상할 수 없는 변화를 보인다는 사실이다. 30도, 60도, 90도, 이렇게 수련이 깊어지면 질수록 우리 몸의 중심축이라 할 수 있는 척추를 중심으로 좌우의 두 축을 따라 미저골, 쿤달리니로부터 이미 언급한 대로 아스클레피오스의 지팡이처럼 뱀이 흡사 똬리를 트는 모양으로 두정엽, 정수리 흔히 백회혈이라 부르는 자리를 향해 소용돌이 모양으로 기어오른다는 사실을 몸으로 직접 체험하게 된다는 사실이다. 부처님께서 열반할 때 초선, 이선, 삼선, 사선 그리고 무소유처정에 이르기를 거듭하다가 열반에 드셨다는 얘기처럼 말이다.

흔히 척추를 한의학 용어로 정중선(正中線)이라 하고 척추를 축으로 소용돌이 모양으로 뱀이 똬리를 틀며 강한 에너지가 올라가는데 실제로 아스클레피오스의 지팡이 모양과 꼭 같다는 사실이다. 그 같은 상황이 되면 온 몸의 혈(穴) 자리가 열리고, 온몸의 마르마 자리가 다 열려 건강은 물론 생명력이 왕성해지고 영원을 체험하는 상상을 초월하는 상황이 펼쳐지는 것이다. 그와 같은 상황을 체험하기 위해 고난도의 수행을 이겨내야 하고 제1단계 30도, 제2단계 60도, 제3단계 90도의 척추를 굴신, 이완할 수 있는 능력을 키워가는 것이다. 대단히 점진적인 길이고 한 코스마다 1달 이상씩 걸리기도 한다. 어떤 사람은 과거에 닦은 공덕이 있어 비교적 쉽게 그 같은 단계에 접어들기도 한다. 차크라 수행을 통해 몸과 마음의 미묘한 세계를 터득할 수 있는 것이다. 각 단계마다 아사나 시간을 함께 해 30분, 60분, 90분, 120분, 150분, 180분 등 6단계로 점차 강화시켜 나가는 것이다.

그와 같은 체험이 갖은 의미를 좀 더 깊이 생각해 보면 우리의 척추는 33마디로 그들 중 12마디에 갈비뼈, 늑골이 붙어 있다. 늑골, 갈비뼈는 내장, 오장육부를 보호하고 있으며 척추와 늑골에 붙어 있는 근육이라든가 힘살 등을 통해 신경이 온몸에 퍼지며 연결돼 있다. 신경망 등의 총사령부라 할 수 있는 곳이 척추이고, 척추에 온몸의 신경망이 두뇌로 연결돼 우리 몸의 생명력을 유지하는 것이다. 그런데 차크라, 경락이 모두 열리면 온몸의 기혈(氣穴)이 다 열리기 때문에 우주 에너지가 부처님 나라인 허공으로부터 강하게 흘러들고 통해 심신의 해탈력이 강화되는 것이다.

특히 척추를 활 모양으로 굴신, 이완 기능을 원활하게 하여 90도 각도로 허리를 젖힐 수 있는 정도가 되면 우리 몸은 전기체이기에 전기력과 자기력 그리고 힘의 방향을 정해주는 플레밍의 오른손 법칙, 왼손 법칙의 적용을 받아 강한 힘이 척추를 따라 흐름을 느낀다. 쿤달리니 에너지가 미저골로부터 척추를 타고 상승해 두뇌의 송과체, 뇌하수체 등과 연결되면서 두정엽, 즉 정수리와 관통되는 체험을 하게 되는 것이다. 척추 양쪽에 있는 두 개의 기의 통로를 요가용어로 이다(Ida) 나디, 핑갈라(Pingala) 나디로 불리는데 좌우양축을 따라 뱀이 스크루가 돌 듯 돌아올라 정수리에 도달하면서 특수한 체험을 연출하게 되는 것이다. 의약의 신 아스클레피오스의 신화가 척추를 타고 상승하는 뱀의 형상을 닮고 있다는 사실은 인체와 신과 의학과 약, 죽음 등이 하나로 묶여 상징화된 내용으로 요가의 신비, 수행의 중요한 의미를 다시 한 번 일깨우는 데 큰 역할을 하고 있는 것으로 판단된다.

아사나, 좌법의 불가사의와 무문관을 위한 몸을 만드는 과정

　우선 무엇보다 모든 걸 다 내려놓는다는 마음가짐으로 앉아야 한다. 각 단계마다 아주 편안하게 절대 힘겹지 않도록 몸에 부담이 가지 않도록 30분, 1시간, 1시간 반, 2시간, 2시간 반, 3시간, 이렇게 6단계로 나아간다. 척추경락, 차크라 훈련을 하면서 아사나 훈련을 병행하는 것이다. 몸과 마음이 제대로 만들어져 무문관의 용맹정진을 할 수 있도록 점진적으로 몸을 만들어 나가는 것이다. 30도, 60도, 90도의 각 단계별로 2달씩 6개월 코스를 거치면 대체로 몸과 마음이 만들어지는데, 그와 같은 단계를 거치면 용맹정진할 수 있는 점검을 통해 무문관에 들어갈 요건을 갖추게 된다.

　무문관 코스란 최소 7일간을 잡으며 하루에 아침, 점심을 간단히 두 끼만 들고 저녁은 쉰다. 그리고 하루 4시간 정도 숙면을 취하고 일주일간 용맹정진을 행하는 것이다. 대체로 6개월 정도 꾸준히 수행해 온 사람들은 틀림없이 몸과 마음의 회로가 확연히 열리면서 수행이 업그레이드되는 것을 분명히 체험할 수 있다.

　거듭 말씀드리지만 너무 무리하지 않으시기를 당부드린다. 꾸준히 해가면 모두가 익숙해질 수 있다. 한 번에 15분 정도씩 앉아도 관계없다. 몸과 다리가 불편할 것이 분명하기 때문이다. 세상에서 가장 편한 자세로 앉아야 되는데 점차 시간을 늘려 가면 되는 것이다. 참선을 하는 데 특별한 장소가 있는 것은 아니다. 조용한 곳이면 된다. 혼자 있는 곳이 좋겠지만 함께 정진하는 것도 관계없다. 다만 꾸준히 일정한 시간 계속하는 것이 중요하다.

대체로 아침 여명이 열리는 시간 7~9시 또는 저녁 시간 때 7~9시경이 좋다. 시간에 꼭 구애받을 것은 없으나 생체리듬이 낮을 때(대체로 새벽 2시 반부터 4시 반까지)는 좋지 않다고 하는 사람도 있다. 그러나 그 시간대에는 전국의 모든 사찰이나 선방에서 기도나 참선의 문을 여는 시간이기에 무슨 문제가 있으랴. 능인참선원에서는 항상 정해진 시간표를 만들어 꾸준히 계속하기를 권한다.

그런데 앉을 때 꼭 생각해야만 할 점은 몸이 삼각형의 모양이 되도록 하면 좋다. 피라미드 파워라는 얘기도 있지만 양 무릎과 척추 끝이 정삼각형이 되고 코와 배꼽이 일직선이 되어 정삼각형의 무게 중심 부분에 떨어지도록 한다. 이렇게 되면 저절로 몸이 피라미드 비슷한 모양이 된다. 신체의 중심인 단전과 삼각형의 무게 중심이 일치된다. 그 다음 좌우 어느 한쪽 발을 상대편 발의 장딴지 위에 얹는다. 그때 양쪽 무릎이 땅바닥에 정확하게 같은 무게로 닿아야 한다. 그러면 몸의 중심이 삼각형의 중심에 위치하게 된다. 남자들은 한발을 끌어당겨 충분히 집어넣고 다른 한발을 상대편 발의 장딴지 위에 살짝 얹는다. 허벅지 위에 얹는 것이 아니다. 목은 똑바로 세워 천정을 향해 고추 세운다. "상투를 끈으로 묶어 천장에 매달았다." 생각하라고 선사들은 가르친다.

손은 정인(定印)을 하는데 정인의 의미를 생각해야 한다. 오른손의 바닥 위에 왼손 등을 얹는다. 다리를 포갠 위치와 같게 한다. 오른쪽 다리가 아래에 있으면 양손의 손바닥을 겹친다. 양쪽 엄지손가락 끝을 가볍게 맞대는데 이때 손안에 보배 구슬을 담았다고 생각한다. 야구공을 생각하라는 사람이 있는데 보배 구슬이 훨씬 낫지 않겠는가. 포갠 양손을 배 쪽으로 끌어당기고 양손 엄지손가락의 맞댄 부분이 코와 배꼽의 연장선상에 오도록 한다. 이때 단전은 정인(定印)이 만드는 원의 중앙에 위치한다. 법계정인(法界定印), 정인이라 부르는 이유는 정(定)에 드는 인(印), 즉 증명이다. 정에 들려면 손가락이 꼭 모아져 있어야 마음이 모인다는 표시다.

정인이 풀려있으면 틀림없이 마음이 풀려있다는 얘기다. 또 잡념을 하고 있다는 얘기다. 선방에서는 정인이 흐트러져 있을 때 죽비 경책이 내린다. 잡념을 하지 말라는 의미다. 망상을 피우지 말라는 뜻이다. 죽비가 울리고 방선이 되면 서서히 움직여야 한다. 몸을 움직이는 데도 순서가 있어 목과 어깨부터 움직이고 다음에 팔, 손으로 양 발목을 풀어 가부좌를 푼다. 발가락, 발목을 풀어주고 긴장을 풀며 서서히 일어난다. 자리에 앉을 때나 떠날 때 합장하고 가볍게 배례한다. 정면에 있는 불상에 참배하고 선방을 나온다. 나갈 때는 들어올 때와 같이 입구에서 가볍게 배례한다. 선방에 들어 올 때는 왼발을 먼저 들이지만 나갈 때는 오른발이 먼저 나간다. 모든 게 법(法)이라 생각하고 깨어 있어야 한다.

참선을 할 때는 평상시의 식사량과 조금 달리해야 한다. 매일 일상생활을 겸하면서 하는 경우는 에너지 소모가 크므로 양을 줄일 수는 없겠지만 가능한 한 소식을 하는 편이 좋다. 소식을 함으로써 장기 부담이 적고 온몸의 신체기능이 원활해지기 때문이다. 너무 많이 먹어도 너무 적게 먹어도 참선에 지장이 있다. 선문에 보면 "다만 몸이 마르는 것을 피하고 오로지 도업(道業)을 이루기 위해 먹어야 한다."고 하셨다.

- 무문관 용맹정진 시에는 하루에 두 끼 정도로 드시고 저녁에는 음식을 들지 않는 편이 좋다. 식후 30분이 지난 다음 입선을 하는 것을 규칙으로 한다.

- 잠은 무문관에 들어가기 전에는 평상시처럼 하고 무문관에 들면 하루 4시간 정도에 맞춘다.

- 가능한 한 조용한 곳을 선택하고 몸을 심하게 움직이는 동작은 금물이다. 다만 차크라 수련은 괜찮다. 간단한 운동도 좋다.

- 참선 후 찬 음식은 금하고 몸을 따뜻하게 유지하는 편이 좋다.

아사나의 경우 코끝에 실을 매고 그 실 끝에 물건을 매달아 배꼽과 수직이 되게 하면 자세도 호흡도 안정이 된다. 양 무릎과 양 다리가 정삼각형이 되고 코끝과 배꼽이 수직이 되게 한 후, 30분 정도만 수련한다 하더라도 그 효과가 크고 머리는 맑아지는 것을 느낄 수 있다. 참선은 과학적이어야 한다는 사실을 깊이 음미할 필요가 있다. 어려워도 가능한 한 결가부좌를 하는 것이 좋다. 반가부좌도 가능하다. 그러나 결가부좌가 몸과 마음의 안정에 끼치는 영향이 더 크다는 점을 얘기하고 싶다. 결가부좌가 어렵지만 나라고 안 될 턱이 없다고 확신을 갖고 연습하면 점차 익숙하게 된다.

부처님은 결가부좌로 수행했다는 기록이 있다. 결가부좌가 단전에 힘을 저절로 모으는 자세란 점을 명심하기 바란다. 결가부좌를 생활화하면 잠을 잘 때에도 단전에서 힘이 빠지지 않는다. 결가부좌의 경우 발목이 아픈데 점점 훈련을 거듭하면 습관화되어 고통이 풀린다. 결가부좌가 힘들기는 하나 다리의 근방추(Muscle Spindle)가 자극을 받아 일 분간 수백만 개의 신경 전류가 뇌에 전달돼 뇌를 자극한다. 조깅할 때의 3~5배의 효과를 가져온다. 조깅 때는 그 부산물로 혈액 내 유산이 생기나, 결가부좌 때는 반대로 유산이나 콜레스테롤치, 혈당치가 내려간다.

근방추는 근육 가운데 있는 길이 1~2mm의 물체로 이것이 근육과 함께 늘어나게 되면 여기에서 신호가 나와 뇌의 연수에 있는 뇌 부활 시스템에 신경 전류를 보내는 장치다. 근방추는 하반신, 다리와 허리의 긴장근(자세를 보존하기 위한 근육) 가운데 많이 포함되어 있다. 참선에서 결가부좌하고 허리를 쭉 편 자세는 하반신의 긴장근을 긴장시키고, 근방추의 작용을 활발하게 하여 머리를 활성화시킨다. 차크라나 결가부좌만 하여도 머리가 맑아지는 이유다.

참선은 정신 통일, 집중력의 향상, 직관력의 강화 등에 큰 효과가 있다. 그 이유는 우주에 편만해 있는 부처님의 위신력과 하나 되기 때문이다. 부처님과 하나가 되는 위대한 힘 때문이다. 부처님은 보리수 밑에서 6년 고행 끝에 새벽별을 보는 순간, 자기의 본성을 깨달았다. 참선은 환경의 영향을 많이 받는다. 가능한 한 조용한 장소에서 좋은 지도자 밑에서 행해야 한다.

© NUNG-IN PRESS

단전호흡과 안반수의경의
출식장 입식단 (出息長 入息短)

우리는 1분간 18회 정도의 호흡을 한다. 기도를 할 경우 염불에 몰입하면 호흡수가 현격히 줄어든다. 운동을 하면 호흡수가 현격히 늘어나는 게 자연 발생적이다. 운동을 하면 세포들의 활동이 격렬해지고 심장 부담이 커진다. 참선을 하고 있으면 호흡수가 떨어지고 자연히 맥박의 숫자도 떨어진다. 수행자들의 경우 1분간에 호흡수가 1~2회 많아야 3~4회다. 코끝에 새털을 갖다 대고 그것이 움직이지 않을 정도로 조용히 조금씩 하라고 가르친다. 호흡을 길게 내뿜고 짧게 받아들이면(출식장 입식단) 폐의 폐포에 고여 있던 탄산가스를 능률적으로 내뿜을 수 있다. 호흡의 숫자가 떨어지면 심장이 쉬게 되고 그 결과 온몸의 기능이 쉬게 된다. 부교감신경이 작용하여 심장을 안정시켜주고 몸과 마음이 안정된다. 숨을 천천히 내보내기만 해도 마음이 자연히 부드러워지고 안정된다. 평상시 이 같은 호흡 수련을 정성스러운 마음으로 하면 어떤 위급한 상황이 닥친다 하더라도 몸과 마음이 편안하고 신체기능이 원활해진다.

호흡에는 잘 알려진 대로 가슴으로 하는 흉식호흡, 배로 하는 복식호흡이 있다. 가슴으로 하는 호흡과 배로 하는 호흡은 현저히 다르다. 흔히 병약한 사람들의 호흡이 약한데 대체로 폐의 일부만 가동시키는 폐상부호흡이 대부분이다. 폐상부호흡은 폐에 차가운 공기가 유입되기 쉽고 병균들의 침입에 약하다. 흉식호흡도 몸과 마음의 안정에 있어 복식호흡에 미치지 못한다. 배에는 횡격막이 있는데 숨을 들이쉴 때 횡격막이 아래로 내려가면 가슴과 배의 넓이가 넓어지고 그만큼 공기가 많이 흡입된다. 또 숨을 내쉴 때 횡격막이 위로 올라가면 폐에 있는 나쁜 공기가 모두 밖으로 밀려나간다. 복식호흡이 좋은 호흡법인 이유다. 복식호흡은 횡격막운동에 의해 행해지기에 단전과 태양신경총을 자극하고 자율신경을 활성화시킨다.

그 결과 오장육부의 활동이 왕성해진다. 복식호흡은 또 단전에 자극을 주어 온몸의 기능 향상에 큰 효과를 가져 온다. 또 복식호흡은 순환기에 영향력을 행사해 배에 고여 있던 많은 양의 혈액을 심장으로 흘러들게 한다. 사람의 혈액은 체중의 약 12분의 1에서 13분의 1이다. 약 4~5리터에 해당한다. 절반 정도가 복부로 흘러들고 4분의 1이 근육을 양성하고 4분의 1이 뇌, 피부, 기타 내장 등에 공급된다. 횡격막이 제대로 역할을 하지 못해 피를 상부로 밀어 올리지 못하면 복부에 피가 다량 고이게 되어 온몸을 도는 피가 부족하게 되어 빈혈이 될 수밖에 없다. 배에 피가 고이면 좋은 피가 갈 곳이 없어 배에도 문제가 생긴다. 배에 있던 피가 다리로 흐르지 않는 이유는 정맥판이 있어 피가 밑으로 내려가지 못하게 방지하는 시스템이 있기 때문이다.

복식호흡은 참으로 중요한 것이어서 배 자체가 심장의 역할을 한다고 볼 수 있다. 항상 내쉬는 숨을 조용히 길게 하면 내뿜는 공기에 의해 배가 활성화되고 단전에 힘이 들어가 온몸의 순환기 강화에 큰 역할을 하는 것이다. 스포츠 과학자들에 의하면 외부의 운동은 복부 표면의 근육은 발달시키지만 내장 운동에 큰 도움이 안 된다는 점을 밝히고 있다.

옛말에 장청뇌청(腸淸腦淸)이라 했다. 내장이 건강해야 머리도 맑아진다. 옛말이 틀린 말이 없다 하듯 최근 들어 두뇌의 건강과 영성의 개발에 관계가 있다고 알려진 멜라토닌이란 호르몬이 장내에서 다량 발견돼 많은 놀라움을 자아내고 있다. 어떤 학자들은 뇌의 주름과 장의 주름이 상당한 일치됨을 보이고 있는 점에 주목하고 있다. 대뇌에 대해 기해(氣海) 단전 부분을 복뇌라고 하는 얘기는 절대 헛된 말이 아닌 게 분명하다.

호흡은 이미 언급한 대로 코 안의 털이 흔들리지 않도록 조용히 해야 함이 우선이다. 그 같은 고요한 호흡으로 출식장 입식단(出息長入息短), 즉 내보내는 숨과 마시는 숨이 6:4 또는 3:2 어느 편도 좋다. 확실히 해야 될 점은 나가는 숨이 길고 들이 마시는 숨을 짧게 하라는 것이다. 그런데 그 비율을 6:4 또는 3:2 자신이 정하고 자신이 하나, 둘 세면서 여섯까지 끌면서 내보내고 넷까지 세면서 들이 마시라는 얘기다. 숨이 나갈 때나 들어올 때 숨을 따라 숫자를 헤아리지 말고 자신의 의지 따라 숫자를 세면서 내보내고 들이마시라는 의미다. 꼭 출식장 입식단을 지켜야만 하는 데는 또 다른 이유가 있다.

우리가 먹는 음식은 C.H.O.N으로 되어 있다. 탄수화물만 해도 $C_6H_{12}O_6$인데 산소와 반응해 $C_6H_{12}O_6+CO_2=H_2O+CO_2+Cal$로 반응한다. 그 결과 열량이 생겨 우리 몸의 체열을 유지하고 에너지가 공급되는 것이다. 그런데 H_2O는 쉽사리 땀으로, 소변 등으로 배출이 된다. 탄산가스(CO_2)는 다량이 생성돼 호흡을 통해 몸 밖으로 나아가는데 그릇된 호흡 등으로 호흡이 제대로 되지 않으면 탄산가스가 몸 밖으로 제대로 방출되지 않아 피 속을 타고 흘러 피를 산성화시키고 세포를 약화시켜 노화를 촉진하는 것이다. 항산화제 운운하는 이유가 그래서다.

출식장 입식단의 복식호흡은 피를 맑게 하고 알칼리성 혈액을 만들어 몸의 건강을 담보하고 두뇌를 맑게 해주는 효과가 있다. 복식호흡을 할 때 특히 주의할 것은 어느 때나 단전으로 해야 한다는 것이다. 법계정인(法界定印)이 자리하고 있는 단전이 중요한 이유는 거듭 얘기하지만 그 자리가 태양신경총이라 불리며 복뇌가 위치한 곳으로 동양 의학에서 특히 기해(氣海)라 불렸다. 교감신경과 부교감신경이 교차하는 곳으로 내장 전체에 신경이 태양이 비치듯 퍼져있어 태양신경총(Rami Solaris)이라 불린다. 기를 단전에 가득 채우고 이른바 기를 모으는 수련을 해야 한다.

정리해 보면,

① 코털이 흔들리지 않을 정도로 고요히

② 출식장 입식단으로 6:4, 3:2는 자신의 뜻대로 하여

③ 단전이 중심이 되어 숨을 들이쉬고 내쉰다.

이렇게 해나가다 보면 호흡의 숫자가 현저히 떨어진다. 1분간 3~4회 또는 1~2회로 떨어지며 피의 산성농도가 떨어지고 알칼리성으로 변한다. 참선 1시간이 조깅 1시간보다 훨씬 효과적이라는 점을 유념하기 바란다.

감정과 호흡과의 관계,
참선은 노화도 방지한다

　허공은 부처님의 몸과 마음이다. 숨을 내보낼 때는 천지우주와 부처님과 하나님과 하나 된다고 생각하고 숨을 받아들일 때는 부처님께서 나의 온몸 구석구석을 자비롭게 어루만지신다고 생각해야 한다. 그 같은 마음으로 참선할 때 부처님과 하나가 되고 부처님의 사랑과 하나가 되고 지혜와 하나가 된다. 그 결과 무한한 부처님의 법력, 초능력 등의 위신력이 발휘될 수 있는 것이다.

　우리가 꼭 유념해야 할 점은 내뿜는 숨은 길게 해야만 하는 것이다. 내뿜는 숨을 길게 한다는 것은 어떠한 의미가 있는 것인가. 우리가 큰 소리로 웃을 때는 내뿜는 숨이 길어지고 많아진다. 내뿜는 숨에는 기쁨이 있고 즐거움이 있다. 흡사 내보내는 것이 나의 몸과 마음을 가볍게 하는 이치와 같다.

　그런데 역으로 우리가 춥거나 슬플 때, 울 때, 훌쩍거리거나 놀라면서 숨을 크게 들이쉬게 된다. 흡기, 받아들이는 기가 강해지면 몸이 얼어붙고 공포와 슬픔과 아픔이 담긴다. 호흡과 감정은 이렇듯 떼려야 뗄 수 없는 관계에 있다. 그래서 항상 즐거운 마음일 때, 많이 웃을 때,

내보내는 숨이 많아지고 건강해지며 슬플 때, 우울할 때 받아들이는 숨이 많아져 몸과 마음에 고통이 가중되는 것이다. 각양각색의 질병의 원인으로 감정의 흐름과 호흡이 결정적인 방아쇠 역할을 하고 있음을 확인할 수 있다. 언제 어떤 경우라도 항상 기쁜 마음, 즐거운 마음, 미소 짓는 마음으로 살아야만 되는 이유가 여기에 있다.

출식장 입식단의 호흡을 관찰하고 있노라면 출식 때는 기쁨이 있고, 기분도 상쾌해지며 입식 때는 그 반대의 경우가 다반사다. 6바라밀 가운데도 보시바라밀이 중요하다고 하는 이유는 내보내는 것이 수행에 얼마나 중요한 것인가 하는 점을 일깨워주고 있다. 출식장은 횡격막 강화에 결정적 영향력을 행사하며 허공을 많이 받아들이고 부처님을 크게 호흡하기에 몸과 마음의 건강에 긍정적일 수밖에 없다. 진실로 출식장 입식단은 탄산가스를 많이 배출하고 산소의 흡입을 보다 왕성하게 해 몸을 알칼리성으로 변하게 하면서 마음의 집중과 통일성을 극대화시킬 수 있는 비결인 셈이다.

사람들의 노화의 이유도 가만히 살펴보면 사람의 몸은 세포로 이루어져 있고 세포는 모두 수명이 있는데 새로이 탄생하는 세포보다 사멸하는 세포가 많아지면 노화가 촉진될 수밖에 없는 것이다. 세포의 사망 속도가 빨라지면 그만큼 노화가 촉진될 수밖에 없는데 그 주범이 스트레스라는 것이 연구결과 밝혀져 있다. 식물인간을 연구해보면 그들은 식물인간이 된 순간부터 죽을 때까지 몇십 년이 지나도 세포의 노화가 진행되지 않는다는 사실이 밝혀져 있다.

동면하는 생물들 역시 훨씬 오래 산다는 연구결과가 나와 있다. 세포분열 횟수가 훨씬 적기 때문이다. 수면 내지 참선에 의해 그와 같은 상황을 만들 수 있는데, 마음 가운데 스트레스를 생기게 하는 번뇌를 녹이고 업장을 녹이는 참선이 정말 탁월한 수행법임에 틀림없다. 참선을 하면 실제로 번뇌가 녹아버린다. 화두 역시 번뇌를 녹이는 가장 중요한 무기일 수가 있다. 부동(不動)의 마음, 중도(中道)의 마음, 무아(無我)의 마음 등이 한결같이 불교에서 강조되고 있고, 특히 수행에서 강조되고 있는 이유를 심사숙고해 보라. 감각의 반응, 감정의 분류, 동요가 모두 대뇌의 부신피질에 의해 초래되는데 대뇌의 피질의 제어에 의해 가능할 수 있는 것이다.

대뇌피질의 제어는 바로 참선 수행시 초래되는 무아의 상태, 무위(無爲)의 상태, 무념무상절일체(無念無想絶一切)의 상태 가운데 가능한 것이다. 부동심은 출식장 입식단의 호흡이 심화되면서 횡격막이 강화되고 무반응할 수 있는 상황이 되면 가능하다. 천둥 번개가 치면 사람들이 크게 놀라는데 그때 감각에 큰 반응이 오고 그 자극에 의해 횡격막이 크게 반응해 위로 치솟는다. 그때 심장이 충격을 받게 되고 충격 받은 심장은 뇌에 그 상황을 전달해 요동치게 되는 것이다.

마음이 안정되고 흔들리지 않는 경계가 되면 자연히 번뇌 망상이 녹아버리고 몸과 마음의 노화가 더디어질 것은 명약관화하다. 수행이 왜 이다지 중요한가 하면 살아생전 우리의 몸과 마음 가운데 수행자의 업과 습을 잘 만들어 놓으면 내생을 기약 받는 것은 둘째 치고 우리들의 삶이 건강하고 아름다우며 영원을 가는 몸과 마음의 자세가 확립되기 때문이다. 그래서 부처님께서는 "게으르지 말라. 부지런히 정진하라." 하지 않으셨던가.

無念無想絕一切

선과 건강

일상생활이 모두 선이며 선이 어떤 곳에 따로 있는 것이 아니다. 생활자체 속에서 이루어져야 한다. 선은 선대로 있고 생활은 생활대로 있다면 그것은 선이 아니다.

대혜종고선사의 얘기다. 화두의 의미구조를 나름대로 통찰한 대목이다. 삼라만상이 모두 선이라는 얘기는 삼라만상을 바라보며 끊임없는 통찰력을 기르라는 가르침이다. 눈이 있으면서 제대로 보지 못하는 중생들, 귀가 있으면서도 제대로 듣지 못하는 귀 열린 중생들, 눈뜬 소경, 귀 열린 귀머거리가 많은 현실을 생각해 보자. 인간은 과연 현실을 살아가며 스스로 순간순간 주인공답게 처신하고 있는가. 취생몽사인 채 인생을 허망하게 흘려보내고 있지는 않는가? 삼라만상이 선이라는 가르침은 삼라만상을 바라보며 끊임없는 의문과 그해결을 통해 삶의 주인공이 되고 스스로를 승화시키라는 가르침이다. 진리는 현상을 떠나 있는 것이 아니고 현상 자체가 진리임을 가르치는 내용이다. 선문에서 "이 자리가 영원의 자리요, 이 순간이 영원의 순간임을 자각하라."는 가르침과 상통하는 내용이다. 아이들이 삼라만상을 보며 끊임없이 의문하는 그 자리가 바로 진리의 자리요, 영원의 자리인 것과 마찬가지 맥락이다. 철저한 현재에의 몰입이 선이라면 선적으로 살지 않는 인간들 모두 현재에의 집중력이 약할 수밖에 없고 그 결과 모든 일에 능률적이지 못할 것임은 불을 보듯 명확하다. 대부분의 사람들이 과거에 대한 추억, 미래에 대한 불안감 등에 휩싸여 현재의 자신을 망각하게 되는 비극은 선의 생활화를 통해 교정이 가능하리라 본다. 선을 하는 마음이 한순간에 모든 것을 거는 마음이고 한순간도 놓치지 않는 마음인 만큼 순간 속에 영원을 살 수 있는 자세를 기르는 비법인 것이다. 선을 행하는 사람은 일념 즉시무량겁 무량원겁즉일념(一念卽是無量劫 無量遠劫卽一念)의 마음을 지닌 사람이다. 일념의 중요함을 아는 사람이요, 일념도 놓치지 않겠다는 의지의 주인공이다. 밥을 먹을 때는 밥만 먹는 것이다. 백가지 생각을 떠올리며 괴로워하는 사람에게 밥맛이 있을 리 없고 잠자리에서 백, 천 가지 생각으로 번뇌하는 사람에게 편안한 잠자리가 있을 리 없다. 갖가지 노이로제 등에 선이 특효인 이유가 바로 여기에 있다.

화두의 의미 구조에 대한 파악과 더불어 차크라와 아사나에 대한 공부 그리고 호흡법에 대한 공부를 체계적으로 해 나가시면 진정 대우주의 주인공으로 거듭날 수 있을 것이다.

차크라에 대해서는 앞에서 많이 말씀을 드렸고 아사나에 대해서도 설명 드린 부분에 대해서 잘 숙지하시고 참선문에 들어보시기 바란다. 항상 드리는 말씀이지만 영원은 우리의 본성이고 수행은 우리의 운명이다. 수행에 있어 호흡법의 중요성에 대해서는 아무리 강조해도 지나칠 수가 없는데 부처님께서 "인류는 호흡의 장에 있어 한 덩어리며 생명의 원천은 호흡에 있다."고 호흡의 중요성을 간파하셨다.

호흡은 진정 모두를 하나로 이어주는 채널이며 육신과 법신을 하나로 하는 세계이며 무한자인 공, 대우주와 하나 되는 장이다. 호흡의 중요성을 강조하면 할수록 호흡을 잘못 배우면 문제가 생길 수도 있음을 생각해야만 한다. 『대안반수의경』의 가르침대로 출식장 입식단(出息長 入息短)의 호흡을 몸과 마음을 다해 익히면 몸과 마음의 부조화를 모두 바로 잡을 수 있다. 갖가지 스트레스에다 정신적 불안정에 시달리는 현대인들은 불안, 초조, 강박의식, 우울증 등 마음의 교란 상태로 인해 호흡의 부조를 초래, 갖가지 병마에 휩싸이게 된다. 나의 말과 생각과 행동 가운데 부처님이 계시지 않고 깨어있지 못해서 갖가지 악업을 지으면 마음의 교란이 오게 되고 부처님의 징벌이 따르게 되는 현상이 마음의 갖가지 불안정 상태이다. 이 같은 불안정 상태가 호흡의 부조를 가져오고 인체의 리듬을 깨게 되어 질병을 초래하는 것이다. 결국 선의 수행이 갖가지 몸과 마음의 불안정을 퇴치하고 몸과 마음의 심원한 치유의 길을 열어 주게 되는 것이다. 선 수행과 호흡법의 습득으로 두뇌의 전두연합야(前頭連合野)가 활성화되어 두뇌 기능이 대단히 강화된다는 의학자들의 보고가 있다. 단전 부분에 힘을 모으고 가능한 한 내뿜는 숨을 길게 받아들이는 숨을 짧게 6:4 정도 하다 보면 스스로 놀라운 효과를 느낄 수 있을 것이다.

부처님의 『방광대장엄경』에 보면 무예에 대단한 일가견을 가지고 계셨음을 읽을 수 있다. 권법, 궁술, 기타 무예의 고수였음을 밝히는 내용이 나온다. 어디 그뿐이랴. 달마 스님 역시 『달마역근경』을 만들어 소림권법의 창시자로 추앙받고 있지 않은가. 중국에 오신 뒤 좌선으로 쇠할 대로 쇠해져 운동 부족인 수행승들이 갖가지 병고 액난에 시달리는 모습을 보다 못해 『역근경』을 지으셨다고 전한다. 선을 하는 사람들은 자신의 몸에 대해서도 잘 알아야만 한다.

선이 사회에 유포되면서 선의 좋은 점만 강조되고 있는 나머지 폐해에 대해서는 별반 주의를 촉구하는 예가 드물다.

도를 닦으려 할진대 먼저 뜻을 세우고 스승을 섬겨야 한다. 다음으로 수행방법의 중대함을 명심하라. 잡풀을 제치고 도를 닦는 이유는 무엇인가? 그 길로 하여 고향으로 가려함일 뿐이다. 높은 경지는 오로지 스승에게서만 얻는 터이니 스승을 따라 몸을 가지면 반드시 법이 있으리라.

선이란 본질에 도달하려는 노력이다. 선은 말을 떠난 세계, 배냇 봉사에게 달을 설명하려고 240여 종의 비유를 들었다 한다. 결국 봉사는 말에만 집착, 달의 진면목을 파악할 수 없었다. 선을 탐구하려는 자가 있다면 그리고 선의 예지에 발을 들여놓는 사람이 있다면 "몸으로 밀어붙여라." 방법론을 파악했다면 단 한순간만이라도 조용히 마음을 가라앉히고 호흡을 가다듬고 앉아보라. 감정 과잉이 병통을 가져온다. 과희상심(過喜傷心), 과노상간(過怒傷肝), 과우상폐(過憂傷肺), 과사상비(過思傷脾), 과공상신(過恐傷腎), 과경상담(過驚傷膽)이다. 너무 흥분하면 심장이 상하고, 너무 화를 내면 간이 상하고, 너무 근심 걱정하면 폐를 상하고, 너무 골똘히 생각하면 비장을 상하고, 너무 두려움에 질리면 신장을 상하고, 너무 놀라면 담을 상한다 했다. 과잉 정동이 호흡의 부조를 가져오고 병마에 휩쓸린다. 선 수행이 감정과잉으로 인한 신체의 부조화를 잡아주는 데 크게 기여할 수 있으리라.

왜 현대인들이 갖가지 정신 질환에 시달리는가? 그 이유를 현대 두뇌 생리학자들은 두뇌 신경회로의 혼란 내지는 일관성의 결여라 한다. 두뇌를 일관성 있게 쓰지 못하고 밥을 먹으면서 TV를 보고 신문을 보고 하는 등 두뇌 회로의 일관성이 깨져 이상 상태를 계속하고 있기 때문이라는 얘기다. 선의 수행이 집중력을 길러주고 통찰지를 강화시켜 몸과 마음의 건강에 크게 기여할 것이란 사실만은 분명히 얘기할 수 있다. 정신이 통일되면 정서가 안정되고 창조력이 개발되며 영원의 세계에 대한 이해도 크게 증장되고 업장소멸에 효과가 있을 것이다.

화두는 검이요, 철퇴다
절대 놓치지 마라

　과학자들의 특징은 관찰이다. 자연 과학자건 사회 과학자건 대상만 다르지 그들의 연구는 관찰을 생명으로 한다. 투철한 관찰을 통해 법칙을 찾아낸다. 사람들은 불교를 과학과는 전혀 관계없는 세계인 듯 여긴다. 과학과 종교 또한 전혀 별개의 단어인 것처럼 생각한다. 그러나 그 같은 사고방식은 올바르지 않다. 왜냐하면 불교의 수행, 특히 참선 명상은 지극한 관찰을 그의 생명으로 하고 있기 때문이다. 사람들은 무슨 잠꼬대 같은 소리냐고 반문할 것이다. 결코 그렇지 않다. 끊임없는 번뇌의 관찰, 그를 타파하기 위한 화두의 역할, 그리고 자신의 마음과 몸의 변화를 관찰하는 참선 명상의 예는 투철한 과학자의 관찰의지에 결코 뒤지지 않는다. 오히려 순간순간을 놓칠 수 없어 더욱더 치열할 수밖에 없다. 몸에 대한 관찰을 위해 활동을 끊임없이 주시해야만 하는 명상 수행자들에게는 고도의 집중이 요구된다.

　숨을 들이쉬고 마음을 호흡에 집중하여 숨을 내쉰다. 그리고 숨을 들이쉰다고 알아차린다. 몸에서 생겨났다 사라지는 현상들을 투철히 관찰하는 것이다. 관찰의 정도와 이해의 정도에 따라 '이것이 몸이다' 하는 자각(念)이 확고해지는 것이다. 『염처경』에 나오는 가르침에 따르면 신수심법(身受心法)이라 해서 몸과 감각과 마음 그리고 대상 5장애, 5온, 18처(6근, 6진, 6식), 7각지, 4성제, 8정도들을 투철히 관찰해야 한다고 가르친다.

화두 참선의 예는 좀 더 단순하다. 화두를 잡고 결코 놓치지 않아야 한다. 그 어떤 상황에 처한다 하더라도 놓칠 경우 흑암굴에 떨어진다고 말한다. 화두는 항상 마음의 중심을 잡게 하는 바로미터다. 화두는 문자 그대로 곡마단의 외줄 타기와 같이 놓치면 떨어지는 것이다. 화두를 놓치는 즉시 생각은 번뇌의 대상에 빨려 들어가고 결국 중심을 잃게 되어 있다. 화두는 중심으로 향해 들어가게 하는 위신력이 있다. 상대적인 세계에서의 중심은 둘 사이에 있지만 하나이자 전체인 절대의 세계, 절대조차 뛰어넘은 세계는 그 어느 곳도 중심이다.

우리가 사는 세계는 물질의 세계, 중생의 세계, 상대의 세계다. 상대의 세계에서 절대의 세계로 나아가려면 중심을 잃어서는 번뇌에 휘말리게 되고 번뇌의 세계, 중생의 세계에 떨어지게 된다. 화두를 놓치지 않기 위해서는 필사적인 집중이 필요하다. 부처님께서는 거문고의 비유에서처럼 "너무 느슨하지도 팽팽하지도 말아야 한다."고 하셨지만 어쨌든 고도의 집중이 요구되는 상황인 것이다. 고도의 집중으로 화두를 들고 끊임없이 피어오르는 번뇌를 퇴치해야 한다. 화두를 놓치지 않으려는 치열한 자세는 치열한 관찰자의 자세일 수밖에 없다. 중심을 향해 나아가는 투철한 의지는 그를 파하려는 갖가지 적들을 철저히 마크하지 않으면 안 된다. 이 같은 자세가 곧바로 과학자의 자세와 다를 바 무엇이겠는가.

화두 하나에 모든 것을 건다. 결코 그 어떤 것도 중심으로 나아가는 수행을 방해하는 장애물들은 화두로 때려잡아야 한다. 화두는 무서운 무기요, 검이요, 철퇴여야 한다. 투철한 관찰자의 의지가 번뜩이지 않고는 불가능한 얘기다. 중도의 길, 중심을 향해 나아가는 활구 참선자를 장애하는 갖가지 번뇌들, 삼독심, 욕망, 악의, 혼침, 불안, 걱정, 근심, 의심 등은 모두 화두로 타파해야 한다. 흔히 지관법으로 불리는 위빠사나, 사마타 행을 하는 수행자들은 부정관이라든가 자비관, 용맹정진력, 분명한 관찰, 깊은 관찰 등으로 갖가지 장애를 벗어난다고 하는데 참선에서는 화두의 검으로 이 모든 장애를 처단하고 중심으로, 중심으로 나아가는 것이다.

왜 화두 참선, 간화선이 어렵다 하는가. 강한 집중력과 관찰력으로 중도, 중심에 들어서면서 부처님을 분명히 만나게 된다는 사실을 투철히 파악하지 못하고 있기 때문이다.

불교에서 항상 중도를 얘기하는 이유는 '중도는 문자 그대로 중심으로 나아가는 길'이기 때문이다. 강한 집중력과 갖가지 장애와 적들을 투철한 관찰력으로 잡아내면서 나가는 길이 바로 중도의 길이다. 결국 우주의 중심은 바로 부처님이시고 그 자리에 도달하면 견성하고 성불하는 것이다. 집중이 중요한 이유 그리고 투철한 관찰력이 중요한 이유는 그 같은 관(觀)의 힘이 결여될 때 부처님 나라, 중심에 도달할 수 없기 때문이다.

투철한 신심이 필요한 이유는 무엇일까? 중도의 길, 중심을 향해 나가는 길만이 견성의 길이요, 실제 부처님을 만나는 길이란 사실을 투철하게 믿어야 하기 때문이다. 활구 참선이, 간화선이 제대로 기능하지 못하는 이유는 투철한 집중력과 관찰력으로 장애를 구분하는 힘이 취약해서이다. 그를 위해 모든 것을 던지는 위법망구의 자세, 대사일번(大死一番)이면 대불현성(大佛現成)이라는 가르침을 몸과 투철한 신심으로 마음 깊숙이 아로새기지 못했기 때문이다. 필사즉생(必死卽生), 필생즉사(必生卽死)의 자세가 결여되었기 때문이다. 그 같은 마음 자세가 아니면 결코 들어설 수 없는 자리가 바로 견성의 자리요, 부처님 나라임을 분명히 깨닫지 못했기 때문이다. 고통 중일 때 더욱더 강력한 정진력과 관력을 배양해야 하며, "근수이관력(勤修而觀力)이 전심(轉深)하고 연마이행문(鍊磨而行門)이 익정(益淨)하리라."라고 하신 선현의 가르침을 명심해야 할 것이다. "부지런히 갈고 닦으면 관력이 더욱더 심오해질 것이며 연마하고 또 연마하면 수행문이 더욱더 이롭고 맑아질 것이다." 하신 가르침은 참으로 금과옥조 중의 금과옥조인 것이다.

투철한 신심으로 강한 관찰력(念力)을 바탕으로 용맹정진하는 가운데 부처님 나라가 가까워질 것이다. 결코 첫째로 중도에 포기하지 말 것이며, 둘째로 계정혜 삼학을 항상 잊지 말고, 셋째로 삼독을 제거하고, 넷째로 투철한 수행으로 깨달음의 언덕에 도달해야 할 것이다.

화두가 된다, 안 된다는 생각을 버리시라
안 되는 것이 되는 것이다

화두를 드는 것은 모든 사물의 진실한 근본 광명에 도달하기 위한 방편이다. 생사란 알음알이가 지어낸 차별상이다. "화두가 된다, 안 된다, 잘 들린다, 안 들린다."는 모든 생각을 놓고 나아가야 한다. 잘 안 되는 것 같지만 그럴 때 되는 것이다. 안 된다는 생각도, 잘 된다는 생각도 놓고 계속 나아가면 된다. 의단 하나 들고 "왜 무라고 했지?", "이 뭣고?"를 들고 계속 전진하시라. 많은 사람이 화두를 들고 잘 된다, 안 된다, 또는 어떻게 드는 것이 화두를 잘 드는 것인가 묻는다. 그러나 그저 화두를 들고 가만히 지켜보면서 놓치지 말고 계속 쫓아가는 것이다. 놓치면 흑암굴, 번뇌굴에 빠진다. 놓치지 않고 계속 나아가다 보면 시냇물이 흘러 흘러 바다로 가듯이 언젠가는 바다에 도달하게 되어 있다.

화두는 그냥 드는 것이다. 결코 내려놓지 마시라. 되든 안 되든 계속 열심히 나아가면 된다. 그 같은 행로를 따라 가는 과정에서 어느 결에 부처님 나라인 광명의 세계, 즉 말과 생각이 끊어진 경계에서 툭 던진 무의 세계로 들어서게 되는 것이다. 『신심명』에도 나오듯이 이쪽저쪽에 치우치지 말고 그냥 계속 앞으로 나아가기만 하면 된다. 중도(中道)란 말을 들어보지 않으셨는가! '된다, 안 된다.', '이러쿵 저러쿵' 따지지도 말고 강한 의심을 품고 나아가는 사람이야말로 정말 화두를 잘 챙기는 사람이다.

화두의 길은 영원의 길,
무한 사랑의 길이다

 탁월한 수행자들은 너무 조급하지도 그렇다고 느슨하지도 않다. 서두른다고, 조급하다고 되는 것이 아니라 문자 그대로 영원이기에 영원의 길을 가야만 한다. 한 걸음 한 걸음 건실하게 단계적으로 끊임없이 끝없이 나아가야만 한다. 끈기 있고 끈질기게 나아가야만 한다. 화두를 챙기는 작업이라든가 부처님의 경계를 나아가기 위해 몸과 마음을 만드는 것 역시 꾸준히 차근차근 해나가야 한다. 영원, 그 자체가 되는 날까지 우리의 정진은 끝이 없다. 끊임이 없다. 우주의 무량한 별들을 보시라. 모두가 우리들 모두의 방문을 기다리고 있지 않은가. 금생에는 지구라는 별에 태어나 이렇게 삶을 엮어나가고 있지만 내생에도 우리의 수행 따라, 정진 따라, 공덕 따라 우리를 기다리고 있는 별들은 한이 없다. 끝이 없다. 그 곳은 모두 우리의 수행처이다.
 자신의 차원을 고차원으로 전진시킬 수 있어야 한다. 3차원에서 4차원으로, 4차원에서 5차원으로 그렇게 전진시킬수록 감각적, 육체적 차원에서 감정적 차원으로, 속된 삶에서 성스러운 삶으로 나아가 우리의 몸과 마음이 부처가 될 수 있는 것이다. 우주가 끝이 없기에 우리의 수행도 끝이 없다. 설령 우리가 깨달았다 해도 초견성, 재견성을 끊임없이 보호임지(보림) 해야 한다. 무지와 무명의 세력으로 인한 유혹과 욕망 그리고 부정성으로부터 긍정성, 정진의 세계로 나아가야 하는 것이다. 영원으로 가는 우리의 정진은 에고(Ego)를 극복하는 사랑이다.

우리의 몸은 어깨를 펴고 앉으면 하늘을 향해 수직이 된다. 흔히 땅에서부터 하늘을 향한 정수리에 이르기까지 우리가 열어가야 할 단계는 척추를 따라서 층층이 7계단으로 알려져 있다. 얼음이 녹으면 물이 되고 물은 다시 수증기가 되듯이 차근차근 단계적으로 밟아 올라가야 한다. 단계적으로 올라갈 때마다 요구되는 수행이 있다. 모든 생명체는 영원을 가는 진화의 바다에 떠 있다. 나의 영적인 수준은 어느 정도인가 스스로 가늠해 보자. 영적 진화의 길은 우리가 반드시 가야 할 길이다. "하늘은 스스로 돕는 자를 돕는다."고 했듯이 밀어붙이지 않으면 진화할 수 없다.

내부의 악마적 세력에 의한 공격을 과감히 척결해 나아가야 한다. 무지의 수렁에서 빠져나올 수 있는 강한 지혜의 힘을 배양해야 한다. 우리의 마음은 부처님과 하나이지만 무명중생이기에 에너지는 둔탁할 수밖에 없다. 청정무구한 부처님의 길, 무명으로부터 몸과 마음을 일으켜 사랑의 힘을 강화시키는 길을 가야 한다. 단계적으로 밟아가는 남녀 간의 사랑, 정이라고 불리는 사랑과 사람 사이의 사랑, 그리고 영원에 대한 사랑, 삼매의 세계에 대한 사랑, 부처님 세계에 대한 사랑으로 차근차근 승화되어야만 하는 것이다.

우리가 화두를 챙기고 전진하는 길은 결코 쉽지 않은 길이다. 그러나 점차 익숙해지면 결코 못 해낼 길도 아니다. 모든 탁월한 선사들은 화두가 잘 안 될 때가 되는 경계라 했다. 화두가 안 된다 하더라도 가야 하고 된다 하더라도 붙잡고 나아가시라. 화두를 챙기는 방법은 특별하지 않다. 화두를 계속 붙잡고 '무자(無字)' 너머에 있는 무한 사랑의 나라, 부처님 나라를 향해 가면 되는 것이다. 화두에다 군더더기를 붙이지 말고 중단 없이 나아가리라는 각오를 하자. 의심 하나 들고 의심 따라 가자. 왜 '무'라 했을까? 하는 의문 하나면 족하다. 그대로 한 시간, 두 시간, 세 시간, 아니 그 이상의 시간을 잊어버린 경계로 점차 나아갈 수 있게 된다. 시간과 공간이 떨어진 경계로 나아갈 수 있게 된다. 많은 위대한 선지식의 화두 잡는 법을 봐도 한결같이 의문 하나면 된다고 한다. 『종경록』, 『선문촬요』, 『벽암록』, 『무문관』 등 갖가지 선어록에서도 다른 모든 것은 내려놓고 의문 하나 들고 나아가고 또 나아가 시간과 공간이 없는 자리로 가라고 가르친다. 그 같은 세계로 나아가기란 참으로 힘겨울 것이다. 그러나 분명 나아가고 또 나아가면 많은 선지식이 보증하는 경계가 열릴 것이다.

화두를 챙기는 분들은 내가 어느 정도 나아갔는가, 어디까지 왔는가에 대해서는 전혀 신경 쓰지 않아도 된다. 부처님께서 다 지켜보고 계시기에 아무런 걱정을 하지 않아도 된다. 오로지 '화두만 챙길 뿐'이다. 군더더기가 필요 없다. 부처님 나라에 가려는 사람을 부처님께서 지켜보시지 않으면 누가 지켜보겠는가. 체험해 보신 분은 모두 알 것이다. 부처님은 언제나 우리와 함께 정진하고 계시다는 사실을 말이다.

부처님도 마지막 순간까지 악마와 싸우셨다고 한다. 내면의 악마는 그만큼 치열하다. 도저히 이겨낼 수 없는 갖가지 고통이 엄습할 때마다 "아! 드디어 악마가 덮치는구나. 그러나 이들조차도 모두가 허상인 것을……." 라고 해버려야 한다. 그래야 이겨낼 수 있다. 많은 사람이 화두를 챙기는 데 특별한 방법이 없는가 하고 묻는다. 여기 특별한 방법이 있다. 화두를 꼭 잡고 꿈쩍도 하지 않고 나아가면 될 일이다.

절대 흔들리지 말아야 한다. 『신심명』에서와 같이 한 길로, 중도의 길로 가시라. 한결같이 가면 된다. 절대 별다른 길이 없는 게 별다른 길이다. 그 길 가운데 영원의 문, 부처님 나라의 문이 열리게 된다. 항상 할 수 있는 수행방법, 화두 챙기는, 활구를 챙기는 방법은 전혀 의심 없이 일관되게 나아가는 길, 그 길이다. 안 되는 것이 되는 것이고, 되는 것이 또 되는 것이다.

상대계는 둘 사이의 중심이 하나다.

절대계는 대상이 없으므로 어디나 중심이다.

禪의 길, 중도의 길을 따라 어느 편에도 치우치지 않고

궁극의 길을 정성스레 가라. 결국 중심에 들어선다.

상대계를 넘어 절대계, 부처님 나라에 도달할 수 밖에 없다.

그때가 되면 어떠한 상황이 될 것인가,

더 이상 말이 필요없는 세계

영원이다. 열반이다.

견성이다.

용어해설

1) 비바사론 : 인도의 학승 시타반니가 지었고 4세기 말 인도 출신의 학승 승가발징이 번역함. 주로 윤회하는 사람들의 온갖 번뇌와 사물현상들의 요소, 불도의 네 가지 근본이치 그리고 각종 선정법 등에 대해 설명함.

2) 중음신 : 사람이 죽은 뒤 다음의 생을 받을 때까지 49일 동안 지니고 있는 몸.

3) 마르마 : 요가와 아유르베다의 에너지 포인트.

4) 차크라 : 산스크리트 용어로 원 또는 바퀴를 의미한다. 에너지의 중심으로서 차크라의 철학적인 이론과 모델은 고대인도에서 처음 성문화 되었다.

5) 에마누엘 스웨덴보리(Emanuel Swedenborg 1688~1772) : 스웨덴의 신비사상가이자 심령술의 선구자.

6) 수미산(須彌山) : 불교의 세계관에서 세계의 중심에 솟아있다는 상상의 산.

7) 미저골(尾抵骨) : '꼬리뼈'의 한자어.

8) 쿤달리니 : 미저골 안쪽에 잠자고 있는 것으로 여겨지는 나선 모양의 에너지.

9) 사하스라라(Sahasrara) : 일곱 번째 차크라로 우리 몸 가장 위인 정수리에 있다.

10) 공안(公案) : 깨달음을 구하기 위해 참선하는 수행자에게 해결해야 할 과제로 제기되는 부처나 조사의 파격적인 문답 또는 언행(言行).

11) 『몽산법어』 : 보물 제769호. 고려의 보제존자 나옹(懶翁)혜근(惠勤)(1320~1376)이 1350년(충정왕 2) 여름에 휴휴암(休休庵)에서 몽산화상 덕이를 만나 화상의 법어를 약록(略錄)한 것을 뒤에 엮은 것이다.

12) 빅뱅(Big Bang) : 대폭발, 천문학 또는 물리학에서 우주의 처음을 설명하는 우주론 모형.

13) 피안(彼岸) : 불교에서 해탈에 이르는 것을 의미한다.

14) 차안(此岸) : 현세.

15) 탕자(蕩子) : 방탕한 사람. 예수님이 가르치신 탕자비유에 나오는 집 떠난 둘째 아들을 가리킨다.

16) 궁자(窮子) : 『법화경』 신해품에 아버지 장자의 곁을 떠나 타국에서 고생하던 아들이 아버지 곁으로 돌아와 모든 재산을 상속 받았다는 장자궁자의 비유에서 온 말.

17) 업(業, Karma) : 불교에서 중생이 몸과 입과 뜻으로 짓는 선악의 소행을 말하며, 혹은 전생의 소행으로 말미암아 현세에 받는 응보(應報)를 가리킨다.

18) 십지(十地) : 대승의 보살 수행 과정상에서 거치게 되는 10단계 경지(境地).

19) 보처보살(補處菩薩) : 다음생에 부처가 될 보살.

20) 호명보살(護明菩薩) : 석가모니불이 보살로 도솔천에 머물렀을 때 부르던 이름.

21) 염부제(閻浮提) : 수미산을 중심으로 인간세계를 동서남북 4주로 나눈 가운데 남쪽지역.

22) 삼세인과경(三世因果經) : 과거의 업인(業因)으로부터 그 결과인 과보를 현세에

받으면서 또다시 미래의 과보를 현세에 짓고 있다는 것.

23) 신구의(身口意) 삼업(三業) : 몸과 입과 생각(마음)으로 업을 짓는 것.

24) 업경대(業鏡臺) : 사람이 죽은 뒤에 그 영혼이 간다고 하는 암흑세계에서 죄인 의 업을 비쳐 나타낸다고 하는 거울.

25) 위빠사나(Vipassana) : 불교 수행법중 현상을 관찰하는 명상 수행법. 관은 석가모니가 만든 불교의 명상법. 수식관을 가장 중시. 비파사나, 위빠사나로 도 검색되며 호흡법 중시 안반수의경이 핵심경전.

26) 증지소지비여경(證智所知非餘境) : 깨달아야 알 바이지 그 외의 경계로는 결코 알 수 없다는 것.

27) 하이데거(Martin Heidegger 1889~1976) : 독일의 실존철학자. 최초로 기술 철학 수립.

28) 사마타(Samatha) : 산스크리트어 Samatha의 음사. 지(止)·적정(寂靜)이라 번역. 마음을 한곳에 집중하여 산란을 멈추고 평온하게 된 상태.

29) 계정혜(戒定慧) : 계율(戒律), 선정(禪定), 지혜(智慧).

30) 삼학(三學) : 불교를 배워 깨달음을 이루고자 하는 이가 반드시 닦아야 할 세가 지, 즉 계정혜(戒定慧).

31) 마하바라아타 : 인도 고대의 산스크리트 대서사시.

32) 호머(호메로스 Homeros) : 고대 그리스의 대서사시 〈오디세이〉, 〈일리아드〉 의 저자.

33) 멀치아 엘리아데(Mircea Eliade 1907~1986) : 루마니아 출생, 20세기 대표적 종교학자.

34) 크리슈나(Krsna) : 힌두교 비슈누 신의 대표적인 화신, 마하바라아타의 영웅.

35) 파탄잘리(Patanjali ?~?) : 인도의 힌두교 사상가 요가학파의 경전인 〈요가 수트라〉저술.

36) 리그 베다 : 고대 인도의 브라만교 성전인 네 가지 베다 가운데 하나.

37) 니르바나(Nirvana) : 열반(涅槃), 불도를 완전하게 이루어 일체 번뇌 해탈한 최고 경지.

38) 사마디(Samadhi) : 삼매(三昧), 불교 수행의 한 방법으로 마음을 하나에 집중 하는 정신력.

39) 이원론(二元論) : 범(梵)인 브라만과 개별적 아(我)인 아트만이 차이가 없다는 불이론(不二論), 하나라는 뜻으로 범아일여(梵我一如).

40) 아사나(Asana) 자세 : 요가의 결가부좌(연꽃자세), 이 자세는 호흡과 체위법 그리고 명상 수행을 위한 기본자세로서 부동체 부동심이 되기 위한 조신행법.

41) 베다 시대 : 인도 역사의 시대로 힌두교의 가장 오래된 성스러운 경전 베다가 쓰인 시대.

42) 하타 요가 : 15세기 인도의 요기 스와트마라나가 만든 요가로 해(Ha)와 달 (Tha)을 뜻함.

43) 나디(Nadi) : 기가 흐르는 통로이며 생명의 기운 프라나가 순환하는 통로이다. 차크라를 중심으로 순환.

44) 프라나야마(Pranayama) : 숨을 들이 쉬면서 우주의 정기(프라나)를 섭취하고 숨을 참고 있는 동안에 그것을 자기화하는 특수한 호흡법. 우주의 에너지를 축적해 두었다가 신경활동의 영양소로서 공급한다.

45) 무드라(Mudra) : 봉인, 인장이라는 의미. 모든 불보살의 서원을 나타내는 손의 모양, 또는 수행자가 손이나 손가락으로 맺는 인(印).

46) 시바(Siva) : 힌두교의 세 주신(主神) 가운데 하나. 파괴와 생식의 신.

47) 업력(業力) : 과보를 가져오는 힘으로 선업에는 낙과(樂果), 악업에는 고과(苦 果)를 일으킴.

48) 우나니(Unani) : 이슬람 토속의학 우나니, 아유르 베다 의학과 아주 밀접함.

49) 아유르 베다(Ayur veda) : 고대 인도의 힌두교 경전 〈베다〉에 의해 전승된 전통 의학.

50) 법신충만어법계(佛身充滿於法界) : 부처님 몸이 법신법계에 충만하다.

51) 불신보변시방중(佛身普遍十方中) : 부처님의 나투심이 시방세계에 두루하다.

52) 만달라(Mandala) : 범어 Mandala의 음역으로 단(壇), 단장(壇場), 윤원구족 (輪圓具足) 등으로 번역. 원래는 비법을 닦을 때 마중(魔衆)의 침입을 막기 위해 그려놓은 원형(圓形)이나 방형(方形) 으로 구획한 지역을 말한다.

53) 만트라(Mantra) : 짧은 음절로 이루어진 사물과 자연의 근본적인 진동으로 되어 있다는 소리나 주문. 진언, 다라니.

54) 옴(AUM) : 요가와 밀교에서 부르는 깨닫는 소리.

55) 동체대비(同體大悲) : 나와 남이 둘이 아니고 하나이기 때문에 큰 자비, 진실한 사랑.

56) 이타적(利他的) : 자기의 이익보다는 다른 이의 이익을 더 꾀하는 것.

57) 지복(至福) : 하늘에서 내리는 복.

58) 삼세숙명(三世宿命) : 과거, 현재, 미래의 선악이 종합적으로 모인 것.

59) 빈두 : 방울과 점, 빛을 의미한다.

60) 아원자 입자(Subatomic Particle) : 원자보다 작은 입자 혹은 원자를 구성하는 기본 입자.

61) 우주 알(Cosmic Egg) : 우주의 모든 물질이 엄청난 밀도를 지닌 매우 뜨거운 구체안에 밀집되어 있는 불덩어리 공 모양.

62) 일미진중함시방(一微塵中含十方) : 한 작은 티끌 속에 시방세계가 머금어 있다.

63) 일념즉시무량겁(一念卽時無量劫) : 찰나의 한 생각이 무량한 시간이다.

64) 구루 : 힌두교, 불교, 시크교 및 기타 종교에서 일컫는 스승으로 자아를 터득한 신성한 교육자를 지칭한다.

65) 송과선 : 골윗샘. 좌우 대뇌 반구 사이 셋째 뇌실의 뒷부분에 있는 솔방울 모양의 내분비(內分泌) 기관(器官).

66) 뇌하수체 : 사이뇌의 시상 하부 아래쪽 가운데에 가느다란 줄기로 연결된 짝이 없는 콩알만 한 샘.

67) 적적요요본자연(寂寂耀耀本自然) : 고요하고 고요함은 본래부터 그러함이라.

68) 수식관(數息觀) : 숨을 다듬으면서 마음을 가라앉히는 관법(觀法).

69) 행주좌와어묵동정(行住坐臥語默動靜) : 행하고, 머무르고, 앉고, 눕고, 말하고, 침묵하고, 움직이고, 멈춘 가운데.

70) 반연(攀緣) : 마음이 대상에 의지하여 작용을 일으킴.

71) 북울단월(北鬱單越) : 四大洲의 하나 울단월주는 수미산의 북방에 있으므로 북울단월이라 함.

72) 포행(匍行) : 천천히 걸으면서 참선하는 것.

73) 방선(放禪) : 좌선을 하거나 불경을 읽는 시간이 다 되어 공부하던 것을 쉬는 일.

74) 성성적적(惺惺寂寂) : 고요하면서도[寂] 의식이 맑게 깨어 있는 상태[惺].

75) 혼침(昏沈) : '혼침하다(정신이 아주 혼미하다)'의 어근.

76) 도거(掉擧) : 산스크리트어 Aauddhatya. 들뜨고 혼란스러운 마음상태.

77) 오매일여(悟昧一如) : 깨달음의 바다에서 선정의 경계를 들어선 것과 같다라는 뜻.

78) 몽중일여(夢中一如) : 꿈을 꿀 때와 깨어 있을 때의 구분이 사라져서, 깨어 있을 때가 꿈꿀 때와 같고, 꿈을 꿀 때가 깨어 있을 때와 같은 경지라고 한다.

79) 동정일여(動靜一如) : 움직일 때나 가만히 있을 때나 한결같은 마음이란 뜻.

80) 상기병(上氣病) : 올바른 스승의 가르침을 받지 않고 혼자서 책을 참구하거나, 경험이 충분하지 않은 사람에게 지도를 받았을 때나 지도는 받았으나 실행이 안 된 경우 호흡이 고르지 못해 심신의 안정을 잃어 생기는 병.

81) 칼 융(Carl Gustav Jung) : 스위스의 정신과 의사. 정신분석의 유효성을 인식하고 연상실험을 창시하여, S.프로이트가 말하는 억압된 것을 입증하고, '콤플렉스' 라 이름 붙였다. 분석심리학의 기초를 세우고 성격을 '내향형' 과 '외향형' 으로 나눴다.

82) 수피즘(Sufism) : 이슬람교의 신비주의적 경향을 띤 한 종파(宗派). 금욕과 고행을 중시하고 청빈한 생활을 이상으로 하는데, 8세기 무렵부터 나타나서 12세기부터 13세기 이후에 많은 교단이 조직되었다.

83) 카발라([히브리어]Kabbalah) : 유대교의 신비주의적 교파. 또는 그 가르침을 적은 책. 중세부터 근세에 걸쳐서 퍼졌으며, 13세기의 문헌 〈조하르〉가 널리 알려져 있다.

84) 범신론(汎神論) : 세계 밖에 초월적으로 존재하는 인격적인 신을 인정하지 않고 신을 세계와 동일시하여 세계가 즉, 신이라는 신의 비인격화를 말하는 주장.

85) 이신론(理神論, Deism) : 신을 세계의 창조자로 인정하지만 이를 세상 일에 관여하거나 계시하는 인격적인 존재로는 인정하지 않고 기적 또는 계시의 존재를 부정하는 이성적인 종교관.

86) 윌리엄 제임스(William James) : 미국의 심리학자·철학자. '의식의 흐름 (Stream of Consciousness)'이라는 용어를 처음 사용하였으며 빌헬름 분트와 함께 근대 심리학의 창시자로 일컬어지고 있다.

87) 사자상승(師資相承) : 스승에게서 제자에게로 법이 이어져 전해감.

88) 힌두쿠시(Hindu Kush Mts.) : 중앙아시아 남부에 있는 산맥. 최고봉은 파키스탄의 티리치미르 산(7700m). 파미르 고원에서 남서 방향으로 뻗어 카슈미르 지방, 파키스탄, 아프가니스탄으로 뻗어 있다.

89) 그노시즘(Gnosticism, 靈知主義) : 고대에 존재하였던 혼합주의적 종교 운동 중 하나로, 다양한 분파가 존재하지만 전반적으로 불완전한 신인 데미우르고스가 완전한 신의 영(프네우마)을 이용해 물질을 창조하였고, 인간은 참된 지식인 그노시스를 얻음으로써 구원을 얻을 수 있다는 구조를 지닌다.

90) 앙리 마스페로(Henri Maspero 1883~1945) : 프랑스의 동양사학자. G.마스페로의 아들로 중국사, 베트남사를 연구했다. 콜레주 드 프랑스의 교수, 일불회관 관장이었다. 중국 고대사, 중국 불교, 도교, 베트남사 등에 뛰어난 업적을 남겼다.

91) 장자(莊子 기원전 370년?~기원전287년) : 중국 전국 시대 송나라 몽현 출신, 중국 철학자로 제자백가 중 도가의 대표적인 인물이며 노자사상을 계승 발전시킴.

92) 단약(丹藥) : 도가에서 사용하는 양생을 위한 약.

93) 황노학파(黃老學派) : 황(黃)은 황제(皇帝)를 노(老)는 노자(老子)를 지칭 숭상하며 청정무위를 주장.

94) 태평도(太平道) : 2세기 후반 후한대에 거록군의 장각(張角)에 의해서 조직된 중국 최초의 도교 교단.

95) 오두미도(五斗米道) : 도교의 한 형태로 당시 정치적 혼란에 처해 있는 백성들에게 종교적인 구원 선전, 선행 강조.

96) 가이아이론(Gaia Theory) : 지구유기체론, 지구를 환경과 생물로 구성된 하나의 유기체, 즉 스스로 조절되는 하나의 생명체로 소개한 이론으로 1978년 영국의 과학자 제임스 러브록이 〈지구상의 생명을 보는 새로운 관점〉이라는 저서를 통해서 주장함.

97) 운기(運氣) : 공중으로 떠오르는 기운, 나를 둘러싸고 있는 기운.

98) 축기(蓄氣) : 단전에 기(氣)를 모으는 것.

99) 증상심(增上心) : 선(禪)을 수행하는 4단계, 강력하게 한곳에 집중하는 마음.

100) 상좌부 불교 : 일반적으로 남방 아시아의 불교를 장로불교, 상좌부 불교라 함.

이를 소승불교라고 하는 것은 잘못된 표기. 최초의 불교 승가 고승들에 의해 형성된 전통을 이어온 상좌들에서 자파의 기원을 찾고 있다.

101) 상수멸정(想受滅定) : 인식 이전의 개념과 느낌, 생각을 할 수 있는 지적 작용의 멈춤이라고 풀이된다.

102) 공무변처정(空無邊處定) : 무색계의 제1천을 말하며, '무한한 허공(空無邊)'을 체득하는 경지 또는 마음 상태이다. 무색계에서 색(色)의 속박을 싫어하는 마음을 내어 '색에 대한 생각(色想)'을 버리고 '무한한 허공(空無邊)'을 관(觀)하는 선정을 닦아 체득하는 경지 또는 마음 상태이다.

103) 식무변처정(識無邊處定) : 무색계의 제2천을 말하며, '마음의 작용이 무한함(識無邊)'을 체득하는 경지 또는 마음 상태이다. 제6지에서 획득한 '무한한 허공(空無邊)'이라는 생각을 버리고 마음(識)을 무한히 확장하는 관상(觀想)으로 선정을 닦아 '마음의 무한한 확장(識無邊)'을 체득하는 경지 또는 마음 상태이다.

104) 비상비비상처정 : 무색계의 제4천을 말하며, 유상(有想)을 버리는 비상(非想)의 선정과 무상(無想)을 버리는 비비상(非非想)의 선정을 함께 닦아 비상(非想)과 비비상(非非想)을 함께 체득하는 경지 또는 마음 상태이다.

105) 멸진정((滅盡定) : 모든 마음 작용이 소멸된 선정.

106) 육사외도(六師外道) : 불타와 동시대에 살았던 6명의 사상가들과 그 유파를 불교의 관점에서 이단으로 간주하고 부르는 호칭.

107) 혜해탈(慧解脫) : 지혜로써 무지를 소멸시켜 그 속박에서 벗어남.

108) 심해탈(心解脫) : 선정으로 탐욕을 소멸시켜 그 속박에서 벗어난 마음 상태.

109) 해오(解悟) : 이치를 깨달음. 자각함.

110) 증오(證悟) : 수행으로 진리를 체득하는 것.

111) 수행도지경(修行道地經) : 세상을 두루 관찰하고 불도를 닦는 여러 가지 불법에 대해 설법.

112) 죽림칠현(竹林七賢) : 대나무 숲의 일곱 현인. 중국 진나라초기 유교 형식주의를 무시하고 노장의 허무주의를 주장. (완적, 완함, 산도, 혜강, 향수, 유영, 왕융)

113) 이입사행(二入四行) : 중국에 선종을 일으킨 달마의 선 수행법, 이입(二入)은 도에 이르는 두 가지 길로, 이입(理入)과 행입(行入)을 이른다. 여기에서 이입(理入)은 진리의 깨달음을 통한 입문을 뜻하고, 행입은 실천을 통한 입문을 뜻한다.

114) 경덕전등록 : 송나라의 도원(道源)이 1006년에 저술했으며, 총 30권에 이른다. 과거칠불(過去七佛)로부터 역대 선종의 조사들, 오가(五家) 52세(世)에 이르기까지 법등(法燈)을 전한 법계(法系)를 차례로 기록한 책이다.

115) 능가사자기(楞伽師資記) : 초기 선종의 역사를 기록한 불교서적.

116) 수일불이(守一不移) : 오로지 한 물건을 응시하면서 마음을 가다듬어 움직이지 않음.

117) 동산법문(東山法門) : 선종 제4조 도신과 제5조 홍인의 선법을 말함.

118) 능가종 : 보리달마가 2조 혜가에게 전한 선법. 모든 현상은 오직 마음의 작용임을 체득하려는 일파.

119) 조동종(曹洞宗) : 중국 선종 오가칠종의 한 파. 동산양개(洞山良价, 807-869)와 그의 제자 조산본적(曹山本寂, 840-901)에 의해 형성된 종파로, 그 특색은 인간만이 설법하는 것이 아니라 산천초목도 설법한다는 무정설법(無情說法)과 주도면밀한 수행에 있음.

120) 대혜종고(大慧宗杲, 1089~1163) : 12세기 중국 스님이다. 마조도일의 80여명 제자 중 가장 뛰어났다고 한다. 화두를 관하는 명상법인 간화선을 만들었다.

121) 송고(頌古) : 고칙(古則)의 요점을 주제로 한 게송.

122) 포단(蒲團) : 승려가 불상 앞에서 예불을 올릴 때 깔고 앉는 방석의 일종이다.

123) 염고(拈古) : 어떠한 고칙에 대한 짤막한 해설이나 비평.

124) 보설(普說) : 널리 대중을 모아 설법함.

125) 사변철학(思辨哲學): 경험에 의하지 않고 사유를 통해서 인식하는 것.

126) 『선관책진』 : 명나라 말엽에 항저우(杭州) 운서사(雲棲寺)의 주굉(株宏) 선사가 대장경과 조사(祖師)들의 어록(語錄) 중에서 요점을 추려 엮은 참선(參禪) 수행 지침서.

127) 타성일편(打成一片) : 중생이 헛되어 헤아리고 가늠하는 편단을 버리고 수천 가지의 차별되는 사물이 하나로 융합됨. 나와 너, 이것과 저것, 주객의 차별을 떠남.

128) 오구의식(五俱意識) : 제6식(識)이 전(前)5식 중의 어느 것과도 함께 일어나는 작용.

129) 부동연(不同緣)의식 : 오구의식 중에도 전5식의 대상과 동일한 대상을 인식하는 의식이 동연의식이고 그렇지 않은 의식이 부동연의식이다.

130) 독두의식(獨頭意識) : 법상종(法相宗)에서 8식 중의 제6 의식이 전5식을 짝하지 않고, 홀로 일어나는 것을 말한다. 여기에는 정중(定中) 독두의식·산위(散位) 독두의식·몽중(夢中) 독두의식의 3종이 있다.

131) 오후(五後)의식 : 5식이 활동한 후에 일어나는 의식.

132) 숙면일여(熟眠一如) : 꿈도 없는 깊은 잠 속에서 깨달음의 의식을 유지하는 것.

133) 오위무심(五位無心) : 법상종에서 제6 의식(意識)의 간단(間斷)하는 자리에 5종을 세운 것. 곧 무상천(無想天)·무상정(無想定)·멸진정(滅盡定)·극수면(極睡眠)·극민절(極悶絶)의 5위에는 제6식이 잠깐 단절하므로, 5위무심이라 함.

참고문헌

각　묵,「간화선과 위빠사나는 다른가」,『불교평론』 6-2, 만해사상 실천선양회, 2004.

강문선,「선종사에서의 간화선의 위치」,『보조사상』 13, 보조사상연구원, 2000.

고목(故木),『화두(話頭) 이야기』, 도서출판 삼양, 1999.

길희성,『인도철학사』,민음사, 1984.

＿＿＿＿,『보살예수』, 현암사, 2004.

김　진,『칸트와 불교』, 철학과 현실사, 2000.

김경수,『영신 수련과 선』, 가톨릭 출판사, 1998.

김기석,「명상의 심리학적 일 고찰」, 행동과학연구, 3, 1-23, 1978.

김길상 편,『달마가 서쪽에서 온 까닭은?』, 홍법원, 1990.

김묘주,『유식사상』, 경서원, 1997.

김방룡,「동아시아 선문화 형성과 한국불교의 변천과정」,『인문학연구』 35, 충남대 인문과학연구소, 2008.

＿＿＿＿,「진심직설, 교감역주」,『보조사상』 15, 보조사상연구원, 2001.

김병채,「요가수행으로 나타나는 의식의 변형」, 부산대학교 대학원 박사학위논문 (교육학과), 1993.

김병채와 박중달,「트라타카 명상이 집중능력과 성격에 미치는 효과」, 『학생생활연구』(창원대학교), 7, 27-49, 1994.

김승혜・석재문・진 토마스,『그리스도교와 불교의 수도생활』, 바오로딸, 2001.

김승혜・이강수・김낙필,『도교와 그리스도교』, 바오로딸, 2003.

김영욱,「간화선 참구의 실제-無字화두를 중심으로」,『보조사상』 19, 보조사상연구원, 2003.

김재성,「위빠사나와 간화선 다른 길, 같은 목적」,『불교평론』　6-2,

김정위, 『이슬람 사상사』, 민음사, 1987.

＿＿＿, 『이슬람 문화사』, 탐구당, 1989.

김정호, 「인지과학과 명상」, 『인지과학』, 4&5, 53-84, 1994.

＿＿＿, 「구조주의 심리학과 불교의 사념처수행의 비교」, 『한국심리학회지』: 일반, 13, 186-206, 1994.

＿＿＿, 「한국의 경험적 명상연구에 대한 고찰」, 덕성여대 사회과학연구소

김종두, 「『摩訶止觀』의 禪定境에 대한 고찰」『韓國禪學』 20, 한국선학회, 2008.

김 진, 「종교 대화는 어떻게 가능한가? - 윌프레드 캔트웰 스미스를 중심으로」, 새한철학회 논문집. 철학논총 제28집 제2권, 2002.

김진태, 「화엄경과 기신론의 일심 및 수행에 대한 비교연구」, 동국대 대학원 불교학과 석사학위 논문, 1991.

김태완, 「중국 조사선의 연구」, 부산대 대학원 철학과 박사학위논문, 2000.

김호귀, 「간화선의 성립배경」, 『보조사상』 19, 보조사상연구원, 2003.

김호성, 「선관의 대승적 연원 연구」, 동국대 대학원 인도철학과 박사학위논문, 1996.

남회근, 『불교수행법의 강의』, 신봉원 번역, 씨앗을 뿌리는 사람, 2003.

대원 문재현, 『선문염송 1』도서출판 바로보인, 2000.

＿＿＿＿, 『선문염송 2』도서출판 바로보인, 2002.

＿＿＿＿, 『선문염송 3』도서출판 바로보인, 2003.

대한불교금륜회 編, 『정통선의 향훈, 청화선사법어집』, 금륜출판사, 1991.

대한불교조계종 포교원 포교연구실, 『간화선입문』, 조계종출판사, 2006.

대혜(전재강 역주), 『서장』, 운주사, 2004.

만해사상 실천선양회, 2004.

무문 혜개, 『무문관 강송』, 여운 김광하 강송, 운주사, 2004.

박　석, 『명상 길라잡이』, 도솔, 2000.

박성배, 「간화선 수행전통과 현대사회」, 『보조사상』 25, 보조사상연구원, 2006.

_____, 『깨침과 깨달음』, 윤원철 옮김, 예문서원, 2002.

박재현, 「간화선의 문제의식과 정통성 의식에 관한 연구」, 『철학』 81,
　　　　한국철학회, 2004.

_____, 「공안의 기능과 역할에 관한 철학적 연구」, 『철학』 85, 한국철학회,
　　　　2005.

박종재, 「Mind Control이 교통안전에 미치는 효과에 관한 고찰」, 동국대학교
　　　　행정대학원 석사학위청구논문, 1984.

박희선, 『박희선박사의 생활참선』, 정신세계사, 1999.

_____, 『생활참선건강법』〈배꼽밑 주인공 찾아라〉증보판, 문창, 1997.

배국원, 「종교학의 비교방법론」, 『현대종교철학의 이해』, 동연, 200

변희욱, 「대혜의 문자공부비판과 언어」, 『불교학연구』 10, 불교학연구회, 2005.

불교간행회, 불교경전 22, 해심밀경 : 『유식과 지관수행』 묘주 역, 불교평론사, 2004.

불학연구소 편저, 『간화선 조계종 수행의 길』, 조계종 출판사, 2006.

서재영, 「간화선 대중화의 문제와 과제」, 『한국선학』 15, 한국선학회, 2006.

성문출판사 편집부, 『화두 짓는 법』, 토방, 1998.

성　철, 『본지풍광』, 해인총림, 1993.

_____, 『선문정로』, 장경각, 1987.

小野澤精一 福永光司 山井湧 편(전경진 역), 『氣의 사상』, 원광대학교 출판부, 1993.

소형렬 외, 『비판불교의 파라독스』, 장격학술총서 2, 고려대장경 연구소, 2000.

스스끼 다이세쯔(심재룡 역), 『아홉마당으로 풀어 쓴 선』, 현암사, 1987.

신지욱, 「사띠(Sati : 念)수행을 통해 본 심리치료에 관한 고찰」, 『한국선학』 17,
　　　한국선학회, 2007.

심상현, 「동아시아 불교에서의 한국불교의 정체성」, 『동아시아 불교사 속의 한국불교』,
　　　금강대 국제불교학술회의, 2004.

심재룡, 「한국선 무엇이 문제인가」, 『불교평론』, 2-1, 만해사상 실천선양회, 2000.

양형진, 『산하대지가 참빛이다』, 장경각, 2002.

鈴木大拙(심재룡 역), 『아홉마당으로 풀어쓴 선』, 현음사, 1987.

오고산, 『대승기신론 강의』, 보련각, 1980.

원　융, 『간화선 : 선종 돈법사상의 바른 이해』, 장경각, 1993.

원효 · 의상 · 지눌, 『한국의 불교사상』, 이기영 역, 삼성출판사, 1984.

월　암, 『간화정로』, 현대북스, 2006.

윤창하, 「오매일여는 과연 가능한가?」, 『불교평론』 36, 만해사상 실천선양회, 2008.

이강수, 『노자와 장자』, 길, 1997.

이기영 외, 『선의 향연』, 동국역경원, 1993.

이기영, 『진심직설 역해 및 강의』, 한국불교연구원, 2001.

이상호, 「중국선종 수행법에 나타난 疑情에 대한 연구 : 간화선을 중심으로」, 위덕대
　　　불교대학원 불교학과 석사학위논문, 2004.

이정섭, 「종교전통의 명상 수행론 비교 연구」, 서울대학교 대학원 종교학과 문학석사
　　　학위 논문, 2006.

_____, 「간화선 수행론 연구 - 화두 참구의 원리와 방법론을 중심으로」, 서울대학교
　　　대학원 종교학과 철학박사학위 논문, 2009.

이창구, 「『진심직설』을 통해서 본 진심과 悟修의 구조」, 『구산논집』 3, 보조사상연구

원, 1999.

인　경, 「간화선과 돈점문제」, 『보조사상』 23, 보조사상연구원, 2005.

＿＿＿, 「공안선과 간화선」, 『철학사상』 21, 서울대 철학사상연구소, 2005.

＿＿＿, 「대혜 간화선의 특질」, 『보조사상』 13, 보조사상연구원, 2000.

＿＿＿, 「위빠사나와 간화선」, 『보조사상』 19, 보조사상연구원, 2003.

일　타, 『생활 속의 기도법』 효림, 1992.

정　관, 『간화선의 길』, 불교시대사, 2006.

정성본, 『간화선의 이론과 실제』, 동국대학교출판부, 2005.

정승석, 「요가철학의 삼매분류」 『인도철학』 19, 인도철학회, 2005.

정영식, 「대혜종고의 묵조선비판의 대상재고」, 『불교학연구』 11, 불교학연구원, 2005.

정준기, 「간화선의 始覺門적 수행구조에 대한 소고」, 『가산학보』 2, 가산불교문화
　　　연구원, 1998.

정진홍, 『종교문화의 인식과 해석- 종교현상학의 전개』, 서울대학교 출판부, 2000.

정진희, 「간화병통에서 본 간화수행법」, 『보조사상』 29, 보조사상연구원, 2008.

＿＿＿, 「공안의 표현법과 지도법의 변화」, 『한국불교학』 49, 한국불교학회, 2007.

정태혁, 『명상의 세계』, 정신세계사, 2004.

조계종 불학연구소·전국선원수좌회, 『간화선 : 조계종 수행의 길』, 조계종, 2008.

조수동, 「여래장사상에 관한 연구」, 영남대 대학원 철학과 박사학위논문, 1987.

조은수, 「『대승기신론』에 있어서의 깨달음의 구조」, 서울대 대학원 철학과 석사학위
　　　논문, 1986.

＿＿＿, 「청화 선사의 사상과 수행법에 대한 소고」, 『청화 선사의 사상과 수행법』,
　　　원통불법연구회, 2007.

종 호,「간화선 형성의 사회적 배경」,『보조사상』13, 보조사상연구원, 2000.

_____,『임제선 연구』, 경서원, 1996.

천태·원황(남민수 역),『좌선수행법』, 불교시대사, 1999.

최현자,「벤슨의 긴장이완법과 GSRⅡ 생체회환이완훈련이 간호대학생의 심리적 스트
레스 수준에 미치는 효과에 관한 연구」, 고려대학교 대학원 석사학위 논문
(간호학과), 1985.

한경수,「아함경에 나타난 수행관 연구」, 동국대 대학원 불교학과 박사학위논문, 1990.

한동익,「선불교 윤리의 정체성에 관한 연구」, 서울대 대학원 철학과 석사학위논문,
2001.

한용운,『한용운전집 2 : 불교논설집』, 불교문화연구원, 2006.

허흥식,『고려에 남긴 휴휴암의 불빛 : 몽산덕이』, 창작과비평, 2008.

현대불교신문사 편집부,『문없는 문을 열다』, 현대불교신문사, 2005.

高峰原妙,『高峰和尙禪要·語錄』통광 옮김, 불광출판사, 1997

大惠宗杲,『書狀』, 전재강 역주, 운주사, 2004.

無門 慧開,『無門關』, 종달 이희익 옮김, 도서출판 상아, 2000.

休 靜,『禪家龜鑑』, 선학간행회 옮김, 용화선원, 1984.

『懶翁錄』, 백련선서간행회 엮음, 장경각, 2006.

『디가니까야』, 각묵 옮김, 초기불전연구원, 2006.

『馬祖錄·百丈錄』, 백련선서간행회 엮음, 장경각, 1993.

『맛지마니까야』, 백도수 역주, 민속원, 2002.

『蒙山法語 : 간화선 지침서』, 원순 역해, 법공양, 2006.

『밀린다팡하』, 서경수 옮김, 동국역경원, 2005.

『碧巖錄』, 종달 이희익 옮김, 상아출판사, 1997.

『禪關策進』, 광덕 역주, 불광출판부, 1992.

『요가수트라』, 정태혁 옮김, 동문선, 2000.

『臨濟錄·法眼錄』, 백련선서간행회 엮음, 장경각, 1993.

『趙州錄』, 백련선서간행회 엮음, 장경각, 1996.

『參禪警語』, 백련선서간행회 엮음, 장경각, 1993.

『太古和尙語錄』, 月精寺, 1940.

鎌田茂雄, 『中國佛教思想史硏究』, 東京: 春秋社, 昭和43 〔1968〕: 카마타 시게오,
　　　『중국불교사(1)』, 장휘옥 옮김, 장승, 1992.
鎌田茂雄, 『大乘起信論物語-中國佛教의 實踐者たち』, 大法輪閣, 1987;,
　　　『대승기신론 이야기』, 장휘옥 옮김, 장승, 2000.

平川彰, 梶山雄一, 高崎直道, [高崎直道], 『講座大乘佛教6 : 如來藏思想』, 東京 : 春
秋社, 昭和57 [1982] : 히라카와 아키라, 카지야마 유이치, 다카사키 지키도, 『강좌대
승불교 6 : 여래장사상』, 종호 옮김, 경서원 1996.

高崎直道, 『佛性とは何か』, 京都 : 法藏館, 1997;
다카사키 지키토, 『불성이란 무엇인가』, 전치수 옮김, 여시아문, 1998.

木村泰賢, 『原始佛教思想論』, 東京 : 明治書院, 昭和15[1946];
기무라 다이켄, 『원시불교사상론』, 박경준 옮김, 경서원 1992.

니시타니 게이지[西谷啓治] 외, 『현대와 禪』, 김호귀 옮김, 불교시대사, 1994.

오가와 이치죠[小川一乘], 『佛性思想』, 고승학 옮김, 경서원, 2002.

關口眞大, 『禪宗思想史』, 東京 : 山喜房佛書林, 昭和39 [1964];
세키구찌 신다이, 『禪宗思想史』, 이영자 옮김, 홍법원, 1989.

秋山さとこ, 『悟りの分析-ユング心理學との接點』, 朝日出版社, 1980;
아끼야마 사도꼬, 『깨달음의 분석』, 박희준 옮김, 우리출판사, 1993.

안도 토시오[安藤俊雄], 『天台學』, 平樂寺書店, 1968.

야나기다 세이잔[柳田聖山], 『선의 사상과 역사』, 추만호·안영길 옮김, 민족사, 1989.

呂 澄, 『中國佛學源流略講』, 北京 : 中華書局, 1988; 여징, 『중국불교학강의』, 각소 옮김, 민족사, 1992.

타무라 시로우[田村芳朗]·우메하라 타케시[梅原 猛], 『천태법화의 사상』, 이영자 옮김, 민족사, 1989.

任繼愈, 『漢唐佛敎思想論集』, 北京 : 人民出版社, 1973;
임계유, 『중국 중세불교사상 비판』, 추만호·안영길 옮김, 민족사, 1989.

주유개(周裕介), 『禪宗語言』, 浙江人民出版社, 1999.

馮友蘭, 『中國哲學史』, 中華書局(重印本), 1992;
풍우란, 『중국철학사』, 박성규 옮김, 까치, 1999.

히라카와 아키라[平川 彰], 『인도불교의 역사』, 이호근 옮김, 민족사, 1989.

Abe, Masao and Hisamatsu, Shinichi, Zen and Western Thought, Basingstoke : Macmillan, 1985;
아베 마사오[阿部正雄]·히사마츠 신이찌[久松眞一], 『선과 현대철학』, 변선환 옮김, 대원정사, 1996.

Anne Marie Schimmel, Mystical Dimen sim of Islam, 1976.

Benedict J. Groeschel, Spiritual Passages: The Psychology of Spiritual Development, Crossroad Publishing Co. 1995. 『심리학과 영성』 (김동철 역), 성바오로, 2004.

Brown, Brian Edward, The Buddha Nature, Edited by Alex Wayman, Deli: Motilal Banarsidas Publishers, 1991.

Ch'en, Kenneth, Buddhism in China : A Historical survey, Princeton, New Jersey : Princeton University Press, 1964; 케네스 첸, 『중국불교(하)』, 박해당 옮김, 민족사, 1994.

Dalai Lama, Stages of Meditation, 『수행의 단계』, 들녘, 2003.

Davids, Rhys, Dialogues of the Buddha, vol. 1. Oxford: Pali Text Society, 1899.

Eric J. Sharpe, Comparative Religion : A History, New York : Charles Scribner's sons, 1975. 『종교적 그 연구의 역사』 (윤이흠 · 윤원철 역), 한울, 1986.

Faure, Bernard, The Rhetoric of Immediacy, Princeton, New Jersey : Princeton University Press, 1991.

_____, Chan Insights and Oversights, Princeton, New Jersey : Princeton, University Press, 1993.

Harvey, Peter, The Selfless Mind : Personality and Nirvana in Early Buddhism, London: Curzon Press, 1995.

Heine, Steve, "Ch'an Buddhist Kung-an as Models for Interpersonal Behavior," Journal of Chinese Philosophy 30(3-4), 2003.

Heinrich Dumoulin, (박희준 역), 『선과 깨달음』, 고려원, 1993.

Henri Maspero(tr.Frank A. Kierman, jr.), Taoism and Chinese Religion, University of Massachusetts Press Amherst, 1981.

James Haughton Woods, The Yoga System of Patanjali (Cambridge, Mass.: Harvard University Press, 1927)

Jean Varenne(tr. Derek Coltman) Yoga and the Hindu Tradition(Chicago: University of Chicago Press, 1976)

Johansson, Rune E. A., Pali Buddhist Texts, London : Curzon Press, 1981.

John B. Noss, Man's Religions, New York, Macmillan, 1949. 『세계종교사』 (윤이흠 역), 현음사, 1986.

John Jorgensen and Eun-su Cho translated, Jikji : The Essential Pasages Directly Pointing at the Essence of the Mind by Reverend Baegun (1299-1375), Seoul : Jogye Order Publishing, 2005.

Jonathan Z. Smith, "Religion, Religions, Religious." Critical Terms for Religious Studies, The University of Chicago Press, 1998.

Kalupahana, David J. Buddhist Philosophy: A Historical Analysis, Honolulu : University Press of Hawaii, 1976.

_____, The Principles of Buddhist Psychology, Albany, N.Y.: State

University of New York, 1987.

Matilal, B. K., "The Enigma of Buddhism: Duhkha and Nirvana," Journal of Dharma 2-3, 1977.

Max Muller, Introduction to the Science of Religion, London, 1873. 『종교학 입문』, (김구산 역), 1995.

Mircea Eliade, The Sacred and Profane - The Nature of Religion, Harcourt Brace & Company, New York, 1987.

_____, 『Yoga : Immortality and Freedom』, 『요가』, (정위교 역), 고려원, 1989.

Ninian Smart, (김윤성 역), Worldviews. 『종교와 세계관』, 이학사, 2002.

_____, The World's Religions.(2nd ed.), New York : Cambridge University Press, 1998.

Nyanaponika Thera, The Heart of Buddhist Meditation, Samuel Weiser, Inc., York Beach, ME, USA, 1991. 『불교 선수행의 핵심』, (송위지 역), 시공사, 1999.

_____, The heart of Buddhist Meditation, Kandy: Buddhist Pub. Society, 1962; 냐나포니카, 『불교 선수행의 핵심』 송위지 옮김, 시공사, 1999.

Patrick Burke, The Major Religions - An Introduction with Texts (2nd ed.), Blackwell Publishing, 2004.

Paul Tillich, Christianity and the Encounter of the World Religions, Columbia University Press, 1961.

Paul, Magnin, Bouddhisme, unite et diversite, Experiences de Liveration, Paris, Cerf, 2003.

Psychonalysis, New York : Harper, 1970; E. 프롬 · 鈴木大拙 · R. 데 마르티노, 『선 과 정신분석』, 김유정 옮김, 정음사, 1977.

Rahula, Walpola, What the Buddha Taught, New York: Grove Press, 1974.

Sayadaw U Janakabhivamsa, Vipassana Meditation - Lectures on Insight Meditation, Chanmyay Yeiktha Meditation Centre, Yangon, Myanmar, 1992.

Schlutter, M., "Silent Illumination, Kung-an Introspecion, and the Competition for Lay Patronage in Sung Dynasty Ch'an," in. P. N. Gregory & D. A. Getz., Jr. eds., Buddhism in the Sung. Honolulu : University of Hawaii Press, 1999.

Sirdar Ikbar Ali, Islamic Sufism, Jayyed Press, Delhi, 1979.

Soothill. W. E. & Hodous, Lewis, A Dictionary of Chinese Buddhist Terms, London : Routledge, 2004.

Sung Bae Park, Buddhist faith and sudden enlightenment, Albany : State University of New York, Press, 1983; 박성배, 『깨침과 깨달음』, 윤원철 옮김, 예문서원, 2002.

Suzuki Daisetz Teitaro, Introduction to Zen Buddihism, New York : Grove Press, 1964; 스즈끼 다이세츠[鈴木大拙], 『아홉마당으로 풀어 쓴 禪』, 심재룡 옮김, 현암사, 1992.

Suzuki, D. T., Fromm, Erich, and De Martino, Richard, Zen Buddhism

The Original Face : An Anthology of Rinzai Zen, Translated and Edited by Thomas Cleary, New York: Grove Press 1978.

Two Zen Classics : Mumonkan and Hekiganroku, Translated by Katsuki Sekida, New York: Weatherhill, 2000.

Walter H. Capps, Religious Studies: The Making of a Discipline, Minneapolis : Fortress Press, 1995. 『현대종교학 담론』, (김종서 외 역), 까치, 2000.

Waysun Liao T'ai-chi Classics, Boston & London, 1990.

Wilfred Cantwell Smith, The Meaning and End of Religion, New York: Harper & Row, 1978. 『종교의 의미와 목적』(길희성 역), 분도출판사, 1991.

_____, The Faith of Other Men, New York, 1962.(김승혜 외 역) 『지구촌의 신앙 : 타인의 신앙을 어떻게 이해할 것인가』, 분도출판사, 왜관 1989.

William James, The Varieties of Religious Experience, New York : Macmillian, 1961. 『종교경험의 다양성』, (김재영 역) 한길사, 2000.

William James, 『종교체험의 여러 모습들』, (김성인, 정지련 역).

William Stoddart, Sufism - The Mystical Doctrines and Methods of Islam, Taj Printers, Delhi, 1963.

Wright, Dale S., Philosophical Meditations on Zen Buddhism, Cambridge Univ. Press 1998.

Zen Flesh, Zen Bones, A Colletion of Zen & Pre-zen Writings, Compiled by Paul Reps, New York; Anchor Books Doubleday, 1989.

Zurcher, E. (Erik), The Buddhist Conquest of China, Leiden: Brill, 2007.

http://krdic.naver.com/

http://terms.naver.com/

http://www.doopedia.co.kr/

https://www.wikipedia.org/

http://terms.naver.com/list.nhn?cid=50766&categoryId=50794(종교학대사전)

http://buddha.dongguk.edu/bs_list.aspx?type=fromto&from=%EA%B0%80&to=%EB%82%98&pageno=1(불교사전)

http://terms.naver.com/list.nhn?cid=44626&categoryId=44626(학생백과)

禪, 瞑想의 향연

영원은 우리의 본성
수행은 우리의 운명

능인 지광 편저

2015년 11월 10일 중판 1쇄 인쇄
2015년 11월 27일 중판 1쇄 발행

펴낸이   윤규황
펴낸곳   능인출판
등록번호 제 1999-000202호

주소 서울 강남구 양재대로 340
대표전화 02)577-5800
팩시밀리 02)577-0189
홈페이지 www.gotobuddha.org

©지광, 2015
ISBN 978-89-968589-6-6